Marshall McLuhan
Medien verstehen

Das Buch: Als erste deutschsprachige Publikation liefert der McLuhan-Reader einen repräsentativen Querschnitt und strukturierten Einstieg in das Werk des Begründers der Medientheorie. Medien sind – das ist eine von McLuhans zentralen Einsichten – Ausweitungen des Körpers, Technologien, Werkzeuge, Artefakte, die die Möglichkeiten des Menschen, seine Wahrnehmungsfähigkeit, seine Macht, seine Schnelligkeit steigern. Eine große Zahl der Begrifflichkeiten, die McLuhan in den sechziger Jahren einführte, wie »globales Dorf«, »Informationszeitalter« oder auch der Begriff der »Medien« selbst, sind inzwischen zu Gemeinplätzen geworden. Der provokante, schnelle und immer umstrittene Denker mit der Aura des Prophetischen erlebt dennoch in den Neunzigern eine Renaissance – als ob es erst des Jahrzehnts von MTV und Internet bedurft hätte, um die ganze Brisanz und Tragweite seiner Einsichten zu erweisen.

»McLuhan ist der wichtigste Denker seit Newton, Darwin, Freud, Einstein und Pawlow.« NEW YORK TIMES

»McLuhans Botschaft ist Bestandteil der mündlichen Kultur des elektronischen Zeitalters, und keine noch so heftig vorgetragene akademische Kritik kann sie wieder daraus vertreiben.« WIRED

Der Autor: Herbert Marshall McLuhan (1911–1980) hatte an der Universität Toronto einen Lehrstuhl für englische Literatur inne. Bereits in seinem ersten Buch (*Die mechanische Braut*, 1951; dt. 1996) beschäftigte er sich jedoch nicht mit Literatur, sondern mit Werbung und Printmedien – sehr zum Verdruß seiner Kollegen, die ihn fortan einen »Pop-Soziologen« schalten. 1953 gründet McLuhan *Explorations*, eine Zeitschrift speziell zum Thema Kommunikation und Neue Medien. Der Satz, der bis heute mit seinem Namen verbunden ist – »Das Medium ist die Botschaft« – fällt dann 1964 in *Understanding Media* (dt. 1966). Dieses Buch verhalf nicht nur McLuhan, sondern auch der Medientheorie zum internationalen Durchbruch.

Medien
verstehen
Der McLuhan-Reader

Herausgegeben von Martin Baltes, Fritz Böhler,
Rainer Höltschl, Jürgen Reuß

**Bollmann   Kommunikation
& Neue Medien**

Marshall McLuhan
– Thinkin' the Body Electric

Der vorliegende Reader liefert als erste deutschsprachige Publikation einen repräsentativen Querschnitt durch das Werk des kanadischen Medientheoretikers Marshall McLuhan (1911–1980). In einer umfassenden Werkübersicht werden nicht nur die Entstehung, die Struktur und das Zusammenspiel der inzwischen klassisch gewordenen Grundthesen McLuhans erkennbar. Ein Drittel dieses Buches bietet zudem in Erstübersetzungen eine Reihe von neuen Aspekten innerhalb eines facettenreichen Werks: McLuhan als eleganter Surfer auf den Wellen der Alltagskultur, als Bewunderer und Virtuose raffinierter Textmontagen, als Erforscher künstlerischer Bildräume oder als Konstrukteur eines neuartigen Erkenntnismodells. So kommen diesem McLuhan-Reader zwei Funktionen in einem zu: Dem interessierten Erstleser ermöglicht er einen kompakten Einstieg, und dem Kenner dient er als kompetenter Führer in bislang unerschlossene Bereiche von McLuhans Medienuniversum.

You don't like that idea? I've got others.

»Er war der schnellste Denker, der mir jemals begegnet ist«, erinnert sich Norman Mailer tief beeindruckt, »und ich wußte nie, ob das, was er gerade sagte, großartig war oder Müll.« Dieser Unsicherheit begegnet man in zahlreichen Stimmen zu Marshall McLuhan. In der Tat wurden die provokanten Zuspitzungen, mit denen er jede seiner Ideen ins Extrem zu treiben pflegte, von vielen als Zumutung empfunden. Kein Wunder, denn sie verlangten nichts weniger, als daß man in jedem

Augenblick bereit sein müsse, gerade noch gültige Wahrnehmungs- und Denkkonventionen fallen zu lassen und Einstellungen Platz zu machen, die einen ganz neuen Blick auf die Wirklichkeit bereithielten. Medien sind – das ist eine seiner zentralen Einsichten – Ausweitungen des Körpers, Technologien, Werkzeuge, Artefakte, die die Möglichkeiten des Menschen, seine Wahrnehmungsfähigkeit, seine Macht, seine Schnelligkeit vergrößern. Im Gegenzug wirken die so materialisierten Erweiterungen jedoch wieder auf den Körper zurück und formen ihn ständig um. So verstanden, müssen historische Prozesse nicht mehr in oft verzerrenden Abstraktionen begriffen, sondern können durch den Bezug auf Körpererfahrungen stärker sinnlich erfahren und präziser nachvollzogen werden. Auch die Trennung zwischen Technik und Kunst, mit ihren Idealisierungen und Ängsten auf beiden Seiten, wird durch diese grenzüberschreitende Definition aufgelöst.

McLuhans Aufmerksamkeit richtet sich auf das Material selbst, auf die Gestalt des Mediums. Die Masse der bei ihm zitierten Theorie versperrt nicht den Zugang zu den Phänomenen, sondern dient dazu, die Sinne zu öffnen. Einzelne Zitate müssen nicht den gesamten Ballast des persönlichen oder historischen Umfeldes mittransportieren, sondern funktionieren wie Sonden, die den Zugang zu vielen bisher unbemerkt gebliebenen Phänomenen eröffnen.

Trotz aller Strukturierungsversuche geht es McLuhan nicht um die Errichtung einer starren Ordnung der Dinge. McLuhan mißtraut organisierenden Zentren, er setzt auf die Gleichzeitigkeit verschiedener Perspektiven, auch auf die Gefahr hin, daß sie sich widersprechen. Statt einer immer und überall gültigen Systematik zur abschließenden Weltdeutung ist sein Ziel die Entwicklung eines möglichst vollständigen, gut ausbalancierten Wahrnehmungsapparats.

Wahrnehmung wird zu Kunst, wie Kunst zu einem Frühwarnsystem wird für die Veränderungen am Gesellschaftskörper durch die Eingriffe neuer Technologien in die Symbiose Mensch-Medien. Damit dies gelingt, müssen Kenntnisse verschiedener Technologien erworben und die mit diesen Medien verbundenen Sinne möglichst weit entwickelt werden. Ziel ist, auf eine komplexe mediale Umwelt adäquat reagieren zu können. Adäquat, das meint intensiveres Erleben, die Freude und den Genuß am Einblick in Zusammenhänge, meint aber auch geschicktes Austarieren der auf den Körper wirkenden medialen Kräfte, um eine gewalttätige Reaktion auf diese ›identitäts‹-verändernden Einflüsse abzufangen.

McLuhan demonstriert die Begrenztheit der westlichen Schrift-Buchdruck-Kultur und vermindert die Angst vor den vermeintlich irrationalen, stärker akustisch orientierten Umwelten des Orients, die im elektronischen Zeitalter größeres Gewicht bekommen. Kein Medium ist verpönt. Denn erst durch die Übersetzung der Erfahrungen von einem Medium in ein anderes entsteht Erkenntnis.

What's so funny 'bout peace, love & understanding?

Die Texte von Marshall McLuhan kamen mit der amerikanischen Jugend- und Undergroundbewegung, mit Rockmusik, Hippies, Drogenkultur, Pop-Art und Happenings auf den deutschsprachigen Buchmarkt. Daher lagen zwar bereits Ende der 60er Jahre einige seiner wichtigsten Texte wie die *Gutenberg-Galaxis* oder die *Magischen Kanäle* in deutscher Übersetzung vor, hinterließen jedoch außer einem feuilletonistischen Strohfeuer und einigen immer wiederkehrenden Schlagworten (»das globale Dorf«, »das Medium ist die Botschaft«) zunächst kaum bedeutende Spuren.

McLuhan war ein zu schrilles Phänomen, um es politisch einfach einzuordnen oder methodisch umzusetzen. McLuhan übersprang die Mauern politischen Ost-West-Blockdenkens, ignorierte die Denkverbotsschilder ideologischer Links-Rechts-Lagermentalitäten und nutzte die Spannungen der Generationenkonflikte für seine Untersuchungen. Er pendelte in seinen Urteilen ganz im Sinne seiner Medientheorien von der Balance verschiedener Sinnesausweitungen, im Interface zwischen West und Ost, zwischen den Vorzügen einer auf dem Buchdruck aufgebauten Welt der USA bzw. Europas und der wieder zu entdeckenden, stärker akustisch orientierten Welt des Ostens. Der Niedergang eines Riesenreichs, wie das der Sowjetunion durch die dezentralisierende Wirkung der Computertechnologie, stand für ihn fest (vgl. »Schrotthandlung«). Indem er avancierteste Techniken aus Literatur, Kunst und Musik der Hoch- und Popularkultur als diagnostische Sonden fruchtbar machte und in seine Arbeiten übernahm, verstörte er ›konservative‹ Leser, für die er der Prophet eines Rückfalls in eine barbarische, weil schriftlose Gesellschaft der Massenmedien war, irritierte aber auch die meisten ›Progressiven‹ mit seiner deutlichen Ablehnung von Marx, den er in den Denkschemata des mechanischen Zeitalters befangen sah. An der Jugendkultur der 60er Jahre schließlich bewunderte der über 50jährige McLuhan eine Generation, die als erste mit dem Fernsehen aufgewachsen war und die dieses neue Medium daher nicht mehr als Einbruch in die persönliche Identität erlebe und so nicht mit Gewalt nach außen, sprich Vietnam, reagieren müsse (vgl. *Krieg und Frieden im globalen Dorf*). – Kaum verwunderlich, daß McLuhan gerade in einem durch den verordneten strammen West- bzw. Ost-Kurs, durch das Festhalten an reinen marktwirtschaftlichen oder antikapitalistischen Grundsätzen und durch die Auseinandersetzung mit der Elterngeneration vielfach gespaltenen Nachkriegsdeutschland einen vergleichsweise geringen Eindruck hinterließ.

Bei McLuhan treffen ein tiefes und andauerndes Interesse an ästhetischen Neuerungen, vor allem an ihren neuen Techniken, mit einer unablässig gespannten Aufmerksamkeit für technologische, »mediale« Entwicklungen des elektronischen Zeitalters insgesamt zusammen. Diese seit den ersten Studienjahren im kanadischen Manitoba Ende der 20er Jahre angelegte Mischung führte ihn auch zu jenen Personen, die für den entscheidenden Schub in seiner Entwicklung sorgten: 1948 die Begegnung mit Ezra Pound, mit dessen Betonung technischer Weiterentwicklungen in der Literatur und 1950/51 die Lektüre der Bücher von H. A. Innis, mit dessen grundlegenden Forschungen über die Bedeutung von Medien für die Machtverhältnisse in und zwischen einzelnen Gesellschaften.

Living with all those skittering thoughts

McLuhans Sensorium war nicht auf ein einziges Medium beschränkt. In seiner Jugend noch fast ausschließlich auf das Medium Buch fixiert, mit Kenntnissen vor allem der romantischen Literatur, begann sich seit seinen Studienjahren im englischen Cambridge 1934–1936 seine Wahrnehmung unterschiedlicher Medien immer mehr zu erweitern: von einem völlig veränderten Verständnis von Literatur durch die Konfrontation mit den modernen Werken von Pound, Eliot und Joyce und durch die Auseinandersetzung mit den Theorien des New Criticism bis zu dem in den *Magischen Kanälen* präsentierten Spektrum historischer und neuer Medien wie Kleidung, Wohnung, Geld, Uhren, Telegrafie, Schreibmaschine, Telefon, Grammophon und besonders eine immer wieder erneuerte Untersuchung von Fernsehen und Computer (bzw. Automation), die für McLuhan die Vorherrschaft der Gutenbergschen Buch-Druck-Galaxie beenden.

Mit blitzschnellen Überlagerungen vieler Bereiche, für die seine Vorträge und seine Schreibweise bald berühmt und gefürchtet wurden, konnte er so in eine Welt vordringen, die in ihrem In- und Nebeneinander verschiedener Medien für eine eindimensionale Sicht verschlossen blieb. Wo solch einfach ordnender Zugriff ins Leere faßt, sich weder ein Konsistenzkern ausfindig machen, noch anhand seiner Fluchtlinien rekonstruieren läßt, sahen manche nur Chaos, nicht Erkenntnis. McLuhan bemüht sich wenig, solchen Befürchtungen den Schrecken zu nehmen und seinen Lesern neue Perspektiven sachte nahezubringen. Stattdessen wirft er sie ohne Umschweife in den Strudel der neuen Medien- und Popkultur, verschreckt sie mit seiner Strategie des »Vieles-gleichzeitig-Sagens«, das ungeübte Ohren leicht als bedrohliches Rauschen erreicht – ein Sound im Ohr, aber kein Ziel vor Augen. Die McLuhan-Lektüre ist ein Labyrinth auf mehreren Ebenen mit tausend Durchgängen.

Don't sell your soul for a pot of message

Als McLuhan am 31. Dezember 1980 in Toronto starb, nahmen die großen deutschen Zeitungen das Verstummen des »Orakels des elektronischen Zeitalters« mit gewisser Befriedigung und Erleichterung zum Anlaß, einmal mehr einen Schlußstrich unter eine ziemlich verrückte Epoche und die Berichterstattung darüber zu ziehen. Die ZEIT titelte: »Letzte Nachrichten aus dem Medien-Dorf«, gerade so, als habe sich das Thema der elektronischen Medien mit McLuhans Tod miterledigt.

Anders als in Frankreich, wo Autoren wie Baudrillard, Deleuze und Guattari oder später Virilio die Bedeutung McLuhans rasch erkannten und er bis heute zu den Gründerfiguren der Postmoderne gezählt wird, wurde er in Deutschland zwar gelesen, aber nicht rezipiert. Eine eingehendere Beschäftigung mit McLuhan setzte hierzulande erst ein, nachdem in den 80er Jahren die neuere französische Theorie die Angst vor einem Denken ohne das sichernde Netz philosophischer Großsysteme gemildert hatte. Dennoch wirkten die von McLuhan inspirierten Abschnitte, etwa bei Kittler oder Theweleit, die eine direkte Verbindung zwischen grundlegenden Begriffen der Geistes- und Sozialwissenschaft wie »Mensch« und »Seele« mit technologischen Entwicklungen herstellten, für viele immer noch fremdartig und verstörend.

It's always May Day in the global nursery

In den achtziger Jahren war die öffentliche Diskussion über Medien in hohem Maße von der Verkabelung der Haushalte und der Durchsetzung einer Programmlandschaft mit einem breiten Angebot rund um die Uhr sendender Privatkanäle geprägt. Deutschland zog sozusagen mit amerikanischen TV-Verhältnissen gleich. Abseits der kulturpessimistischen Klage über die zunehmende Verblödung der immer öfter live vorgeführten Zuschauer schärfte sich durch die Inflation inhaltlich scheinbar leerlaufender Sendungen auch der Blick für das Medium Fernsehen selbst, z.B. als Rhythmusgenerator des

Tagesablaufs oder als spannungsausgleichende Meditations-
maschine.

Anfang der 90er Jahre treiben zwei Ereignisse die Mediendis-
kussion schließlich auf das Niveau, auf dem McLuhan seit 25
Jahren wartet: Der Schock über die Hilflosigkeit der Medien im
Golfkrieg läßt hinter ihrer Inhalts-Hülle die , ›Materialität von
Kommunikation‹ in den Medien ›Presse‹ und ›Fernsehen‹
spürbar werden: Die BILD-Zeitung inszeniert den Krieg Tag
für Tag als köperliches Ausweitungsdrama aus angstlusterfüll-
ten Zerstückelungen und immer wieder erneuerter moralinge-
tränkter Verfestigung zu gestählten Panzerkörpern. Das Fernsehen wird als SDI-Abwehrschirm vor den Zumutungen der
Realität sichtbar.

Gleichzeitig zieht der Personalcomputer in beinahe jeden
Haushalt ein, ausgestattet mit immer einfacheren und einheit-
licheren Benutzeroberflächen, auf denen (Kriegs-)Realität und
Spiel zusehends ununterscheidbarer werden. Heute, in der
zweiten Hälfte der 90er mit ihren Diskussionen über die Chan-
cen und Gefahren globaler informatorischer Vernetzung und
der damit verbundenen Neugestaltung unserer Wahrneh-
mungs- und Lebensrealitäten können wir nur staunen, wie
präzise und profund viele von McLuhans Thesen, denen man
einst eine so knappe Haltbarkeit attestieren wollte, unsere der-
zeitige Situation beschreiben. Viele der von McLuhan aufge-
worfenen Fragen erhalten plötzlich allgemeine Relevanz: Wie
strukturieren Medien die Sicht auf die Realität, auf eine ganze
Kultur, wie beeinflussen sie die Welt der Arbeit und der Freizeit, wie verändert sich durch neue Medien das Verhältnis der
Geschlechter oder das Konzept von ›Identität‹ oder Autor-
schaft ?

Bereits in seinem ersten Buch **Die mechanische Braut. Volkskultur des industriellen Menschen** (1951; erstmals deutsch
1996) findet McLuhan ein treffendes Bild für eine von »Presse,
Radio, Kino und Werbung« getriebene moderne Welt: Wir
befinden uns, wie der Seemann in Poes Erzählung vom Malstrom, in einem durch diese Medien gebildeten Strudel von

»Strömungs- und Druckkräften«, der uns in einen zerstörerischen Abgrund zu ziehen droht. Wir werden von diesem Strudel erfaßt, ob wir wollen oder nicht, aber wir können seine Dynamik bei richtiger Einsicht auch für unser Überleben, ja sogar für ein gesteigertes Wahrnehmungsvermögen nutzen. Zwar ist McLuhan hier noch viel stärker Kritiker einer mechanischen als Erforscher einer elektronischen Welt, doch wird die für ihn typische Kombination aus reflexiver Distanz und mitschwingendem Verhalten zum ersten Mal sichtbar. Statt zum selbstvernichtenden Widerstand gegen eine übermächtige mechanistische Welt aufzurufen, empfiehlt er individuelle Wachheit, Witz und geistige Flexibilität, die Panik verhindern und situativ richtiges Verhalten ermöglichen sollten – eine Art Bewegungslehre für die moderne Dauerkrise. Ausgehend von Bild-Text-Collagen aus Werbeanzeigen, Comic strips und Zeitschriftenartikeln entwickelt McLuhan in 60 Essays ein vielperspektivisches Panorama der amerikanischen Popularkultur der 40er Jahre und ihrer inneren Spannungen. Die einzelnen Artefakte begreift er als Teile eines Mosaiks, über dessen Lektüre sich nicht nur die Gewalt, sondern auch die kunstvolle Schönheit des kulturellen Zusammenhangs entdecken läßt. In einer Art detektivischem Such-, Kombinations- und Assoziationsspiel nimmt er die Spuren dieses Zusammenhangs auf, verfolgt sie zurück in die Gefüge, in denen sie entstanden waren, und ermittelt die Kräfte, die in ihnen wirken: Technik, Sex, Tod, Konkurrenzkampf, Geschichte, Philosophie, Kunst.

Nachdem McLuhan als Literaturprofessor im Kollegenkreis als Sonderling mit bisweilen brillanten Ideen gehandelt wurde und die Fachwelt die *Mechanische Braut* einfach ignorierte, begann er, neue Foren für seine Ideen zu suchen. Als 1952 die Verhaltensforschungsabteilung der Ford Foundation 50 000 Dollar für ein zweijähriges Forschungsprojekt ausschrieb, bewarb er sich zusammen mit dem Anthropologen Edmund Carpenter mit dem Vorschlag, »Veränderungen in den Sprach- und Verhaltensmustern und die neuen Kommunikationsmedien« zu untersuchen. Der Entwurf überzeugte die Ford Foundation, und neben McLuhan und Carpenter ergänzten der langjährige Freund McLuhans und Ökonomie-Professor Tom Easterbrook, der Psychologe Carl Williams und Jacqueline Tyrwhitt, Professorin für Architektur und Stadtplanung, das Team. Damit die Ergebnisse über Kanada hinaus in der Fachwelt bekannt werden und auch andere Interessierte sich beteiligen konnten, entschlossen sich McLuhan und Carpenter 1953 eine Zeitschrift herauszugeben, *Explorations*, die erste Zeitschrift zum Thema Kommunikation und neue Medien. Carpenter profilierte sich als agiler Herausgeber und konnte eine beachtliche Zahl von prominenten Autoren im Blatt versammeln, unter ihnen David Riesman, Sigfried Giedion, Jean Piaget, Jorge Louis Borges, e. e. cummings.

Die erste Ausgabe erschien im Dezember 1953 und enthielt u. a. McLuhans Essay **Kultur ohne Schrift**. Der Text ist in mehrfacher Hinsicht von zentraler Bedeutung für eine Rekonstruktion McLuhans und liegt hier zum ersten Mal auf deutsch vor. Zunächst fällt die Entstehung in die Zeit der prägenden Begegnung mit dem Werk des kanadischen Wirtschaftswissenschaftlers Harold Innis (siehe *Medien und Kulturwandel*). Zweitens sind in diesem Aufsatz zum ersten Mal, wenn auch nicht in der späteren begrifflichen Schärfe, die zentralen Interessengebiete McLuhans versammelt. So betont er den instantanen Charakter des Zeitalters der Elektrizität und die damit verbundene implodierende Bewegung und kommt schon 1953 zu der Überzeugung, daß sich der »historische Mensch als der alphabetisierte Mensch erweisen wird. Als Episode«. McLuhan hat seinen moralischen Standpunkt aufgegeben und konzentriert sich ganz auf die Funktionsweise von Medien und deren Geschichte. In *Kultur ohne Schrift* sind einige der zentralen McLuhanschen Denkfiguren präformiert. So liegt die Formulierung vom Medium als Erweiterung des menschlichen Körpers in seinen historischen Darstellungen zur Geschichte der Oralität, Manuskriptkultur und Kultur des Buchdrucks zum Greifen nahe. Und wenn er von der globalen Berichterstattung der BBC handelt, dann ist die Debatte um die Inhalte bereits zur Absurdität geworden, und man spürt, daß das Medium die Botschaft ist. *Kultur ohne Schrift* markiert zwar den Wendepunkt McLuhans vom Ikonographen der Alltagskultur zum

Medienforscher, aber sein Begriffsapparat ist zu diesem Zeitpunkt noch nicht vollständig entwickelt. So wird hier »visuell« noch in der Bedeutung von »bildmäßig« gebraucht, während in den späteren Texten »visuell« mit dem Sehen von Bildern wenig zu tun hat, sondern eine Art von Sehen und Wahrnehmen bezeichnet, die durch die Technologien des phonetischen Alphabets, der Schrift und insbesonderere des Buchdrucks verursacht wurde. Das Fernsehen bezeichnet er später als »taktiles« Medium, wobei »taktil« nicht eigentlich den Tastsinn meint, sondern das gleichzeitige Zusammenwirken aller Sinne – interplay of senses.

Zur Neuausgabe von Harold Innis' *Bias of Communication* (1951) im Jahr 1964 schrieb McLuhan ein Vorwort, das wir aus mehreren Gründen in die vorliegende Textsammlung aufgenommen haben. Wenn es in McLuhans Schaffensprozeß einen wesentlichen akademischen Einfluß gegeben hat, dann denjenigen des kanadischen Wirtschaftshistorikers Harold Innis, dem McLuhan Ende der 40er Jahre als Kollegen an der University of Toronto begegnete. In **Medien und Kulturwandel** kokettiert McLuhan mit der Aussage, daß er seine *Gutenberg-Galaxis* »als Fußnote zu Innis Beobachtungen betrachtet«. Er beschäftigt sich eingehend mit der Forschungsmethode von Innis, der es sich zur Aufgabe gemacht hatte, die technologischen Grundlagen von gesellschaftlichen Formationen zu untersuchen. Die Leserinnen und Leser werden in der Art der Eigenheiten, die McLuhan am Werk von Innis aufzeigt, viele Erfahrungen ihrer eigenen McLuhan-Lektüre wiederfinden. *Medien und Kulturwandel* kann auch als Leseanleitung McLuhans zu seinen eigenen Texten gelesen werden. Deshalb befindet sich dieser Text als einziger Beitrag nicht an der Stelle, an der er in der ansonsten durchgehaltenen chronologischen Ordnung stehen müßte.

Wie alle Bücher McLuhans hatte auch **Die Gutenberg-Galaxis. Das Ende des Buchzeitalters** (1962, deutsch 1968) einen enormen Vorlauf. Über beinahe zwei Jahrzehnte hinweg hatte er Unmengen von literarischen, philosophischen, anthropologischen und technikgeschichtlichen Beweismitteln und Thesen zu dem gesammelt, was er die »Gutenberg-Galaxis« nennen wollte: »jene fünf Jahrhunderte Typografie, die das Ergebnis von einem Jahrtausend phonetischen Alphabets sind«, und die er eingerahmt sah von den Emblemen der Stammesmaske des voralphabetischen Primitiven und dem Fernsehgerät des elektronischen Menschen, das er für das Sinnbild unserer eigenen Zeit, der beginnenden elektronischen oder »Marconi-Galaxis« hielt. Mit diesem Buch wurde McLuhan zu einem gefeierten und mit Preisen ausgezeichneten Klassiker – trotz all der Hürden, die er um seine Überlegungen herum aufgebaut hatte. Er habe das Buch weniger *geschrieben* als wie »ein Paket zusammengepackt«, bekannte er später einem Freund. Tatsächlich macht es der Text in seiner sprunghaften Mosaikanordnung schon von seiner äußeren Form her dem Leser alles andere als leicht und erscheint bisweilen eher als eine willkürliche, argumentativ kaum verknüpfte Reihung von Ideen, Postulaten, sentenzartigen Zwischenüberschriften und vielen langen Zitaten, die ihrerseits oft in einem auf den ersten Blick unklaren Verhältnis zu den Kommentaren des Autors stehen. Daß es sich dabei um eine wohlkalkulierte Methode handelt, mit dem Ziel, die illusionistische Konzeption der fließbandartigen Kontinuität der Zusammenhänge aufzusprengen, die wir als Kinder des Druckzeitalters alle dauernd herstellen, bringt McLuhan in einem Interview so auf den Punkt: »Die Idee, daß die *Galaxis* als Ideogramm hätte dargestellt werden sollen, ist richtig. Das ist ihre eigentliche Form. Sie hätte auch als ein Happening zum Ausdruck gebracht werden können. Das Wort ›Galaxis‹ bringt wirklich das simultane Zusammenspiel von Faktoren zum Ausdruck, die überhaupt keine direkte Verbindung zueinander haben. Die literarischen Zitate, die ich in der Galaxis verwende, sind nicht als Fußnoten oder als ein Teil meiner Argumentation gedacht. Sie sind da als heuristische Sonden. Ich könnte jedes dieser Zitate durch zwanzig oder dreißig andere ersetzen. Das Mosaik ist eine Welt von Intervallen, in der maximale Energie über die Zwischenräume getragen wird. Die *Gutenberg-Galaxis* ist eine Welt, in der vermittels der Intervalle Energie erzeugt wird, nicht vermittels der Verbindungen.« Inhaltlich bot das Buch eine Überfülle an Belegen für eine in dieser Tragweite bisher verborgen gebliebene kulturelle Umwälzung, die mit der Erfindung des phonetischen Alphabets und dem Buchdruck verbunden war. McLuhan rekonstruierte jenen Prozeß, in dem die Dominanz der oralen Kultur durch die verschiedenen Formen der Schriftlichkeit zunehmend von der Vorherrschaft des Visuellen abgelöst wurde – der Mensch erhielt »ein Auge für ein Ohr«. Innerhalb dieses revolutionären Umbaus des menschlichen Sensoriums siedelte er auch die Herausbildung all jener Momente an, die wir als typische Errungenschaften der Neuzeit kennen: die Entwicklung von Individualismus und Nationalismus, die Ermöglichung der modernen Arbeitsteiligkeit und Fließbandproduktion, die er in den mechanischen Drucktypen präfiguriert sah, die Entdeckung der Perspektive in der Malerei oder die Aufspaltung von Kunst und Wissenschaft. Originell sind bis heute seine eigenwilligen Interpretationen großer Renaissanceautoren wie Shakespeare und Rabelais, die er – wie alle Künstler – für jene Zeitgenossen hielt, die in der Lage waren, die Traumata und geistigen Zerreißproben zu verstehen, die die Drucktechnologie mit sich brachte.

Ende der 50er Jahre reichte McLuhans Ruf als origineller Denker weit über den akademischen Bereich hinaus. Die Einladung Harry J. Skornias, des Präsidenten der National Association of Educational Broadcasters (NAEB) – eine Organisation an der vordersten Front der Erneuerung des Schulsystems im mittleren Westen –, als Hauptredner der Jahresversammlung zu fungieren, wird zu dem Ereignis, das es McLuhan ermöglicht, die Summe seiner bisherigen Erkenntnisse zunächst in einem Forschungsbericht, später in Buchform zusammenzutragen. In dieser Rede vor einem einflußreichen Publikum spricht McLuhan zum ersten Mal davon, daß das »Medium die Botschaft« ist. Skornia engagierte McLuhan für ein mit 30 000 Dollar dotiertes Forschungsprojekt, das einen Medien-Lehrplan für elfte Klassen erstellen sollte. Zwar wußte die NAEB nicht, was sie mit McLuhans Ergebnissen machen sollte – ihnen erschienen High-School-Studenten mit Fragen

wie »Basiert Sprache als organisiertes Stottern auf der Zeit?«
oder »Welche Auswirkung hat die Sprache auf die Zeit?« über-
fordert – doch unter Skornias Einfluß erschienen die Resultate
1960 unter dem Titel *Report on Project in Understanding New
Media*. Die Resonanz war eher verhalten. Erst als McGraw-Hill
nach dem großen Erfolg der *Gutenberg-Galaxis* 1964 eine stark
überarbeitete Version unter dem Titel *Understanding Media:
The Extensions of Man* (deutsch 1968: **Die magischen Kanäle**)
herausgab, fanden seine Analysen ihr Publikum. Im Gegensatz
zur *Mechanischen Braut* hatte McLuhan bei den *Magischen
Kanälen* das Gefühl, daß das Buch genau zum richtigen Zeitpunkt erschienen war und eine gelungene Beschreibung der
elektronischen Gegenwart lieferte. Endlich hatte er der *Mechanical Bride* das »Electronic Call Girl« zur Seite gestellt.

In der veröffentlichten Form enthielt das Buch eine Einleitung,
sieben Kapitel über Medien im allgemeinen und 26 Kapitel
über einzelne Medien wie das gesprochene Wort, Straßen,
Kleidung, Geld, Uhren, Buchdruck, das Rad, Fotografie, das
Auto, Radio, Fernsehen oder Computer. Die Anzahl der Kapitel erinnert an eine kabbalistische Ordnung: Auf sieben abstrakte Kapitel folgen soviele Kapitel, wie das phonetische
Alphabet Buchstaben hat – was als formaler Hinweis McLuhans gewertet werden kann, daß das phonetische Alphabet der
Ursprung aller westlichen Folgetechnologien war.

Die magischen Kanäle ist dem Aufbau nach ein stark systemati-
siertes Buch. Nicht nur daß McLuhan seinen Theoremen und
den einzelnen Medien Kapitel widmet, erhöht die Kohärenz
seiner Gedanken, er inszeniert sogar einen Gründungsmythos
im Kapitel *Narzissus – verliebt in seine Apparate*. Zunächst fällt
die Parallele zum Gründungsmythos der Psychoanalyse auf.
Neben deren wichtigstem Theoriebaustein, dem ödipalen
Dreieck, das der antiken Mythologie entlehnt war, machte
Freud später auch Verwertungsansprüche auf den Mythos von
Narziß geltend. Indem McLuhan sowohl die alltagssprachliche
wie die psychoanalytische Auslegung des Mythos von Narziß
attackiert, wendet er sich nicht nur gegen eine falsch verstan-
dene Spiegelmetaphorik, sondern legt selbst spielerisch einen
Grundstein, der sich bereits bei der Begründung eines Fach-

diskurses bewährt hat. Im Unterschied zu Freud wird bei McLuhan aus dem Mythos keine immer und überall passende Systematik abgeleitet, in die die Phänomene klassifiziert werden könnten, sondern ein Gleichnis für das Fehlverstehen von Medien, das seit der Erfindung der Schrift nicht aufgehört hat.

Jerome Agel hatte im September 1965 in der Monatszeitschrift »Books« ein begeistertes vierseitiges Porträt von McLuhan veröffentlicht. Agel hatte eine besondere Begabung, die Schriften bekannter Leute in völlig neuer Gestalt so zu präsentieren, daß sie breite Leserkreise anzogen. Gemeinsam mit Agel und dem Buchdesigner Quentin Fiore erstellte McLuhan eine Auswahl aus seinen Texten und komponierte aus überraschenden Bild-Text-Collagen ein knappes, pointiertes und witziges Kompendium seiner Gedanken, **Das Medium ist Massage**, das nach seinem Erscheinen im März 1967 mit ca. einer Million weltweit verkaufter Exemplare tatsächlich zum größten Verkaufserfolg seiner Karriere werden sollte.

Das Buch ist eine Attacke gegen die starren Regeln der Gutenberg-Galaxis: Es durchbricht die Homogenität des Druckbildes durch immer neue Schrifttypen und Schriftgrößen. Es unterläuft die Linearität des Lesevorgangs durch inhaltliche Schnitte, durch verkehrt oder in Spiegelschrift gedruckte Einsprengsel. Es sorgt durch die Kombination von Bild und Schrift für das von McLuhan geforderte Zusammenspiel der Sinne, für taktile Wahrnehmung – der Buchumschlag zeigt dann auch den Abdruck tastender Finger. Und es transformiert die Kontinuität der Seitenabfolge in eine musikalische Struktur, die ein Thema in vielen Variationen immer wieder aufnimmt, mit neuen Aspekten in die Gesamtheit des Buches verwickelt und so langsam die gleichzeitige Wahrnehmung aller Ebenen des Buches ermöglicht. *Das Medium ist Massage* ist daher tatsächlich eine elektronische, oder, wie Agel meinte, »kubistische« Produktion.

Nach der Aufnahme einer LP-Version des Massage-Buches im Frühjahr 1967 war **Krieg und Frieden im globalen Dorf**, das im September 1968 (deutsch 1969) erschien, die dritte Gemeinschaftsproduktion mit Agel und Fiore. McLuhan schrieb diesmal allerdings einen völlig neuen Text, der Anteil von Agel und Fiore beschränkte sich auf die Auswahl und Montage der Fotos.

Nicht zuletzt durch seinen damals 16jährigen Sohn Mike, der gerade an einem Artikel über Hippies schrieb und für Buddha und Hesse schwärmte, hatte McLuhan 1968 das Bild einer Generation vor sich, deren Sinneswahrnehmung von Kunst, LSD und von den Auswirkungen der elektronischen Welt des Fernsehens und der Computertechnik angekurbelt worden war, die laut McLuhan den Subtext des Buches bestimmt. In den 90er Jahren hat diese Kombination von elektronischer Technologie, ästhetischer Innovation und speziellen Drogen in der Techno-Musik neue Evidenz gewonnen.

Die Behauptung, die Medien ›Jazz‹ und ›Radio‹ hätten für die Anpassungsschwierigkeiten der Wirtschaftskrise in den 20er Jahren gesorgt, schien vielen Lesern weit überzogen. Vor dem Hintergrund der durch die Computertechnologie herbeigeführten massenhaften Arbeitslosigkeit würde dieses Urteil vielleicht vorsichtiger ausfallen.

Mit der Verbindung von Medien- und Kriegsgeschichte legte McLuhan in diesem Buch den Grundstein für einen ganzen Zweig von Medienhistorikern wie etwa Kittler oder Virilio. Gleichzeitig hat er die Kritik an ihnen implizit mitgeliefert. Denn für ihn ist nicht der Krieg der Vater aller Medieninnovationen. Neue Medien verändern vielmehr die aus Körper und Technologie zusammengesetzte ›Identität‹ von Individuen und Gesellschaften. Die Suche nach neuer ›Identität‹ geschieht dann allerdings allzu oft mit militärischen Mitteln. Angesichts des Vietnam-Kriegs stellt McLuhan die bittere Diagnose: Krieg ist Erziehung, Erziehung ist Krieg. »Kämpfen heißt, sich das Wissen der Gegner mit der größtmöglichen Geschwindigkeit anzueignen. Auf der anderen Seite ist Erziehung Krieg, der gegen das Sinnesleben geführt wird, und heute tun wir das durch neue Medien« (Brief vom 15.12.1967).

An *Through the Vanishing Point: Space in Poetry and Painting*, das 1968 erschien, arbeiteten McLuhan und der Maler und

Museumsdesigner Harley Parker seit den fünfziger Jahren. Harley Parker machte McLuhan mit den Bildern Seurats bekannt, dessen pointillistische Technik ihn an eine Vorwegnahme des Fersehbilds gemahnte, bei dem das Auge ein Gesamtbild durch das Abtasten der einzelnen Punkte erzeugt. Dabei bezieht McLuhan sich vor allem auf Adolf von Hildebrands Schriften zur Kunst, in denen dieser die doppelte Funktion des Auges darlegt: zum einen der distanzierte Blick des ruhenden Auges, der ein Bild als flächige Anordnung von Formen wahrnimmt, zum anderen das sich bewegende Auge, das die einzelnen Formen aus verschiedenen Perspektiven abtastet und dadurch räumliches Sehen ermöglicht. Raumwahrnehmung besteht also aus dem Zusammenspiel mehrerer Sinne: Sehen, Tasten, Gleichgewichts- und Bewegungssinn. Dies kombiniert McLuhan mit den Einsichten Gombrichs aus *Kunst und Illusion*, daß Raumwahrnehmung immer den Versuch unternimmt, bekannte Formen in bekannten Räumen zu erkennen und somit die Sinnesdaten beeinflußt.

Die grundlegenden Gedanken des einleitenden Essays **Formen der Wahrnehmung**, der hier erstmals auf Deutsch vorliegt, und des abschließenden Essays *The Emperor's New Clothes* werden durch zahlreiche Abbildungen illustriert, die von der Höhlenmalerei bis zur modernen Kunst reichen. Gleichzeitig wird versucht, gewohnte Seh- und Leseweisen aufzubrechen, indem Abbildungen mit einem Gedicht kontrastiert und mit kurzen Aphorismen, Zitaten, Einfällen versehen werden. McLuhan rückt damit vor allem die in Deutschland wenig genutzten Untersuchungen aus Entwicklungspsychologie, Anthropologie und Kunstgeschichte ins Blickfeld, die die aktive Beteiligung der Sinne und der psychischen Voreinstellung in den Mittelpunkt stellen.

Durch diese Anregungen beginnt er, seine Medientheorie zu modifizieren. Aus den Überlegungen zum Raum entwickelt er den Gedanken der Umgebung bzw. Umwelt (*environment*), die in ihrer Allgegenwart und Selbstverständlichkeit dem Bewußtsein entzogen ist und nur durch die Sensibilität des Künstlers, durch seine Kunst, eine Gegenumwelt (*counterenvironment*) herzustellen, über die Wahrnehmungsschwelle gehoben werden kann. Der Gedanke, daß jede neue Technologie oder Ausweitung des Menschen eine neue, unsichtbare Umwelt erschafft, deren sichtbarer Inhalt aus alten Technologien besteht, war für ihn eine Neuformulierung vom Medium als Botschaft. Eine Idee, die Grundzüge der Figur-Grund-Konstruktion des späten McLuhan (s. Auszüge aus *Global Village*) bereits gründlich vorbereitet und somit an der Schwelle zu einer Revision und Erweiterung der Ergebnisse der *Magischen Kanäle* steht.

Der Veröffentlichung von **Vom Klischee zum Archetyp** im Herbst 1970 waren wieder einmal jahrelange Vorarbeiten McLuhans vorausgegangen. Schon 1959 besprach er mit Wilfred Watson, der das Buch in langen Diskussionen gemeinsam mit ihm erarbeitete, die später scharf attackierte Archetypen-Konzeption in den Schriften des Literaturwissenschaftlers Northrop Frye. 1963 begann die intensivere Zusammenarbeit mit Watson, einem preisgekrönten Dichter und Anglistik-Professor an der Universität von Alberta in Edmonton. Der Abschluß zog sich jedoch bis in das für McLuhan schwierige Jahr 1968, in dem er nach der operativen Entfernung eines Gehirntumors im November 1967 ungewohnt reizbar und verunsichert war, wodurch der Dialog mit Watson immer mehr zerfiel. Mit der Hilfe von McLuhans Sekretärin Margaret Stewart und Sohn Eric McLuhan gelang es schließlich, ein Buch fertigzustellen, das zwar schwierig zu lesen ist, aber eine Schlüsselstellung im Schreiben des späten McLuhan einnimmt.

Auffällig ist vorerst wieder die Struktur des Buches. Es parodiert die Macht alphabetischer Ordnungen, indem es die einzelnen Kapitel nach ihrem Anfangsbuchstaben aufreiht: »Einleitung« und »Inhaltsverzeichnis« finden sich dementsprechend inmitten des Buchmosaiks. Verständnisschwierigkeiten entstehen aber vor allem dadurch, daß McLuhan einen neuen Teilbereich seiner Medientheorie entwickelt – die Wiedergewinnung alter, verschütteter Medien durch neue –, der noch dazu mit einer neuen Bedeutung von Klischee und Archetyp verknüpft wird. Das Klischee ist eine neue, einschneidende Technologie, die die vom vorhergehenden Medium geschaffene Umwelt auslöscht, gleichzeitig aber aus dem Fundus alter, verschütteter, also archetypischer Medien einzelne wiederbelebt: »So löschte Gutenberg das mittelalterliche Manuskript aus, belebte aber die Antike von neuem, so löschte die mechanische Industrie das Landleben aus, belebte aber die mittelalterliche Kunst, Wahrnehmung und das Handwerk von neuem. Die elektronische Technologie löschte die mechanische Industrie aus und belebte die frühesten und okkultesten Formen der Wahrnehmung wieder, indem sie alle primitiven Gesellschaften der Welt in den Schoß des Westens kippte« (Brief vom 4. 2. 1970). Archetypen sind also, im Vergleich zu C. G. Jung, primär keine seelischen Phänomene, sondern neu belebte Technologien samt ihrer Umwelt. Als solche bestimmen sie aber dann unsere Vorstellungen von ›Seele‹.

Daß dieses Modell auch durch eigene, schmerzliche Erfahrungen mit den Schnitten des Skalpells gestützt wurde, zeigt folgende Bemerkung McLuhans: »Nach meiner langen Operation wurde mir gesagt, daß viele neuere Erinnerungen verschwinden und viele alte wieder auftauchen würden. Das geschah wirklich. Es geschieht auch bei umweltschaffenden Klischees, die Medien sind.« (Brief vom 15. 12. 1970)

Das Kernstück von **The Global Village**, das Bruce Powers zusammen mit McLuhan ab 1976 erarbeitete, nach McLuhans Tod bis 1984 niederschrieb und das schließlich 1989 (deutsch 1995) erschien, ist das Konzept der Tetrade. McLuhan war Anfang der 70er Jahre aufgefordert worden, eine überarbeitete Version der *Magischen Kanäle* vorzubereiten. Als er dazu zusammen mit seinem Sohn Eric die Kritiken zur ersten Ausgabe durchging, stieß er immer wieder auf den Vorwurf, seine Thesen seien nicht wissenschaftlich. Nun hatte McLuhan aber zu zeigen versucht, daß dieses Verständnis von Wissenschaft auf der Linearität, Kontinuität und Wiederholbarkeit der Buchdrucktechnik beruht. Diese Form von Wissenschaftlichkeit sei in einer elektronischen Welt aber ebenso überholt wie die ihr entsprechende Schreibweise, der McLuhan immer entgehen wollte. Wie konnte man die Wahrnehmung für diese

Einsicht schärfen, den subversiven Charakter seines Schreibens bewahren und dennoch den Anforderungen von ›Wissenschaftlichkeit‹ gerecht werden? In Karl Poppers *Objektiver Erkenntnis* fand McLuhan schließlich die Kriterien, die er für alle Aussagen über Medien akzeptieren wollte: sie müßten nachprüfbar und falsifizierbar sein.

Als er sich zusammen mit seinem Sohn die Frage stellte, welche Form solche Aussagen ganz allgemein hätten, schälte sich bald eine viergliedrige Gestalt heraus: die Tetrade. Sie bildete mit ihren vier Elementen, 1. Ausweitung bzw. Verstärkung, 2. Veralten bzw. Abschwächung, 3. Wiedergewinnung und 4. Umschlag, die alle bereits in früheren Büchern als Einzelaspekte angelegt waren, die Grundlage seiner »Gesetze der Medien«, die McLuhan erstmals in einem Artikel im Januar 1975 vorstellte.

Durch die Diskussion über dieses Modell mit Studenten und Kollegen wurden seine Überlegungen noch einen Schritt weitergetrieben. Die viergliedrige Struktur muß McLuhan an Techniken der Sprachbehandlung erinnert haben, die die dreigliedrigen Denkstrukturen von Dialektik und logischen Schlüssen schon früher aufzulösen versuchten: Seit Ende der 40er Jahre hatte er solche Modelle in Pounds Ideogrammen und vor allem in der Beschäftigung mit der Form von Metaphern studiert. An diesem Punkt glaubte McLuhan, nun seine entscheidende Entdeckung gemacht zu haben: Medien, Technologien, ja alle Artefakte seien nicht *wie* Worte, sie *seien* Worte, und in ihrer viergliedrigen Struktur seien sie alle Metaphern.

McLuhan verstand die Tetrade nicht als Theorie, sondern als »Fragenkomplex«. Sie sollte die Hegelsche Konzeption, die den Bereich der Wiedergewinnung außer Acht gelassen habe, erweitern, und statt einer rein sequentiellen Wahrnehmung sowohl dynamische Denkbewegungen als auch simultanes Erfassen ermöglichen. Die Tetrade sollte damit auch den Erkenntnissen der Quantenphysik gerecht werden, die Vorgänge nicht mehr in Ketten, sondern als Abläufe innerhalb eines Intervalls voller Resonanzen beschrieb.

Die Herausgeber

1 Alltagskultur und Medien
Die mechanische Braut

Die mechanische Braut

Wir leben in einem Zeitalter, in dem zum ersten Mal Tausende höchstqualifizierter Individuen einen Beruf daraus gemacht haben, sich in das kollektive öffentliche Denken einzuschalten, um es zu manipulieren, auszubeuten und zu kontrollieren. Ihre Absicht ist es, Hitze, nicht Licht zu erzeugen. Der Sinn vieler Werbeanzeigen sowie zahlreicher Produktionen der Unterhaltungsbranche besteht darin, jeden einzelnen durch permanente geistige Aufgeilung in einem Zustand der Hilflosigkeit verharren zu lassen.

Weil so viele Köpfe an der Herstellung dieses Zustands allgemeiner Hilflosigkeit arbeiten, und weil diese kommerziellen Erziehungsprogramme so viel aufwendiger und einflußreicher sind als die relativ schwächlichen Angebote, die die Schulen und Universitäten machen, erschien es angebracht, eine Methode zu entwickeln, um diesen Prozeß umzudrehen. Warum nicht einfach die neue kommerzielle Erziehung dazu nutzen, ihre anvisierten Opfer über ihre Rolle aufzuklären? Warum nicht die Öffentlichkeit darin unterstützen, das Drama bewußt wahrzunehmen, das unbewußt auf sie einwirken soll? Während der Arbeit an diesem Verfahren rief sich mir immer wieder Edgar Allan Poes *Sturz in den Malstrom* ins Bewußtsein. Poes Seemann rettete sich, indem er die Dynamik des Strudels studierte und sie sich zunutze machte. In ähnlicher Weise unternimmt auch das vorliegende Buch weniger den Versuch, gegen die beachtlichen Strömungs- und Druckkräfte anzukämpfen, die sich durch die mechanischen Einwirkungen von Presse, Radio, Kino und Werbung um uns herum aufgebaut haben. Vielmehr versucht es, den Leser in den Mittelpunkt eines durch diese Kräfte in Rotation versetzten Bildes zu stellen, von wo aus er die Vorgänge beobachten kann, die gerade ablaufen und in die jeder verwickelt ist.

Eingeschlossen von den wirbelnden Wasserwänden und den darin treibenden einzelnen Gegenständen sagt Poes Seemann: »Ich *muß* einfach irrsinnig gewesen sein, denn es kam so weit, daß ich eine Art *Vergnügen* darin suchte, Spekulationen über die verschiedenen Geschwindigkeiten anzustellen, mit denen sie dem Gischtpfuhl tief dort unten zustrudelten.«

Es war dieses aus der rationalen Distanz als Beobachter der eigenen Lage geborene Vergnügen, das ihm den Faden in die Hand spielte, der ihn aus dem Labyrinth führte.

Die meisten Beispiele in diesem Buch wurden ausgewählt, weil sie charakteristisch und allgemein bekannt sind. Sie repräsentieren eine Welt gesellschaftlicher Mythen oder Ordnungen und sprechen eine Sprache, die wir zugleich kennen und nicht kennen. Nach Vollendung seiner Studie über den Kindervers »Where are you going, my pretty maid?« wies der Anthropologe C. B. Lewis darauf hin, daß »das Volk mit der Herstellung von Volkskultur nicht das geringste zu tun hat«. Das gilt auch für die Volkskultur des industriellen Menschen, die zu einem großen Teil aus Laboratorien, Studios und Werbeagenturen stammt. Inmitten der Vielfalt unserer Erfindungen und abstrakten Techniken der Produktion und Distribution läßt sich jedoch ein hoher Grad an Zusammenhalt und Uniformität finden. Diese Übereinstimmung ist weder in ihrer Entstehung noch in ihrer Wirkung bewußt und scheint aus einer Art von kollektivem Traum hervorzugehen. Deshalb und wegen ihrer großen Popularität werden diese Gegenstände und Vorgänge in diesem Buch als »Volkskultur des industriellen Menschen« bezeichnet. Durch ihre exponierte Präsentation und Kommentierung entfalten sie sich als zusammengehörige Landschaft. Eine wirbelnde Phantasmagorie kann nur begriffen werden, wenn sie zur Betrachtung festgehalten wird. Und genau dieses Festhalten ist zugleich eine Befreiung aus dem sonstigen Zusammenhang.

Die verschiedenen Ideen und Begriffe, die in den Kommentaren eingeführt werden, sollen Positionen zur Verfügung stellen, von denen aus die Gegenstände untersucht werden können. Sie sind keine Schlußfolgerungen, bei denen man stehen bleiben sollte, sondern nur Ausgangspunkte. In einer Zeit, in der die meisten Bücher eine einzige Idee anbieten, um ihr eine ganze Reihe von Beobachtungen einheitlich unterzuordnen, ist eine solche Vorgehensweise nur schwer verständlich zu machen. Begriffe sind Provisorien, um Wirklichkeit zu begreifen; ihr Wert bemißt sich nach dem Zugriff, den sie ermöglichen. Deshalb versucht dieses Buch, gleichzeitig repräsentative Aspekte der Realität und ein breites Spektrum von Ideen vorzuführen, mit denen sie sich fassen lassen. Ideen sind bestenfalls zweitrangige Kunstgriffe, um an Felswänden hinauf und darüber hinweg zu klettern. Jene Leser, die sich darauf beschränken, nur nach Ideen zu fragen, werden deren Nutzen für den Zugang zum Material verfehlen.

Wegen seines kreisenden Blickpunktes muß das Buch in keiner bestimmten Reihenfolge gelesen werden. Jeder Abschnitt liefert eine oder mehrere Perspektiven auf die gleiche gesellschaftliche Landschaft. Seit Burckhardt erkannte, daß die Bedeutung von Machiavellis Vorgehen darin bestand, den Staat durch rationale Beeinflussung der Macht in ein Kunstwerk zu verwandeln, besteht die Möglichkeit, die Methode der Kunstanalyse für eine kritische Bewertung der Gesellschaft einzusetzen. Das wird hier angestrebt. Die westliche Welt, die sich seit dem 16. Jahrhundert der Steigerung und Befestigung der Staatsmacht widmet, hat in ihrer Wirkung eine künstlerische Einheit ausgebildet, die eine Kunstkritik dieser Wirkung durchaus sinnvoll macht. Die Kunstkritik besitzt die Freiheit, auf die verschiedenen Mittel hinzuweisen, die für eine bestimmte Wirkung verwendet wurden. Außerdem kann sie entscheiden, ob die Wirkung den Versuch wert war. Als solche kann sie, mit Blick auf den modernen Staat, eine Zuflucht umfassender Erkenntnis inmitten der verschwommenen Träume des kollektiven Bewußtseins sein.

"All the News That's Fit to Print"

The New York Times.

CITY EDITION

Copyright 1950, by The New York Times Company.

VOL. XCIX ...No. 33,699.

NEW YORK, THURSDAY, APRIL 28, 1950.

FIVE CENTS

HOUSE GROUP BARS OVERALL 50% SLASH IN WARTIME EXCISES

Ways and Means Committee Decides to Act Separately on Each Item of List

LEVY ON CAMERAS HALVED

Sentiment Is Strong for Aiding Theatre-Going Public—Total Helto May Hit Billion

By JOHN D. MORRIS

LICENSE REVOKED

New Hampshire Board Turns Its Action 'Reprehensible'— May Replace Him in June

TRUMAN PREPARES TO LIST ELIGIBLES FOR MAJOR OFFICES

He Assigns 'Little Cabinet' Group to Plan Completion of a National Register

THIS WILL BE NONPARTISAN

Trouble in Filling Qualified Persons for Top Posts Led President to Take Step

By ANTHONY LEVIERO

Postal Cuts Startle Officials; Business Sees Political Move

City's 7 Postmasters Uncertain How Soon Changes Can Be Made—Deadline Is July 1 —4,300 to 6,450 Face Loss of Jobs Here

By DOUGLAS DALES

SENATE PROPOSES AWARDS FOR FLYERS DOWNED IN BALTIC

Vote $5 to 0 in a Request Navy to Decorate Privateer Crew —Heroes Approval Urged

AIRMEN HAILED AS 'HEROIC'

Influential Russian Weekly Asks U. S. to 'Punish' Those Guilty of 'Provocation'

By HAROLD B. HINTON

RECALL DEMANDED

PRAGUE ORDERS U.S. TO SHUT LIBRARIES, RECALL AN ATTACHE

Asserts Information Services Were Used to Circulate Untruths, Incite People

COUNTER MOVES WEIGHED

8 Czechs Go on Trial on Charge of Treason—Are Accused of Aiding Washington

By DREW MIDDLETON

O'Dwyer Backs Rises in Pay For Teachers of $150-$250

HARRIMAN DEPICTS 'COLD WAR' VICTORY

SANDER IS STRIPPED OF MEDICAL LICENSE

RAIL FIREMEN CALL STRIKE ON 4 ROADS

Men Ordered to Leave Jobs Next Wednesday—Leaders See National Tie-Up Seen

World News Summarized

THURSDAY, APRIL 28, 1950

President Signs Bill to Aid Indians; Hails 10-Year Rehabilitation Plan

WASHINGTON, April 28

Surgeon Massages Heart to Save Man, 65, Twice 'Dead' in 4 Hours

Titelseite

Was ist hier Partitur? Warum ist eine Nachrichtenseite ein Problem der Orchestrierung?

Auf welche Weise ist die jazzige Ragtime-Diskontinuität von Zeitungsartikeln mit anderen modernen Kunstformen verbunden?

Können Sie sich etwas Effektiveres vorstellen als diesen Kubismus der Titelseite, um eine Berichterstattung von China bis Peru bei gleichzeitiger Bildschärfe zu erreichen?

Dachten Sie nie, daß eine Zeitungsseite eine symbolistische Landschaft ist?

Das ist nur ein Teil der Fragen, die selbst von der zurückhaltenden Titelseite der *New York Times* aufgeworfen werden. Viele weitere Fragen stellen sich bei stärker auf Effekthascherei ausgerichteten Zeitungen. Aber heute ist jede Zeitung ein kollektives Kunstwerk, ein tägliches »Buch« des industriellen Menschen, die Unterhaltung einer arabischen Nacht, in der ein anonymer Erzähler einer gleichermaßen anonymen Leserschaft 1001 erstaunliche Geschichten vorträgt.
Über ihre technischen und mechanischen Eigenheiten ist die Titelseite an die Techniken der modernen Wissenschaft und Kunst angeschlossen. Diskontinuität ist in mehrfacher Hin-

sicht ein grundlegender Begriff der Physik, sowohl in der Quanten- als auch in der Relativitätstheorie. Diskontinuität ist die Art, in der ein Toynbee auf Zivilisationen oder eine Margaret Mead auf menschliche Kulturen blickt. Bekanntlich ist sie die visuelle Technik eines Picasso, die literarische Technik eines James Joyce.

Aber es wäre ein Fehler, sich dem Chor der Stimmen anzuschließen, der ohne Unterbrechung klagt: »Diskontinuität ist die Wiederkehr des Chaos. Sie ist der Irrationalismus. Sie ist das Ende.« Die Physik der Quanten- und Relativitätstheorie ist keine Modetorheit. Sie hat neues Wissen über die Welt, neues Verständnis und neue Einsichten in den Aufbau des Universums gebracht. Vereinfacht gesagt, bedeutet sie, daß dieser Planet nunmehr eine einzige Stadt ist. Weit davon entfernt, Irrationalismus zu fördern, machen diese Entdeckungen Irrationalismus für eine intelligente Persönlichkeit unerträglich. Sie erfordern viel größere Anstrengungen der Intelligenz und einen viel höheren Grad an persönlicher und sozialer Integrität als früher.

Auf die gleiche Weise läßt uns die Technik Toynbees zu Zeitgenossen aller Zivilisationen werden. Die Vergangenheit wird als Versuchsmodell für ein politisches Experiment in der Gegenwart unmittelbar verfügbar gemacht. Margaret Meads *Mann und Weib* veranschaulicht eine ähnliche Methode. Die kulturellen Muster verschiedener Gesellschaften werden, ohne jede Verbindung zueinander oder zu unserer eigenen, im Stil des Kubismus oder im Stil Picassos sprunghaft überlagert, um ein großartig erweitertes Bild menschlicher Möglichkeiten zu liefern. Mit dieser Methode wird die größtmögliche Unabhängigkeit von unseren eigenen unmittelbaren Problemen erreicht. Die Stimme der Vernunft ist nur für den unabhängigen Beobachter hörbar.

Und genauso verhält es sich mit der modernen Presse – trotz all ihrer Fehler. Diese gewaltige Landschaft der menschlichen Gattung, die einfach hergestellt wird, indem getrennte Informationen von China bis Peru nebeneinander gesetzt werden, präsentiert täglich sowohl das Bild der Komplexität als auch der Vergleichbarkeit menschlicher Angelegenheiten. In seiner

Wirkung als Ganzes führt das zur Beseitigung jeder provinziellen Anschauung.

Völlig unabhängig von guter oder schlechter Redaktionspolitik hat sich der normale Mensch heute an Geschichten von allgemeinmenschlichem Interesse aus jedem Teil der Erde gewöhnt. Schon allein die Technik des weltweiten Nachrichtensammelns hat eine neue Geisteshaltung erzeugt, die wenig mit einer lokal oder national beschränkten politischen Auffassung zu tun hat. So kann sogar die häufig sensationelle Absurdität und Unzuverlässigkeit der Nachrichten nicht die Gesamtwirkung außer Kraft setzen, die einen tiefen Sinn für menschliche Solidarität erzwingt.

Sicherlich würde ein Beobachter Grund zur Schwermut haben, wenn er nur die Qualität der intellektuellen Analyse beurteilen müßte, die sich in einem einzelnen Abschnitt oder Leitartikel erkennen läßt. Bestimmte Gewohnheiten des Denkens haben zu einer natürlichen Überbetonung des Wertes und sogar der Notwendigkeit von »korrekten Anschauungen« geführt. Dieselben Denkgewohnheiten verleiten zur Verurteilung der modernen Kunst, weil ihr eine »Botschaft« fehle. Solche Gewohnheiten machen die Menschen blind für die wirklichen Veränderungen unserer Zeit. Auf diese Weise konditioniert, wurden die Menschen dazu erzogen, die Meinungen und Einstellungen der Presse zu übernehmen. Aber die französischen Symbolisten und in ihrer Nachfolge James Joyce im *Ulysses* erkannten, daß es eine neue Kunstform von universalem Umfang gab, die in der technischen Aufmachung einer modernen Zeitung vorlag. Das ist eines der wichtigsten Beispiele dafür, wie ein Nebenprodukt der industriellen Phantasie, eine unverfälschte Kraft zeitgenössischer Volkskultur zu radikalen künstlerischen Entwicklungen führte. Für das wachsame Auge ist die Titelseite einer Zeitung eine chaotische Oberfläche, die den Geist dazu bringen kann, auf kosmische Harmonien einer besonders hohen Ordnung zu hören. Doch sobald diese Harmonien durch einen Picasso oder einen Joyce schärfer stilisiert werden, scheinen sie genau die Leute zu verletzen, die sie am meisten schätzen sollten. Aber das ist eine eigene Geschichte.

Es gibt viele Stellen in diesem Buch, wo diese Probleme wieder auftauchen werden, doch es schien am besten, sie zuerst anhand der Presse aufzuwerfen. Es sind keine Fragen, die »beantwortet« werden können. Sie sind nur typisch für jene weitverbreitete Verfassung des industriellen Menschen, der inmitten einer großen Blüte technischer und mechanischer Vorstellungen lebt, deren reicher menschlicher Symbolismus ihm größtenteils unbewußt ist. Der industrielle Mensch ist der Schildkröte nicht unähnlich, die für die Schönheit des Panzers, der auf ihrem Rücken gewachsen ist, ganz blind ist. In gleicher Weise wird die moderne Zeitung vom Reporter nur unter dem Gesichtspunkt ihres rührseligen, sinnlichen Inhalts, ihres pulsierenden, romantischen Zaubers betrachtet. Der Reporter weiß nichts von dem wunderbaren Rückenpanzer über ihm. Er *wächst* aus ihm, ohne Absicht, halbtierisch, biologisch. Für die Schildkröte ist der Panzer keine sprachliche Äußerung, sondern nur ein Gefühl. Diese im Inneren befangene Wahrnehmung stimmt mit der praktischen Anschauung des Menschen überein, der die Schildkröte eher verspeisen würde als das Muster auf ihrem Rücken zu bewundern. Derselbe Mensch würde lieber in die Zeitung eintauchen als irgendein ästhetisches oder intellektuelles Verständnis ihrer Beschaffenheit und Bedeutung zu besitzen. Der unverbesserliche Taucher täte vielleicht gut daran, die nächsten paar Seiten zu überblättern.

Der strikt auf den Inhalt gerichtete oder unbewußte Verbraucher-Standpunkt der industriellen Volkskultur kommt im folgenden Artikel einer Provinzzeitung deutlich zum Ausdruck:

SICH SELBST IM »FERNSEHEN« SEHEN
DANN STERBEN ZWEI AUF DEM ELEKTRISCHEN STUHL
»Chicago, 21. April 1950 – (AP) – Zwei verurteilte Mörder sahen sich letzte Nacht im Fernsehen und starben einige Stunden später auf dem elektrischen Stuhl … Die verurteilten Männer wurden gestern nachmittag in der Todeszelle gefilmt. Der Film wurde für eine 7-Uhr-Wochenschau angesetzt und von den Männern auf einem Apparat angesehen, den ihnen der Wärter geliehen hatte.«

Diese Situation ist eines der größten Kunststücke der modernen Nachrichtentechnik. Nachrichten aus der Unterwelt in rauhen Mengen. Welchen Kick müssen diese Männer dadurch erlebt haben, daß sie sich im Inneren einer großen Geschichte über ihr eigenes Inneres befanden. Indem sie an der Teilnahme ihrer eigenen Zuschauer Anteil nahmen, konnten sie selbst die Erregung des Publikums spüren, das durch ihren nahen Tod in Hochspannung versetzt war.

Das ist eine Veranschaulichung der Situation jener Menschen in der modernen Welt, die wie Automaten und ohne Verstand ihren Beitrag zu dem gewaltigen technischen Panorama liefern, auf das sie niemals prüfend ihre Augen richten. Auf den folgenden Seiten werden verschiedene Ausschnitte dieses Panoramas für eine bewußte Untersuchung in den Mittelpunkt gerückt.

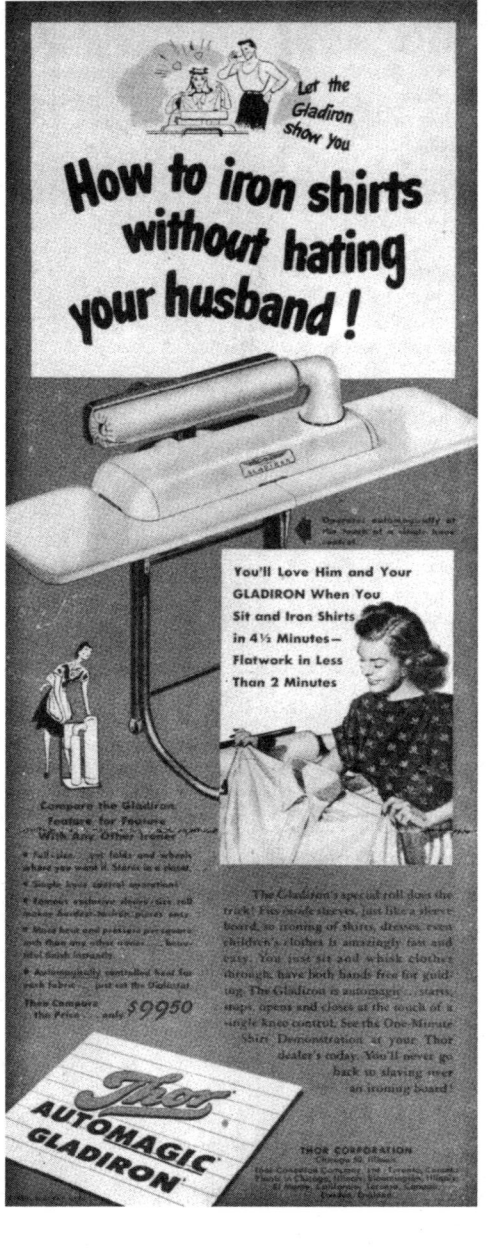

Know-how

Wieviel mehr an Know-how wird noch gebraucht, um das menschliche Leben überholt erscheinen zu lassen?

Kennen wir irgendeine Vorrichtung, um ein wucherndes Know-how in den Griff zu bekommen?

Die Dame in dieser Anzeige hat eine Maschine als Ersatz für moralische Entscheidungen gefunden?

König Midas wußte, wie man alles in Gold verwandelt. Woher kam dann all das Popcorn?

Wie von der Werbung angedeutet, ist das Know-how zugleich eine Sphäre von Technik und Moral. Es ist die Pflicht einer Frau, ihren Ehemann so zu lieben wie die Seife, die ihren Mann dazu bringen wird, sie zu lieben. Es ist ihre Pflicht, bezaubernd, fröhlich, effizient zu sein und Heim und Herd nach Möglichkeit wie eine automatische Fabrik am Laufen zu halten. Diese Werbung lenkt die Aufmerksamkeit auch auf die Neigung der modernen Hausfrau, nach einer vorehelichen Arbeitsperiode in der Geschäftswelt zwar Ehe und Kinder, keinesfalls aber die Hausarbeit in die Arme zu schließen. Gefühlsmäßig lehnt sie körperliche Aufgaben mit derselben Überzeugung ab, mit der sie nach Hygiene strebt. Und so verspricht ihr die Werbung ein Mittel, körperliche Arbeit zu erledigen, ohne dabei den Ehemann zu hassen, der sie in diese Haushaltssklaverei gelockt hat. Deshalb ist es auch Pflicht, Apparate anzuschaffen, die diese Fron erleichtern und so die häusliche Neigung fördern. So kommt es, daß nicht nur arbeitssparende Vorrichtungen, sondern auch Nahrung und Nylons (»das sind deine Beine ihrem Publikum schuldig«) mit moralischem Eifer konsumiert und angepriesen werden.

Doch Apparate und Tricks waren nicht von Anfang an materielle Gegenstände, und sie sollten auch heutzutage nicht nur als solche verstanden werden. Benjamin Franklin, proteischer Prototyp und Professor des Know-how, ist gleichermaßen berühmt für seine materielle wie für seine psychologische Technologie. In seiner *Autobiography* – immer noch ein zentraler Bestandteil der Yankee-Moralstruktur – erzählt er zum Beispiel, wie er auf ein moralisches Buchhaltungssystem gestoßen ist, das jedermann ermöglichen würde, innerhalb einiger Monate Vollkommenheit zu erreichen. Der Trick dabei ist, immer nur einen Fehler auszuwählen, den man tilgen will, und bald wird die Weste der moralischen Bilanz durch beharrliches Sammeln sauber. Eng verwandt mit diesem System war Franklins Entdeckung verschiedener Techniken zur Gewinnung von Freunden und Beeinflussung von Menschen, die immer noch genauso nützlich sind wie eh und je.

Einiges aus dem Inhalt der Sommerausgabe von *Woman's Life* (1947) illustriert sehr gut Benjamin Franklins Know-how-Mentalität. Eine Liste davon findet man auf der Rückseite des Covers: »Wie man einen Mann hält«, »Acht Arten ein Kompliment zu ruinieren«, »Wie steht's mit Ihren häuslichen Manieren«, »Wege neue Männer zu treffen«, »Arbeite an deinen Reizen«, »Wenn du in einem Film mitspielen willst« und so weiter kreuz und quer durch den Spiegelsaal des Know-how. Auf der anderen Seite des Einbandes wird für Louis E. Bischs Buch *How To Get Rid of* »Nerves« geworben, das solche Kapitel enthält wie »Wie man nicht nervös wird, wenn man verheiratet ist«, »Wie man Langeweile vermeidet«, »Wie man sich seine Wünsche erfüllt«.

Bücher über Entspannungstechniken scheinen gerade noch die Bücher über den Aufbau von erfolgsbefördernder Nervenanspannung aufzuwiegen.

Ein kürzlich erschienenes Buch von Ira Wallach mit dem Titel *How To Be Deliriously Happy* liefert Know-how für die gesamte Bandbreite des Erfolgsstrebens und empfiehlt bei Schulden, sich noch mehr zu verschulden. Wenn du glaubst, du bist nicht viel wert, betrachte dich selbst in einem Spiegel, der mit Adlern umrahmt ist. Sag dir selbst, du bist größer als Napoleon. Was sich alles auf die einfache Formel bringen läßt, die in allen Formeln der Lebens- und Erfolgsphilosophie steckt: »Liebe die Zwangsjacke«.

Eingesperrt in eine dieser maschinellen Zwangsjacken, mag ein Mensch sich sicher und stark fühlen, seinen menschlichen Charakter oder seine Würde ausbilden kann er aber kaum. Heute ist es möglich, diese Leidenschaft für maschinelle Zwangsjacken zu verstehen, wenn man sie zu ähnlichem menschlichen Verhalten in vollständig anderen Umständen in Beziehung setzt. Joseph Campbell vergleicht in seinem *Hero With a Thousand Faces* unser modernes Dilemma mit dem der primitiven Menschen:

»Für die primitiven Jagdvölker jener in fernster Vergangenheit liegenden Jahrtausende der Menschheit, als der Säbelzahntiger, das Mammut und weniger eindrucksvolle Erscheinungen des Tierreichs die fundamentalen Manifestationen des Fremden waren – die Quelle von Gefahr und Nahrung zugleich –, bestand das große psychologische Problem der Menschen darin, mit der Aufgabe zu verwachsen, die Wildnis mit diesen Geschöpfen zu teilen. Es fand eine unbewußte Identifikation statt, die schließlich in den halb menschlichen, halb animalischen Figuren der Totemvorfahren ihren bewußten Ausdruck erhielt, ... durch Akte buchstäblicher Imitation ... erreichte man eine tatsächliche Auslöschung des menschlichen Ich, und die Gesellschaft erhielt eine festigende Organisation.«

Es handelt sich um genau dieselbe Auslöschung des menschlichen Ich, deren Zeugen wir heute sind. Nur mit dem Unterschied, daß die Menschen in jenen Zeiten schrecklicher Angst in tierischen Zwangsjacken steckten, während wir der Maschine gegenüber unbewußt in der gleichen Lage sind. Unsere Werbung und Unterhaltung liefert einen Einblick in die Totem-Vorstellungen, die wir täglich entwerfen, um diesen Prozeß zum Ausdruck zu bringen. Aber Technologie ist ein abstrakter Tyrann, der seine Zerstörungen tiefer in die geheimen Winkel der Psyche hineinträgt als der Säbelzahntiger oder der Grizzlybär.

Die Konzentration auf Technik und abstrakte Systeme begann für die westliche Welt, meint Werner Sombart in seiner *Quintessence of Capitalism*, mit dem Aufstieg scholastischer Denkschemata in der Theologie des 12. Jahrhunderts. Es waren Mönche, die als erste auch Methoden eines abstrakten Finanzwesens schufen, und die wie ein Uhrwerk ablaufende Ordnung ihres Gemeinschaftslebens lieferte den Kaufleuten der wachsenden Städte das große Vorbild für eine systematische Zeitökonomie. Die Puritaner behielten die scholastische Denkweise in der Theologie bei und brachten sie auch in der Genauigkeit und Strenge ihres weltlichen Lebens zum Ausdruck. Deshalb ist auch die Behauptung nicht aus der Luft gegriffen, daß ein großes modernes Geschäft die säkulare Anwendung einiger der beeindruckendsten Merkmale der mittelalterlichen scholastischen Kultur ist. Konfrontiert mit der uhrwerksmäßigen Präzision des scholastischen Systems, kam Lewis Mumford nicht umhin, an die mechanische Parallele einer gleichmäßig arbeitenden Textilfabrik zu denken. Ziel dieser systematischen Arbeitsweise sind heute eher Produktion und Finanzen als Gott. Und die Begeisterung für die frohe Botschaft hat nun ihren Mittelpunkt eher in der Abteilung für Verkauf und Vertrieb als in der Predigt. Aber die wissenschaftliche Struktur und die moralischen Ideale der mönchischen Disziplin gelten noch immer, weshalb jeder, der die religiöse Intensität der modernen Technologie und Geschäftswelt zu verstehen und zu verändern sucht, diese Vorfahren genau untersuchen muß.

Das Know-how des 12. Jahrhunderts war einem allumfassenden Verständnis menschlicher und göttlicher Ziele gewidmet. Die Säkularisierung dieses Systems bedeutete die Übernahme von Techniken, die nicht mehr dem Verständnis, sondern dem Nutzen dienen sollten. Anstatt eines verstandesmäßig faßbaren Planes vom Menschen und der Schöpfung bietet die moderne Technologie unmittelbar Komfort und Profit. Aber sie ist paradoxerweise immer noch von einem mittelalterlichen Geist religiöser Intensität und moralischer Verpflichtung durchdrungen, was bei Herstellern und Verbrauchern gleichermaßen zu zahlreichen gedanklichen Widersprüchen und verworrenen Entscheidungen führt. Um diese Konflikte zu lösen, drängen die Marxisten darauf, Technologie endlich von Religion zu trennen; doch das bedeutet lediglich, die Eltern abzulehnen, während man ihre Abkömmlinge vergöttert. Umfassender und vielversprechender ist der Versuch, die sozialen und individuellen Auswirkungen der Technologie abzuschwächen, indem man die Bedeutung von Konzepten der Sozialbiologie hervorhebt, wie das Lewis Mumford und andere tun. Doch in dieser Konzeption steckt die fragwürdige Annahme, daß das Organische das Gegenteil vom Maschinellen sei. Professor Norbert Wiener, der Schöpfer maschineller Intelligenz, behauptet, daß die alte Rivalität zwischen der mechanistischen Weltanschauung und dem Vitalismus beendet ist, weil alle organischen Merkmale jetzt maschinell hergestellt werden können. Schließlich bedeutete das Wort »organisch« für die Griechen »Maschine«. Und Samuel Butler wies in *Erewhon* darauf hin, wie sehr die modernen Maschinen biologisch geworden waren: »Der Heizer ist für seinen Motor fast ebensosehr ein Koch wie unsere eigenen Köche es für uns sind.« Als Ergebnis unserer obsessiven Sorge für diese Objekte, fügt er hinzu, erlangen sie täglich »mehr von dieser selbstregelnden, selbsthandelnden Macht, die besser als irgendein Intellekt sein wird«. Folglich stehen wir jetzt kurz vor dem Tag der automatischen Fabrik, an dem wir eine ohne menschliche Unterstützung arbeitende Fabrik, die Autos produziert, ebenso natürlich finden werden wie die Leber, die Galle ausscheidet, oder wie die Pflanze, die Blätter hervorbringt.

Fortune vom November 1949 bietet einen »Schlüssel zur automatischen Fabrik« durch den Hinweis, daß »Computer, die Geschütze steuern, genauso Maschinen steuern könnten«. Wie sich das Antlitz mörderischer Gewalt doch fortwährend selbst mit dem Know-how in Verbindung bringt! Schwer zu sagen, warum die öffentliche Zielscheibe so einer Fabrik glücklicher sein sollte als der Empfänger einer Bombe oder Granate. Es ist schon lange klar, daß die Geschäftsführer für Produktion und Verkauf in militärischen Begriffen denken, wobei sie den öffentlichen Widerstand mit einem sorgfältig geplanten Sperrfeuer zerschlagen, damit die nachfolgenden Stoßtrupps der Vertreter die Widerstandsnester der Geldbeutel ausräumen. Es wird mehr als nur die Auswechslung des Vokabulars nötig sein, um diesen tödlichen Aspekt des Know-how auszumerzen, da er nicht leicht von dessen Ursprüngen oder Anwendungen zu trennen ist. Die Öffentlichkeit mag über die Vorstellung schmunzeln, daß sie ihre Rolle als Zielscheibe eines Sperrfeuers aus Cornflakes und Glühbirnen beunruhigend finden sollte. Aber diese industrielle Munition hat die Eigenschaft, in der Großhirnrinde zu explodieren und auf die Gefühlsstruktur der ganzen Gesellschaft Einfluß zu nehmen.

Das Know-how ist ein so eifriger und mächtiger Verbündeter menschlicher Bedürfnisse, daß es nicht leicht zu beherrschen oder in einer untergeordneten Rolle zu halten ist, auch wenn es von ungewöhnlicher Weisheit geleitet wird. Weil es nur der vielfältigen blinden Lust nach Macht und Erfolg dient, zieht es uns rasch in jenes Labyrinth, an dessen Ende der Minotaurus wartet. So kommt es in dieser Periode der leidenschaftlichen Beschleunigung dazu, daß die Welt der Maschinen das bedrohliche und unfreundliche Gesicht einer unmenschlichen Wildnis anzunehmen beginnt, die weniger zu beherrschen ist als jene, mit der einst der prähistorische Mensch konfrontiert war. Die Vernunft wird dann schnell durch den von panischer Angst ausgelösten Wunsch überwältigt, sich eine Schutzfärbung zuzulegen. So wie die verängstigten Menschen früher rituell und psychisch in die Haut der Tiere schlüpften, so haben wir es bereits weit darin gebracht, die Verhaltensmechanismen der Maschinen, die uns erschrecken und überwältigen, zu übernehmen und heranzuzücht

Fließband der Liebes-Göttinnen

Wer verursacht die rapide Veränderung unserer Vorstellungen von Erotik: die Stimme des Labors, die Stimme der Schildkröte oder die des Turteltäubchens?

Haben Sie letzte Nacht in dem wieder ausgegrabenen Film von 1930 die Modell-T-Karosserien der Frauen bemerkt?

Kann der weibliche Körper mit den Anforderungen der Textilindustrie Schritt halten?

Werden Frauenbeine länger? Kühlt die Sonne aus?

Nimmt man die Ivory-Flakes-Anzeige »Was macht ein Mädel zu einer guten Nummer« zusammen mit der von »Nature's Rival«, die den »Vier-in-einem Hüfthalter« präsentiert, dann umspannen sie praktisch sämtliche Interessen des industriellen Menschen. Als Bergson in Paris zum ersten Mal seine Philosophie des Fließens und des élan vital vorstellte, ging angeblich der Witz um, daß »Bergson dem Absoluten ein Korsett verpaßt habe«. Seit wir bereit sind, alles, was von Korsetts und BHs umschlossen wird, als das Absolute anzusehen, erwarten wir von Philosophie nicht mehr ganz so viel.

What makes a gal a good number?

THE GIRLS who get the calls . . . the girls who get the rings . . . are the girls who are in the know when it comes to caring for their clothes. So we show you the inside story of one who has *a way* with all her clothes . . . both those that show and those that don't.

Daisy-Fresh :
Her undies are bright and right, of course! Ivory Flakes—gentle care—keep the colors radiant longer . . . guard against fraying straps . . . help keep undies so nice and dainty. Here's your cue: Shun strong soaps, rough handling. Wash your undies in Ivory Flakes—the fast flake form of baby's pure, mild Ivory.

Smooth, Smooth Figure :
And so simple! Frequent washings in Ivory Flakes help her girdle keep its fit longer, wear longer. So her lines stay trim and slim. If that's for you, remember this: Pure, mild Ivory Flakes is one soap fashion designers and fabric experts recommend to pamper the style and fit of your clothes.

Head-turning legs :
Because gentle Ivory Flakes care helps safeguard sheerest nylons from embarrassing, eye-catching runs. Strain tests prove nightly rinsings with Ivory Flakes slow down stocking runs up to 50%!

The full impression :
Color, yes! Colors perk up—brighten up—when you suds your washables in Ivory Flakes. Take this dress of Foreman's Tubrite fabric. Ivory Flakes care helps *preserve* both its fit and color. There's no finer soap than Ivory Flakes—'cause Ivory Flakes are mild and pure—99 44/100% pure!

IVORY FLAKES

If it's lovely to wear it's worth Ivory Flakes care

Diese zwei Anzeigen helfen uns, einen der eigentümlichsten Grundzüge unserer Welt zu erkennen – die Durchdringung von Sex und Technologie. Dieses Merkmal wurde nicht von den Werbeleuten geschaffen, sondern scheint eher aus einer hungrigen Begierde geboren, einerseits die Sphäre des Sexes durch maschinelle Technik zu erforschen und auszudehnen, und andererseits, Maschinen in einer sexuell befriedigenden Weise zu besitzen. Zunächst wird es nützlich sein, einige der mehr äußerlichen Aspekte dieser eigenartigen Vermählung zur Kenntnis zu nehmen.

Die Methode der »Glorifizierung des amerikanischen Mädchens« à la Ziegfeld bestand darin, sie in einer Linie aufzureihen und sie dann kunstgerecht in einen dynamischen Blütenwirbel aufzulösen. Hinter der Auflösung der Linie stand und steht die choreographische Absicht, eine riesige Blume zu formen, die sich in verführerischer Weise öffnet und schließt. Aber die »Reihe« selbst mit ihren glatten, reibungslos funktionierenden Bewegungsschablonen ist von noch grundlegenderer Bedeutung als das Sexsymbol Blume. Es gibt nichts wirklich Menschliches an zwanzig angemalten Puppen, die wie ein Uhrwerk eine Serie von Tapsern, Beinwürfen und Schlenkern durchspielen. Als dieser außerordentlich gefühlskalte Aspekt des Revueballetts diskutiert wurde, soll Ring Lardner dem Vernehmen nach die berühmte Äußerung getan haben: »Manche mögen's kalt.« Aber es gibt eine gewisse Verwandtschaft zwischen dem Dynamo der abstrakten Macht, der »die Reihen« in Bewegung setzt, und dem Dynamo abstrakter Finanzen und Technik, der die Leidenschaften der ermüdeten Geschäftsleute bewegt, die mit abgöttischer Verehrung vor jenen Reihen sitzen. »Die Reihe« ist nicht auf die gleiche Weise sinnlich oder sexy wie die Berufstänzerinnen des Varietés.

»Die Revue«, schrieb Gilbert Seldes in *The Seven Lively Arts,* »entspricht jenen Luxuszügen, die immer auf die Minute pünktlich sind, den Millionen von Ersatzteilen, die immer passen, der Entspannung des Handels, wenn die Preise stabil sind; aus dem Orchestergraben mag Jazz oder symphonische Musik erklingen, darunter liegt der wahre Ton der Parade, das gleichmäßige, unvergängliche Schnurren des Dynamos.« Über diese Vermählung der angemalten Püppchen mit dem »Superchef« durch den priesterlichen Segen des Dynamos ist Mr. Seldes höchst zufrieden. Der nüchterne Henry Adams, der die Sehnsucht nach der Jungfrau von Chartres aus dem zwölften Jahrhundert in sich trug, empfand auf der Weltausstellung in St. Louis im Jahre 1904 überraschend dasselbe. Dort zog er angesichts eines großen Elektrogenerators seinen Hut und erklärte den Dynamo zum »Marienkult« des 20. Jahrhunderts.

Zunächst scheint es witzlos, das verstehen zu wollen. Aber für diejenigen, die glauben, daß es in solchen Dingen etwas Verständliches gibt, bilden die vorliegenden Anzeigen und »die Reihe«, genausogut wie die Aussagen von Mr. Seldes und Henry Adams, wichtige Anhaltspunkte. Sie ergeben ein Schema, das in unserer Welt mit Regelmäßigkeit wiederkehrt. Deswegen ist eine Antwort auf die Frage der Anzeige »Was macht ein Mädel zu einer guten Nummer?« einfach: »Aussehen wie eine Reihe anderer Mädels«. Auf die Frage »Welcher Kniff gibt ihr den Pfiff?« lautet die Antwort: »Ein austauschbares Teil sein«. Genau wie Erfolg und Menschenkenntnis aus

Rezepten und Formeln bestehen, die jeden auf das gleiche Muster reduzieren, verlangen wir im Einklang mit diesem Prinzip offenbar, daß eine Liebes-Göttin wie die andere aussieht. Vielleicht liegt der Anstoß zu diesem widersprüchlichen Prozeß in dem heftigen Verlangen nach einem Machtschauer, der von der Identität mit einer riesigen, anonymen Masse ausgelöst wird. Das Verlangen nach intensiver Individualität und Beachtung verschmilzt mit dem entgegengesetzten Extrem von Sicherheit durch Uniformität.

Dabei berauscht man sich an Zahlen und entlastet sich von persönlicher Verantwortung. Massen sind berauschend. Statistiken und Produktionstabellen sind Teil der dithyrambischen Poesie des industriellen Menschen. Telefonnummern von Mädchen, die tolle Nummern sind, sanfte Nummern, heiße Nummern, raffinierte Nummern, die gestylte, stromlinienförmige, künstliche Blondinen sind, erweisen sich als abstrakt und erregend zugleich. Mädchen haben berauschende »dates«, wenn sie wiedererkennbare Teile einer riesigen Maschine sind. In Gesellschaft mit diesen Nummern gesehen zu werden bedeutet, daß man auf allen Zylindern schnurrt. Jedes Interesse an sich selbst ist nebensächlich.

Die Tendenz einer Minderheit, dieser Situation entgegenzuwirken, unterstreicht lediglich ihre Allgemeingültigkeit. In *The Hucksters* ist Frederic Wakemans Held begeistert, als er sich abseits der Mode der »guten Nummer« wiederfindet:

»Ihre Unschuld war wundervoll. In seiner Welt von gewitzten, glanzvollen Damen hatte er die jeune fille vergessen, hatte geglaubt, daß sie aus dem Leben und mit Sicherheit aus der Upper East Side New Yorks verschwunden wäre. Und hier war sie, wiedergeboren im Alter von 32 Jahren.«

Natürlich versetzt ihm ihre Ähnlichkeit mit Ingrid Bergman einen ordentlichen Schlag, der ihn wieder in die Reihe der Verbraucher mit den wohlbekannten Marken zurückbefördert. Brust 91, Taille 48, Hüften 86, Knöchel 17. Die Poesie von Nummern, menschlichen Rundungen, dargestellt als eine abstrakte Kurve.

Es ist nicht ohne Ironie, aber bezeichnend, daß es dazu einen Kommentar von Cecil B. DeMille gibt. In Hollywood ist das

Fließband der Liebes-Göttinnen natürlich an den statistischen Mechanismus der Kinokasse und der Fanpost angeschlossen. Schon am 27. März 1943 mokierte sich DeMille:

»Der Ärger ist, bemerkte C. B., daß sie alle gleich aussehen, »gerade so, als wären sie wie Silberdollars von einer Münzpräge ausgestanzt worden … Sie kamen durch die eine Tür herein und gingen durch die andere hinaus… und hätten geradewegs in einem ununterbrochenen Kreis herein- und hinausgehen können, und ich hätte sie nicht voneinander unterscheiden können.

Die Mädchen selbst haben damit nichts zu tun. Viele von ihnen haben ein ganz eigenes, individuelles Aussehen, wenn sie ankommen. Aber auf diese Art treten sie dann nicht auf. Die Augen, die Lippen, der Mund, das Haar, alles ist in einer bestimmten, typisierten Art zurechtgemacht. Ihre Gesichter sehen aus wie Betonplatten.

Vielleicht sollte die durchschnittliche Hollywoodschönheit mit einer Nummer statt mit einem Namen versehen sein.«

Ganz anders sieht diese Sache für jemanden aus, der Popularkultur studiert und dabei die gleiche Art von Aufmerksamkeit für morphologische Übereinstimmungen entwickelt wie die Volkskundler und Anthropologen für die Wanderung von Symbolen und Situationen.

An dieser Stelle sind die Werbeagenturen ausgesprochen brauchbar. Sie bringen für die gesamte Gesellschaft das zum Ausdruck, was Träume und unzensiertes Verhalten in den Individuen leisten. Träume räumen verborgenen Antrieben Entfaltungsmöglichkeiten ein und ermöglichen, vieles zu analysieren und in eine vernünftige Ordnung zu bringen, was auf andere Weise nicht beobachtet oder diskutiert werden könnte. Indem die Werbeleute an der Oberfläche öffentlicher Kaufabneigung herummeißeln, brechen sie dauernd in *Alices Wunderland* hinter den Spiegeln in die Welt irrationaler Antriebe und Gelüste. Außerdem sind die Werbeagenturen so darauf versessen, dem Unbewußten des Käufers größere Schläge zu versetzen und haben ihre Aufmerksamkeit so auf die emotionale Wirkung ihrer Tätigkeiten konzentriert, daß sie unbewußt die primären Motivationen großer Bereiche unseres gegenwärtigen Daseins enthüllen.

Darin funktionieren die Werbeagenturen etwa so für die Geschäftswelt wie Hollywood für die Unterhaltungswelt. In seiner überzeugenden Studie *The Hollywood Hallucination* faßte es Parker Tyler in einem Satz zusammen: »Das Kino ist die psychoanalytische Klinik für den Tagtraum des Durchschnittsarbeiters.« Das heißt, für die Zuschauerträume im abgedunkelten Filmtheater. Der Zuschauer träumt die Träume, die man für Geld kaufen kann, die er sich aber in der Tagwelt weder leisten noch verdienen kann. Im dunklen Theater träumt er die Träume, die dazu neigen, sogar seine Frustrationen in einer Traumwelt festzuhalten.

So ringt Hollywood ebenso wie die Werbeagenturen ständig darum, in die unbewußten Wünsche eines riesigen Publikums einzudringen und sie zu beherrschen, nicht um sie zu verstehen oder darzustellen, wie es der seriöse Romanschriftsteller tut, sondern um sie gewinnträchtig auszubeuten. Der Romanschriftsteller versucht, sich ins Innere seiner Charaktere zu begeben, um den Lesern zu erzählen, was auf der unsichtbaren Bühne ihres Geistes vor sich geht. Die Werbeagenturen und Hollywood versuchen ständig, auf verschiedenen Wegen in die Seele der Öffentlichkeit einzudringen, um ihre kollektiven Träume auf jener inneren Bühne zu mißbrauchen. Und in der Verfolgung dieses Ziels liefern sowohl Hollywood wie die Werbeagenturen ihrerseits aufschlußreiche Beispiele unbewußten Verhaltens. Ein Traum öffnet sich in einen anderen, bis Realität und Phantasie austauschbar sind. Die Werbeagenturen überschwemmen die Tagwelt bewußter Absicht und Kontrolle mit erotischer Symbolik aus der Nachtwelt, um durch Suggestion alle Kaufwiderstände zu ertränken. Hollywood überschwemmt die Nachtwelt mit Bildern aus der Helle des Tages, in denen künstliche Götter und Göttinnen (Stars) auftauchen. Sie sollen die Rollen unseres Alltagsdaseins übernehmen, um uns für dessen Fehlschläge zu entschädigen und darüber hinweg zu trösten. Die Werbeagenturen stellen jedem von uns den Traum von einem Platz im Olymp in Aussicht, wo wir für immer inmitten wohlbekannter Marken prassen und faulenzen können. Die Filme kehren dieses Verfahren um, indem sie die Stars, die, so wird uns versichert, auf »Amarant und Allium gebettet« wohnen, auf unser Niveau herabsteigen lassen.

Hätten jedoch die Hollywood-Magnaten die Funktion ihres eigenen Starsystems besser durchschaut, hätten sie es nicht durch Vermassung untergraben. Fluten neuer Stars und Sternchen, die von den Fließbändern liefen, haben unfreiwillig die Illusion von Göttern und Göttinnen sabotiert. Die Aufmerksamkeit wird zu weit gestreut. Der Zauber ermattet und viele der Träumer sind unzufrieden.

Ständig darum bemüht, auf irgendeine Art Ereignisse auf der inneren, unsichtbaren Bühne des kollektiven Traums zu beobachten, vorwegzunehmen und zu kontrollieren, verwandeln sich die Werbeagenturen und Hollywood unwissentlich in einen kollektiven Romanschriftsteller, dessen Charaktere, Symbole und Situationen eine intime Offenbarung der Leidenschaften dieses Zeitalters sind. Aber dieser gewaltige Kollektivroman kann nur von jemandem gelesen werden, der darin geübt ist, seine Augen und Ohren zu benutzen, und Abstand gewinnt zum Rumoren seiner Eingeweide, das von dieser Sensationskost gerne erzeugt wird. Der Leser muß ein zweiter Odysseus sein, um dem Ansturm der Sirenen zu widerstehen. Oder, um das Bild zu variieren, dem unkritischen Leser dieses Kollektivromans geht es wie jenem Menschen, der ohne den Spiegel bewußter Reflexion direkt in das Gesicht der Medusa blickte. Er läuft Gefahr, zu einem hilflosen Roboter zu erstarren. Angesichts unseres gegenwärtigen maschinisierten Traums kann niemand ohne den Spiegel des Bewußtseins ein menschenwürdiges Leben führen.

Die Leiche als Stilleben

Wieviel Bildung steckt in einer Leiche? Ist das ein abgekartetes Spiel?

Würde es den Thriller-Fan aus der Fassung bringen, wenn er erfahren müßte, daß der Krimi die Techniken der modernen Wissenschaft und Kunst vorwegnahm?

Nutzen Kino, Kubismus, Symbolismus und der Thriller dasselbe Rekonstruktionsverfahren, um eine vielschichtige, simultane Wahrnehmung zu erreichen?

Am Anfang war Montage?

Mit goldenem Haar, roten Lippen und weit geöffneten blauen Augen lag die Leiche, dem Klappentext zufolge, »erwürgt im eigenen Bett, als ihr Liebhaber, ein Geschäftsmann, aus der Dusche kam«. Der Schnüffler Barr Breed übernimmt den Fall und muß gegen eine »ganze Galerie schießwütiger und dumm-dreister Verbrecher kämpfen«. Im *San Francisco Chronicle* faßte der Kritiker Edward Dermot Doyle den ersten Krimi von Bill Ballinger so zusammen: »... die Brüder, die ihre Verbrechen niederträchtig, brutal und dreckig haben wollen, werden diesen Krimi als das ... leckerste Gericht der Saison ansehen.«

The Case of the Murdered Mistress

The BODY in the BED

BILL S. BALLINGER

Wie die Überschrift dieses Abschnitts nahelegt, gibt es eine Beziehung zwischen der Technik des »Sehens« in der modernen Malerei und der Technik, durch die der beliebte moderne Schnüffler »das Verbrechen rekonstruiert«. Conan Doyle entging dieser Zusammenhang nicht, denn er schrieb in *Eine Studie in Scharlachrot*:

»Eine Studie in Scharlachrot, eh? Warum sollten wir nicht ein wenig Kunstjargon verwenden? Der scharlachrote Faden des Mordes zieht sich durch das farblose Knäuel des Lebens, und unsere Aufgabe ist es, ihn zu entwirren … In die Polster der Droschke zurückgelehnt, tirilierte dieser Amateur-Bluthund wie eine Lerche, während ich über die vielen Seiten des menschlichen Geistes nachdachte.«

Dies ist eine sehr offene Aussage über das Hauptthema der Detektivliteratur, d.h. über ihre Obsession von gewaltsamem Tod und geronnenem Menschenblut, die den Kontrast zum farblosen Leben ihrer Leser bildet. Dieses Thema bringt Holmes dazu, wie eine Lerche zu tirilieren und erfüllt ihn mit lyrischer Euphorie. Im weiteren Verlauf der Erzählung bemerkt Holmes: »Der Trick bei der Lösung von Problemen dieser Art ist die Fähigkeit, rückwärts zu denken.«

Eine Generation zuvor war Edgar Allan Poe auf das Prinzip der »Rekonstruktion« oder des zurückverfolgenden Denkens gestoßen und hatte es sowohl zur grundlegenden Technik der Kriminalliteratur als auch der symbolistischen Dichtung gemacht. Anstatt wie Sir Walter Scott geradlinig und der Reihe nach zu erzählen und Szenen, Figuren und Beschreibungen im Prozeß des Schreibens zu erfinden, sagte Poe: »Ich ziehe es vor, mit der Erwägung einer *Wirkung* anzufangen.« Wenn der Autor *zuerst* die Wirkung präzise im Kopf hat, muß er anschliessend Situationen, Figuren, Bilder und die Anordnung finden, die genau diese und keine andere Wirkung erzielen.

Das ist zum Beispiel die Art, in der T. S. Eliot seine Gedichte komponiert. Jedes zielt auf eine andere Wirkung. Und zwar so, daß sie im wesentlichen nicht etwas *sagen*, sondern etwas tun. Dasselbe gilt für fast die gesamte bedeutende Malerei und Dichtung seit Poe und Baudelaire. Trotzdem scheint ein Teil des Publikums – der verwirrte Teil – von solchen Werken immer noch zu erwarten, daß sie irgendeine Mitteilung, eine wie auch immer geartete Idee abliefern. Und dann treten sie gewissermaßen gegen den Zigarettenautomaten, weil er keine Erdnüsse ausspuckt.

Was nun die Detektivgeschichte betrifft, die die populäre Form dieser neuen Technik verkörpert, so ist es wichtig, sich nicht nur der Wirkung, sondern auch der Lösung des Verbrechens bewußt zu sein, bevor man mit dem Schreiben beginnt. Wer eine Detektivgeschichte verfaßt, muß einen Mordfall und die dazugehörige Auflösung erfinden, ebenso wie jemand, der Puzzles herstellt, zunächst ein vollständiges Bild haben muß, bevor er es in Kleinteile zersägt. Ist die zeitliche Abfolge des Mordes anhand der Ereignisse, die zu ihm hinführen, festgelegt, geht der Autor rückwärts *vor*. Das heißt, er macht den Leser mit der Leiche bekannt. Der Leser ist davon überzeugt, daß er den Hergang des Verbrechens dadurch rekonstruieren kann, daß er sich auf die genaue Anordnung der Details am Tatort konzentriert. Verleitet wird er zu dieser Annahme durch die Vorgehensweise des Schnüfflers, der die exakte Lage des Leichnams so eingehend studiert wie ein Großkritiker ein Meisterwerk der Malerei. Der Mord ist tatsächlich, wie de Quincey festhielt, in den Kanon der schönen Künste aufgenommen worden.

Um den Leser an der Nase herumzuführen, muß der Schriftsteller innerhalb der Erzählung nur ein oder zwei Abschnitte in ihrer zeitlichen Abfolge versetzen oder bisweilen in Rückblenden erzählen. Während die Begeisterung des Lesers wächst, scheint der Schnüffler eifrig das Verbrechen zu rekonstruieren. Das Erzählen in Rückblenden wird heute von fast allen Romanschriftstellern benutzt, weil es Figuren und Handlung aus einer schrägen Perspektive und vielen verschiedenen Blickwinkeln beleuchtet. Darüber hinaus zeigt die Methode des Schnüfflers tatsächlich eine gewisse Verwandtschaft mit der zeitgenössischen Wissenschaft und Kunst. So besteht beispielsweise ein Verfahren der modernen chemischen Forschung darin, eine Verbindung oder chemische Reaktion als Ausgangsbasis zu wählen und dann rückwärts zu arbeiten: von der Reaktion oder Verbindung zur Formel, aus der sie entstehen.

Der Schnüffler verfolgt seine Anhaltspunkte zurück bis zu der Ursache, die sie hervorbrachte. Er erforscht die möglichen Motive aller Verdächtigen. Dann fügt er all die verschiedenen Perspektiven zusammen, als schneide er in einzelnen Einstellungen aufgenommenes Filmmaterial. Ist alles zusammengefügt, führt er den fertigen Film den versammelten Hausgästen am Tatort vor. Er setzt die Geschehnisse in ihren tatsächlichen Zeitablauf ein und entlarvt so automatisch den Mörder.

Ein halbes Jahrhundert bevor die Filmkamera erfunden wurde, war es kein geringerer als Poe, der die ersten Kinovorführungen vor seinem geistigen Auge ablaufen ließ. So wie die stillstehenden Einzelbilder eines Films, wenn sie in schneller Folge gezeigt werden, menschliche Handlungen nachstellen können, so wird die Leiche durch den Film im Kopf des Schnüfflers wieder zum Leben erweckt, damit der Leser genau sehen kann, wie und warum sie ermordet wurde.

Pferdeoper und Seifenoper

Man hat Ihnen erzählt, daß diese populären Kunstformen weniger wert sind als das aufpolierte Gewäsch der Buchklubs?

Wie lange kann sich der städtische Mann einbilden, an der Wild-West-Front des vorigen Jahrhunderts zu leben?

Warum ist das amerikanische Herz zerrissen zwischen Grenzgebiet und Kleinstadt?

Geht dir irgendein Licht auf, warum unsere Intellektuellen so einen düsteren Blick auf Popkults werfen?

Wie die heimatliche Kleinstadt ist die Welt an der Zivilisationsgrenze zum Wilden Westen ein Brennpunkt zahlreicher Emotionen und Gefühle, die sie jedes Jahr zu einem größer und größer werdenden Faktor für die industriellen Volkskultur machen. Je weiter diese Grenze historisch zurückweicht, umso höher und höher türmt sie sich in der Phantasie auf. Als 1894 am Broadway im Kinetoscope Parlor die ersten Filme für ein zahlendes Publikum starteten, waren die Hauptattraktionen des Jahres zwei Western, »Annie Oakley« und »Buffalo Bill«. Erst fünfzig Jahre später kam die Pferdeoper richtig in Schwung, unter John Fords erstklassiger Regie und mit ganzseitigen Anzeigen der Kaufhäuser, sobald Hopalong-Cassidy-Klamotten in der Stadt eintrafen.

So wie Seifenopern dazu neigen, sich in der heimatlichen Kleinstadt abzuspielen, sind Pferdeopern im Grenzgebiet angesiedelt. Doch es gibt viele Gemeinsamkeiten zwischen beiden. Nicht die unbedeutendsten davon sind die ewig gleichen Fässer voller Wehmut, die sich über die Endlosserien und die langsam trottende, monotone Melancholie der Cowboy-Songs ergießen. »Home on the Range« – »Heimat im Westen«, eins von Präsident Roosevelts Lieblingsliedern, in dem der aufgekratzten Zwangsoptimismus zur klagenden Musik in Widerspruch gerät, ist ein Beispiel für das umfassendere Paradox der Pferdeoper selbst.

Das Publikum selbst hat sein Zuhause niemals in den Weiten des Westens gehabt, und die Grenze zur Wildnis verschwand, ehe unsere Generation geboren wurde. Sie lebt in einer übervölkerten, schwungvollen, optimistischen Welt unternehmerischer Geschäftigkeit und systematischen Wandels. Warum sollte sie von einer archaischen Vergangenheit besessen sein, in der es keinen Kommerz, keine geregelten Abläufe, keine Veränderung gab? Die Pferdeoper ist eine stilisierte Welt zeitloser Werte. Männer, Frauen, Pferde, Gewehre, Kleider und Farmhäuser sind dort jenseits der Reichweite von Mode oder Sears-Roebuck-Katalogen. Industrieller Fortschritt hat keinen Platz in dieser Welt. Hygiene und Wasserleitungen sind niemals in ihre Nähe gekommen.

Ist es eine ideale Vergangenheit, speziell konstruiert, um die ideale Zukunft zu rechtfertigen? Oder ist es gerade ein idealer Kontrast zur gegenwärtigen Realität? Sicherlich war der Westen Buffalo Bills, der die Filmproduzenten von 1894 faszinierte, nicht derselbe, der heute bei den Vorstadtkindern Anklang findet. Das Grenzgebiet, das dem heutigen Kind präsentiert wird, ist eine Welt voller Lektionen in Bürgerrecht und Geschäftsinitiative. Roy Rogers verkörpert eine Kombination aus Wanderverkäufer für Quäkers Haferflocken und Mr. Bezirksstaatsanwalt. Auf der anderen Seite ist die Idee vom Westen, an der die Produzenten von 1894 Gefallen fanden, und die noch in den Vorstellungen französischer, deutscher und englischer Jungen weiterlebt, nicht die des Westens von Gary, sondern von James Fenimore Cooper, d.h. eine Welt phantastischer Abenteuer und edler Wilder, die in direkter Beziehung zu den romantischen Idealen des revolutionären Frankreich und zum Angriff auf die feudale Zivilisation stand.

Der Zelluloid-Westen spielt in unserer Vorstellung immer noch ein wenig diese Rolle. Er bietet einer von mechanisierten Abläufen eingeweichten und von komplexen wirtschaftlichen und häuslichen Veränderungen benebelten Bevölkerung berittenen Mumm und Persönlichkeiten von rücksichtslosem und überbordendem Individualismus. Der alte Feind war eine aalglatte feudale Aristokratie. Der neue Feind ist eine glattpolierte anonyme Maschine. Für die vom industriellen Maßstab überwältigten Menschen stellt der Westen wieder ein Bild mit menschlichen Dimensionen her. Für eine kommerzialisierte Gesellschaft, die auf der Straße der monopolistischen Bürokratie weit fortgeschritten ist, hält er die Fahne des ursprünglichen, einsamen Unternehmers hoch. Das ist der Grund, warum das Zelluloidbild immer lebendiger, die historische Wirklichkeit hingegen immer blasser wird.

Eng verbunden mit dieser kulturellen Dynamik ist die tiefe Nostalgie einer Industriegesellschaft, eine Nostalgie, erzeugt durch rapide Veränderung. Das Veralten ist die vorherrschende Wirklichkeit in dieser Welt wirtschaftlicher Umwälzungen. Konkurrierende maschinelle Verfahren gehören oft zum alten Eisen, ehe sie breite Anwendung finden können. Bücher werden ausrangiert, bevor ein Bruchteil der potentiellen Leser von ihnen gehört hat. Haar-, Kleidungs-, Erziehungs- und Hitparademoden wechseln schneller, als Jugendliche in sie hineinwachsen können. Und Schallplattenalben mit den Songs von 1930 oder 1935 finden reißenden Absatz als anheimelnd sentimentale Wiederbelebung vergessener Zeiten. Ein Fünfundzwanzigjähriger kann bei zehn Jahre alten Erinnerungen wehmütig werden. In so einer Welt üben die gleichbleibenden Qualitäten der Pferdeoper mit der Fransenmode als ewigem Spitzenreiter eine große Anziehung aus.

Wieder einmal, unter den komplexen Bedingungen rapider Veränderung, ist die Einheit der Familie Gegenstand besonderer Belastung. Männer geraten in solchen Zeiten ins Schwimmen. Die männliche Rolle innerhalb der Gesellschaft, die im Vergleich zur biologischen Sicherheit der weiblichen immer schon abstrakt, brüchig und prekär war, wird unklar. Der Mann als Ernährer, der Mann als Hüter der Gesetze und Rituale verliert sein Selbstvertrauen. Für Millionen solcher Männer bietet die Pferdeoper eine beruhigend einfache und nicht domestizierte Welt, in der es keine ökonomischen Probleme gibt. In diesem Territorium ist auch das Heiraten einfach, ohne umständliches Werben und ohne Verabredungsdiplomatie.

Ein Teil von Hemingways Popularität beruht darauf, daß er mit dem amerikanischen Mann darin übereinstimmt, daß Heiraten unkompliziert sein sollte. Auch James Micheners *Im Korallenmeer* verkörpert diese Haltung (wie Melvilles *Typee*) in der Idylle von Cable und Liat, dem Matrosen und dem Halbblut. Von Pferdeoperhelden wird nicht erwartet, daß sie phantasievoll und eloquent sind. In der Pferdeoper im besonderen, wie in Hollywood im allgemeinen, sind höfliche Manieren das Zeichen für ein heimtückisches Herz und selbstsüchtige Lust. Dieses bedeutende Dogma wurde vom Viktorianischen Drama auf die Pferdeoper übertragen. Aber es geht zurück auf den Neid und die grollende Bewunderung, die das Bürgertum im achtzehnten Jahrhundert für aristokratische Liebesbändel à la Lovelace hegte. Die Heldinnen der Pferdeoper sind viktorianische Wachspuppen, so simpel und treu wie die Helden. Sie bekommen keine Süßigkeiten, Blumen, Komplimente oder Küsse. Sie bekommen keine Boyer-Behandlung.

Schon ein flüchtiger Blick auf die Westernhelden läßt erkennen, daß sie gewisse Qualitäten muskulöser Askese und Härte mit dem idealen Geschäftsmann und dem Athleten teilen. Die puritanische Strenge im Zelluloidgrenzgebiet gefällt denen, die mit anderen Arten von Strenge in ihrem beruflichen und sozialen Leben verheiratet sind. So ist der Cowboy ebenso unerotisch wie der hart schuftende Angestellte. Er ist gefühlsmäßig verhärtet und mit Ausnahme eines winzigen Erfahrungsbereichs gegenüber allen Eindrücken unempfänglich. Er kann handeln, aber er kann nicht fühlen. Deshalb kann er genausowenig eine Besetzung für eine Liebhaberrolle sein wie der Geschäftsmann. Beide sind in Unreife erstarrt und für Erfahrung unzugänglich. Also muß Hollywood seine Leinwandliebhaber importieren und oft die Frauen, die sie lieben sollen, dazu.

Wie die Sportseite ist die Pferdeoper eine Männerwelt, unberührt von Problemen des häuslichen Lebens. Die Seifenoper dagegen ist eine Frauenwelt, voll mit persönlichen Problemen. Sie ist eine intime, heimelige Kleinstadtwelt, nicht das harte Grenzgebiet. Nimm die Elemente von Pferde- und Seifenoper zusammen, und schon hast du die Ingredienzien des elisabethanischen bürgerlichen Dramas à la Dekker und Heywood, oder den Roman des achtzehnten Jahrhunderts à la Richardson und Burney. Mit einem Wort, man hat *Jane Eyre, East Lynne* und das Melodram des neunzehnten Jahrhunderts. Aber von Hause aus sind Seifenoper-Serien arm an Handlung, reich an dramatischen Situationen. Das Tempo ist langsam, das Leiden intensiv und in die Länge gezogen. Die Stimmen sind bekümmert, voll Sympathie und Verständnis. Kurz, hier ist jene Frauenwelt, die in unserer Industriegesellschaft so scharf vom Berufsleben geschieden ist.

Von neun bis fünf ist die Hausfrau gewöhnlich von ihrem Mann getrennt, eine Situation, die in den bekannten Zeilen durchscheint:

Macht mir nichts aus, daß die Sonne nicht scheint,
Ich bekomme meine Liebe in der Dunkelheit.

Es gibt keinen Sonnenschein in der Seifenoper, aber dafür reichlich Angst, Kummer und sogar gesunden Menschenverstand. Dennoch sind diese Endlosdramen mit dem Thema, daß das »Leben schön sein kann«, aber es niemals ist, viel näher an den Begebenheiten des Erwachsenenlebens dran als Pferdeopern, so wie die amerikanische Frau emotional viel reifer ist als der amerikanische Mann. Diese Dramen sind realistischer als Pferdeopern, weil die Situationen, die sie präsentieren, aus den alltäglichen häuslichen Erfahrungen stammen. Darüber hinaus geben sie zu verstehen, daß die aufgesetzte Heiterkeit eines beschwingten Berufslebens und der Optimismus des »Hier fällt niemals ein entmutigendes Wort« nicht die Millionen von Hausfrauen und begeisterten Anhängerinnen der Frühstücks- und Nachmittagsserien übertönen können. Die zwangsoptimistische Philosophie von *Reader's Digest* und der *Saturday Evening Post* macht keinen Eindruck auf den häuslichen Kleinstadtskeptizismus der Seifenopernanhängerin. Frohsinn, als normales extravertiertes Verhalten notwendig, um die Dinge schnurren zu lassen, ist offenbar nicht sehr attraktiv für die amerikanischen Frauen.

Wenn man zusätzlich bedenkt, daß Seifenopern genauso gut geschrieben und gespielt sind wie das gewöhnliche Abendhörspiel im Radio, zeigt sich, daß sie Zielscheibe einer Menge irrelevanter Kritik gewesen sind. Die Tatsache, daß Abendshows bekannte Stars für Radioversionen von Broadway- oder Hollywood-Erfolgen engagieren, hat anscheinend eine Reihe von Kritikern zu einer völlig witzlosen Beschimpfung von Endlosserien verleitet. In gleicher Weise wird die unscheinbare, aber echte Erstklassigkeit vieler Pferdeopern, wie auch die von vielen Detektivdramen, etwa der Philip-Marlowe-Serie, einfach deshalb übersehen, weil sie populär sind. Genauso waren die Ungeschminktheit, die Gewalt, die Morbidität und die gelegentliche Ungebildetheit in einigen Werken von Charles Dickens für den verfeinerten Geschmack seiner Zeit ziemlich harte Kost, und erst viel später wurden seine Qualitäten gewürdigt. Dostojewski und Conrad sahen und verwendeten das Beste von Dickens, während seine Landsleute es ignorierten.

Pferdeoper und Seifenoper verkörpern also zwei der wichtigsten amerikanischen Traditionen, die Grenze zur Zivilisation im Wilden Westen und die heimatliche Kleinstadt. Doch die zwei Traditionen sind eher voneinander geschieden als mit einander verschmolzen. Sie zeigen die radikale, für den industriellen Menschen so charakteristische Trennung zwischen Geschäftsleben und Gesellschaft, zwischen Handeln und Fühlen, Büro und Zuhause, zwischen Männern und Frauen. Diese Auftrennungen können nicht vernäht werden, solange sie nicht in vollem Umfang wahrgenommen sind.

(1951)

2 Klassiker der Medientheorie
Die magischen Kanäle

Kultur ohne Schrift

Heute bildet der gesamte Erdball eine Einheit in der wechsel-
seitigen Wahrnehmung aller Menschen, die in ihrer Geschwindigkeit den früheren Informationsfluß in einer Kleinstadt,
wie beispielsweise dem elisabethanischen London mit seinen
80 000 oder 90 000 Einwohnern, übertrifft. Was geschieht mit
den bestehenden Gesellschaften, wenn sie durch Presse, Bilder-
geschichten, Wochenschauen und Düsentriebwerke miteinander so eng in Berührung kommen? Was geschieht, wenn der
neolithische Eskimo sich genötigt sieht, die Raum- und Zeit-
konventionen des technologischen Menschen zu teilen? Was
geschieht in unseren Köpfen, wenn wir mit der Vielfalt
menschlicher Kulturen vertraut werden, deren Existenz sich
unzähligen historischen und geographischen Umständen verdankt? Ist das, was geschieht, nicht vergleichbar mit der sozialen Revolution, die im Schmelztiegel Amerika vor sich geht?
Als der Telegraf die Übertragung des täglichen Querschnitts
durch den Erdball auf eine Seite Zeitungspapier ermöglichte,
entstand bereits unser mentaler Schmelztiegel für den kosmischen Menschen, den Weltbürger. In seinen intellektuellen und
emotionalen Folgen war allein das Seitenformat der Zeitung
revolutionärer als irgend etwas, das über irgendeinen Teil des
Erdballs gesagt werden kann.
Wenn wir Pressemeldungen aus Tokio, London, New York,
Chile, Afrika und Neuseeland nebeneinanderstellen, verändern wir nicht nur den Raum. Die Ereignisse, die auf diese
Weise zusammengebracht werden, gehören zu Kulturen, die
zeitlich weit auseinanderliegen. Die moderne Welt verkürzt
alle geschichtliche Zeit, genauso leicht, wie sie den Raum ver-
kleinert. Alle Orte und alle Zeitalter sind hier und jetzt gewor-

den. Unsere neuen Medien haben die Geschichte abgeschafft. Wenn der prähistorische Mensch einfach der voralphabetische Mensch ist, der in einer zeitlosen Welt jahreszeitlicher Wiederkehr lebt, kann es dann nicht sein, daß sich der posthistorische Mensch in einer ähnlichen Lage befindet? Könnte das Ergebnis unserer Technologie nicht das Erwachen aus dem historisch konditionierten Alptraum der Vergangenheit in einer zeitlosen Gegenwart sein? Der historische Mensch wird sich vielleicht als der alphabetisierte Mensch erweisen. Als Episode.

»Verglichen mit der Klarheit, die eine mündliche Überlieferung bietet«, bemerkt Sir James Frazer in seinem 1927 erschienen Buch *Man, God and Immortality*, »hat das Zeugnis alter Bücher zum Thema frühe Religion nur einen sehr geringen Wert. Denn das Schrifttum beschleunigt den gedanklichen Fortschritt in einem Maß, das die langsame Entwicklung der Überzeugungen durch das gesprochene Wort unendlich weit hinter sich läßt. Zwei oder drei Generationen Schrifttum können das Denken stärker verändern als zwei- oder dreitausendjähriges Leben in mündlicher Überlieferung«. Aber das Schrifttum ist, wie wir heute wissen, verglichen mit Presse, Radio und Film ein relativ konservatives, den Zeitfluß bindendes Medium. Und so taucht heute allmählich die Frage auf: Wie viele tausend Jahre Wandel können wir uns alle zehn Jahre erlauben? Könnte sich nicht der eine oder andere kulturell rückständige Ort als eine Art soziale und psychologische Oase in diesem großen Zeitfluß herausstellen?

Der Verlust des Gedächtnisses und der psychische Rückzug in alphabetisierten Kulturen bringt einen Niedergang der sinnlichen Wahrnehmung und angemessener sozialer Reaktionen mit sich. Die übernatürlichen sensorischen Fähigkeiten von Sherlock Holmes oder des modernen Schnüfflers sind schlichtweg die des voralphabetischen Menschen, der sich die Einzelheiten eines hundert Meilen langen Weges genauso leicht merken kann, wie sie eine Filmkamera aufzeichnen kann. Das detaillierte Wissen über orale Gesellschaften, über das wir heute verfügen, ermöglicht uns eine präzise Einschätzung der Vor- und Nachteile der Schrift. Ohne Schrift gibt es nur geringe Kontrolle über den Raum, aber perfekte Kontrolle über die gesammelte Erfahrung. Die Verständigungsschwierigkeiten zwischen Irland und England können im Grunde genommen als Zusammenprall einer mündlichen und einer schriftlichen Kultur betrachtet werden. Das Sonderbare daran ist, daß die schriftliche Kultur nur einen sehr schwach ausgeprägten Sinn für Geschichte hat. Die Engländer konnten sich nie erinnern, die Iren konnten nie vergessen.

Mit den Folgen der Schrift konfrontiert, bemerkt Plato im Phaidros:

»Denn diese Erfindung wird die Lernenden in ihrer Seele vergeßlich machen, weil sie dann das Gedächtnis nicht mehr üben; denn im Vertrauen auf die Schrift suchen sie sich durch fremde Zeichen außerhalb, und nicht durch eigene Kraft in ihrem Innern zu erinnern. Also nicht ein Heilmittel für das Gedächtnis, sondern eines für das Widererinnern hast du erfunden. Deinen Schülern verleihst du aber nur den Schein der Weisheit, nicht die Wahrheit selbst. Sie bekommen nun vieles zu hören ohne eigentliche Belehrung und meinen nun, vielwissend geworden zu sein, während sie doch meistens unwissend sind und zudem schwierig zu behandeln, weil sie sich für weise halten, statt weise zu sein«.

Die westliche Zivilisation hatte noch zweitausend Jahre Manuskriptkultur vor sich, als Plato diese Beobachtung machte. Aber bislang ist der Aufstieg und Niedergang Griechenlands noch nicht unter dem Aspekt des Übergangs von der mündlichen zur schriftlichen Kultur untersucht worden. Patrick Geddes behauptete, daß die Straße den griechischen Stadtstaat zerstörte. Aber Schrift ermöglichte die Straße, so wie der Druck später die Straßen in England und Amerika bezahlen sollte.

Um die Kultur des gedruckten Buches verstehen zu können, die heute nach vierhundert Jahren vor der Wucht der Bild- und Tonmedien zurückweicht, ist es hilfreich, sich die Eigenschaften der Manuskriptkultur anzusehen, die vom 5. Jahrhundert vor Christus bis zum 15. Jahrhundert nach Christus andauerte. Ich beschränke mich darauf, einige grundlegende Beobachtungen von Wissenschaftlern wie Pierce Butler und H. J. Chaytor anzuführen. Zuallererst muß man festhalten, daß die Manuskriptkultur keinen harten Bruch mit der gesprochenen

Rede vollzog, weil die Manuskripte von allen laut gelesen wurden. Das schnelle, flüchtige und leise Lesen kam mit den gepflasterten Oberflächen der gedruckten Seite auf. Manuskriptleser prägten sich das meiste ein, was sie lasen, denn der Natur der Sache nach hatten sie das Erlernte in sich zu tragen. Die geringe Verbreitung der Manuskripte und der schwierige Zugang zu ihnen sorgten für völlig verschiedene Einstellungen gegenüber dem, was geschrieben war. Ein Ergebnis davon war das Streben nach enzyklopädischem Wissen. Die Gelehrten wollten alles lernen, zumindest versuchten sie es. Wenn also das Lernen ein mündlicher Vorgang war, dann war es das Lehren in noch stärkerem Maße. Individuelles Lernen und Forschen kam erst mit der gedruckten Seite auf. Und heute, da Lernen und Forschen mehr und mehr in der Form des Seminars, der Diskussionsrunde, am runden Tisch stattfinden, müssen wir diese Entwicklung als das Ende der gedruckten Seite als beherrschender Kunstform verzeichnen.

Die Manuskriptseite war eine sehr flexible Angelegenheit. Sie stand nicht nur in enger Beziehung zur mündlichen Rede, sondern auch zur bildenden Kunst und zur Farbillustration. So gleichen die reich verzierten Beispiele der Manuskriptkunst den Büchern aus Stein und Glas, den Kathedralen und Abteien, und können sich mit ihnen messen. In unserer Zeit fand James Joyce Zuflucht im Seitenformat des *Book of Kells*, als er nach einem Mittel zur Orchestrierung und Regulierung der verschiedenen Wort-, Ton und Bildmedien unseres eigenen Zeitalters suchte. Und sogar die Dichter, Maler und Romanciers der Frühromantik brachten ihre Vorliebe für die Gothik in Form einer Rebellion gegen die Buchkultur zum Ausdruck. Rosamunde Tuve entdeckte in ihrer Arbeit über das Werk George Herberts, daß die typischen Auswirkungen des metaphysischen Denkens in der Literatur des 17. Jahrhunderts von der Übertragung visueller Effekte aus dem mittelalterlichen Manuskript und der Druckform des Holzstocks in die abstraktere Form des gedruckten Wortes herrührten. Während das 17. Jahrhundert von der visuellen und plastischen Kultur abrückte und sich einer abstrakteren Schriftkultur zuwandte, scheinen wir heute von einer abstrakteren Buchkultur abzurücken und uns einer hochgradig sinnlichen, plastisch-bildlichen Kultur anzunähern. Zeitgenössische Schriftsteller haben Effekte beider Extreme zugleich eingesetzt, um Ergebnisse voller Esprit zu erzielen, die denen des 17. Jahrhunderts nicht unähnlich sind. Die Wucht von T. S. Eliots allerersten Versen wurde überall verspürt:

> So laß uns gehen, Du und Ich,
> Wenn der Abend dehnt bis an den Himmel sich,
> Vom Äther taub wie ein Patient auf einem Tisch.

Es ist das Überlagern der Perspektiven, die gleichzeitige Verwendung zweier Arten von Raum, die hier den Schock der Entstellung auslöst. Denn jede Kunst ist eine Falle, die der Aufmerksamkeit auflauert, und alle Künste und alle Sprachen sind Techniken, um eine Situation durch eine andere zu betrachten. Die gedruckte Seite ist eine Kunstform des 16. Jahrhunderts, die die zweitausend Jahre alte Manuskriptkultur innerhalb einiger Jahrzehnte auslöschte. Noch fällt es uns schwer, die gedruckte Seite oder irgendein anderes zeitgenössisches Medium anders als im Kontrast zu einer anderen Form zu erkennen. Die mechanische Uhr beispielsweise erzeugte ein vollkommen künstliches Bild der Zeit als einer einförmigen linearen Struktur. Diese künstliche Form gestaltete nach und nach die Gewohnheiten des Arbeitens, Fühlens und Denkens, die erst heute auf Ablehnung stoßen. Wir wissen, daß in unserem eigenen Leben jedes Ereignis in seiner eigenen Zeit existiert. Zeit ist für den Redner und für die Zuhörer nicht gleich. Dem Redner erscheint sie allzu kurz für das, was er zu sagen hat. Den Zuhörern ist sie ein bitterer Vorgeschmack auf die Ewigkeit. Letztlich ermöglichte die mittelalterliche Uhr die Newtonsche Physik. Außerdem mag sie am Beginn jener geregelten, linearen Gewohnheiten gestanden haben, die die geradlinige Druckseite aus beweglichen Lettern ebenso wie das Handelssystem ermöglichten. Die Mechanisierung des Schreibens war in ihren Auswirkungen wenigstens ebenso revolutionär wie die Mechanisierung der Zeit. Und das völlig unabhängig von den Gedanken oder Ideen, die durch die gedruckte Seite verbreitet wurden. Die beweglichen Lettern waren das Embryonalstadium des modernen Fließbandes.

Indem die gedruckte Seite Mimik und Gestik als Sprachen unleserlich machte, war sie auch der Grund dafür, daß das abstrakte Medium des gedruckten Wortes zur wichtigsten Brücke für die gegenseitige Wahrnehmung von geistigen und seelischen Zuständen wurde. Im Zeitalter der Druck- und Wortkultur verlor der Körper immer mehr seinen Ausdruckswert. Zugleich wurde der menschliche Geist hörbar, aber unsichtbar. Das Kameraauge hat diesen Prozeß umgekehrt, indem es die Menschenmassen erneut mit der Grammatik der Gesten vertraut machte. Heute haben die Geschäftsinteressen einen großen Teil dieses Wandels in die Kanäle des Sex umgeleitet. Aber selbst dort ist allen die Macht des Kameraauges bekannt, Körperhaltung und Maske zu verändern. In den 1890er Jahren bemerkte Oscar Wilde, daß blasse, langhälsige, schwindsüchtige, rothaarige Frauen, wie sie von Rossetti und Burne-Jones gemalt wurden, für kurze Zeit eine exotische visuelle Erfahrung darstellten. Doch schon bald tauchten diese Wesen in jedem Londoner Salon auf, wo sie vorher nie gewesen waren. Die Tatsache, daß die menschliche Natur Kunst imitiert, ist zu offensichtlich, um hier ausführlich darauf einzugehen. Aber die Tatsache, daß mit der modernen Technologie die gesamte Materie der Erdkugel inklusive der Gedanken und Gefühle ihrer menschlichen Bewohner zu einer Angelegenheit der Kunst und der gestaltenden menschlichen Intelligenz geworden ist, bedeutet, daß es keine Natur mehr gibt. Zumindest gibt es keine äußere Natur mehr. Alles, von der Politik bis zur Flaschennahrung, vom Aussehen der Erde bis zum Unterbewußtsein des Kleinkindes, gerät unter den Einfluß bewußter künstlerischer Kontrolle – die BBC transportiert den Gesang der Nachtigall in den Kongo, der Eskimo lauscht verzückt einer Hinterwäldlermusik aus West Tennessee. Angesichts solcher Bedingungen wirken die Aktivitäten von Senator McCarthy wie die Abenteuer des Pickwick Clubs, und unser Gerede vom Eisernen Vorhang ist eine bequeme Nebelwand, die dazu geeignet ist, unsere Aufmerksamkeit von viel größeren Problemen abzulenken.

Ein offensichtliches Charakteristikum des gedruckten Buches ist sein Republikanismus. Die Druckseite ist nicht nur ein Gleichmacher für andere Ausdrucksformen, sondern auch ein sozialer Gleichmacher. Jeder, der lesen kann, lebt zumindest in der Illusion, mit jedem, der schreibt, gleichwertig verbunden zu sein. Dieser Sachverhalt beschied dem gedruckten Wort einen privilegierten Rang in der Politik und Gesellschaft Amerikas. Der Herzog von Gloucester konnte zu Edward Gibbon anläßlich der Vollendung seiner Geschichte beiläufig sagen: »Noch so ein verdammt fettes quadratisches Buch. Gekritzel, Gekritzel, Gekritzel, was Mister Gibbon«. Aber in Amerika gab es keine Fuchsjagden auf schriftstellernde Parvenüs.

In puncto Quantität war das gedruckte Buch das erste Werkzeug der Massenkultur. Erasmus erkannte als erster seine Bedeutung und verwandte sein Genie darauf, Lehrbücher für den Unterricht herzustellen. Vor allem sah er, daß die Druckerpresse eine Erfindung war, um die Vergangenheit in der Gegenwart wiedererstehen zu lassen. Etwa so, wie das die Aufnahmestudios in Hollywood tun. Italiens Neureiche begannen die Vergangenheit, die ausgegraben und gedruckt wurde, im Kleinen zu inszenieren. Eilends bauten sie Villen und Palazzi in antikem Stil. Unterstützt von den frisch gedruckten Ausgaben begannen sie, die Sprache Ciceros und Senecas nachzuahmen. In England verband sich die neue Form des Buchdrucks mit der alten oralen Tradition zu neuen Formen der Predigt und des Dramas, die so zu hybriden Formen aus geschriebener und gesprochener Kultur wurden. Aber in der Druckerpresse fehlt ein wichtiges Merkmal der Massenkultur, nämlich die Instantaneität. Man könnte sagen, daß die Sprache selbst das größte aller Massenmedien ist. Das gesprochene Wort ruft instantan nicht nur einen kürzlich gekommenen Gedanken wach, sondern hallt wider von der gesamten Geschichte seiner eigenen Erfahrung mit den Menschen. Wir mögen solche Obertöne genaus wenig beachten wie das Farbspektrum in einem Stück Kohle. Aber der Dichter kann durch genaue rhythmische Anpassung unser Bewußtsein mit diesem Wissen überschwemmen. Der Künstler ist älter als der Fisch.

Für die meisten von uns ist vielleicht das Erschreckende an den neuen Medien, daß sie unweigerlich irrationale Reaktionen hervorrufen. In unserer Welt ist das Irrationale zur wichtigsten Erfahrung geworden. Und doch ist dies nur ein Nebenprodukt des instantanen Charakters der Kommunikation. Aber rationale Kontrolle ist möglich. Es ist die Perfektion der Mittel, die bis jetzt den Zweck zunichte gemacht und die Zeit gestohlen hat, die für Assimilation und Reflexion nötig wären. Wir sind jetzt gezwungen, neue Techniken der Wahrnehmung und der Beurteilung zu entwickeln, neue Wege, um die Sprachen unserer Umwelt mit ihrer Vielfalt an Kulturen und Wissenszweigen lesbar zu machen. Und diese Notwendigkeiten sind nicht nur aus Verzweiflung verabreichte Arzneien, sondern Wege zu einer bisher unvorstellbaren kulturellen Bereicherung.

Alle Arten linearen Zugangs zu Situationen in der Vergangenheit, der Gegenwart oder der Zukunft sind nutzlos. Innerhalb der Naturwissenschaften wurde bereits die Notwendigkeit einer einheitlichen Feldtheorie erkannt, die es den Wissenschaftlern ermöglichen würde, einen fortlaufenden Bestand von Begriffen zu benutzen, um die verschiedenen wissenschaftlichen Universen zueinander in Beziehung zu setzen. Folglich ist die Grundanforderung an jedes Kommunikationssystem, zirkulär und natürlich mit der Möglichkeit zur Selbstkorrektur ausgestattet zu sein. Das ist wahrscheinlich der Grund, warum der menschliche Dialog die Grundform aller Zivilisation ist und immer sein muß. Denn der Dialog zwingt jeden Teilnehmer dazu, seine eigene Sicht über die Wahrnehmung eines anderen zu sehen und neu zu gestalten. Der grundlegende Mangel bei den mechanischen Medien ist, daß sie nicht zirkulär sind. In ihrer bisherigen Entwicklung haben sie zu Einwegbeziehungen geführt, in denen die Publikumsforschung den Platz des direkten menschlichen Anblicks, der Zwischenrufe und Reaktionen einnimmt. Zur Anonymität von Presse, Film und Radio kommt noch deren Größenordnung. Der Einzelne kann ein Problem nicht mit einer riesigen, kopflosen Verwaltung wie einem Filmstudio oder einer Radiogesellschaft besprechen. Andererseits konnte eine Persönlichkeit wie Roosevelt die Radiostationen zum Krieg gegen die Presse mobilisieren. Da er die Presse gegen sich hatte, konnte er das Mikrophon sogar noch effizienter nutzen. Die Intimität des Mikrophons bewahrte seine menschliche Dimension, während die landesweite Presseattacke gegen ihn den Eindruck eines Panzerverbandes machen mußte, der auf eine Telefonzelle zurollt.

Vielleicht können wir unsere Problemstellung zusammenfassen, indem wir sagen, daß der technologische Mensch bei der visuellen Metapher Zuflucht suchen muß, indem er eine neue vereinheitlichte Sprache für die Vielfalt der Kulturen der gesamten Erdkugel erfindet. Jede Sprache und jeder Ausdruck ist metaphorisch, denn die Metapher ist das Sehen einer Situation durch eine andere. Voll auf die Glocke. Hast du Töne!

Seine eigene Sprache erkennt und fühlt man am besten durch eine andere Sprache. Zumindest schätzen wir die Gesellschaft nur richtig im Vergleich mit und im Gegensatz zu anderen Gesellschaften ein. Bildhafte und andere Erfahrungen sind heute mit Metaphern aus allen Kulturen des Erdballs angefüllt. Während die geschriebenen Sprachen die Menschen immer innerhalb ihrer eigenen kulturellen Monaden einschlossen, wird die Sprache des technologischen Menschen, indem sie sich aller Kulturen der Welt bedient, zwangsläufig jene Medien bevorzugen, die am wenigsten national sind. Deshalb steht die Bildsprache allen wie ein unbenutztes Esperanto zur Verfügung. Die Bildsprache wurde bereits in die Piktogramme wissenschaftlicher Formeln und die Logistik übernommen. Diese Ideogramme überschreiten die Länderbarrieren so leicht wie Chaplin oder Disney und scheinen konkurrenzlos als kulturelle Grundlage des kosmischen Menschen.

(1953)

Medien- und Kulturwandel

Jedem, der mit der Lyrik nach Baudelaire und der Malerei nach Cézanne vertraut ist, wird die Welt des späten Harold A. Innis recht schnell verständlich sein. Innis verwandte deren damalige Wahrnehmung des elektrischen Zeitalters zur Einordnung historischer und sozialwissenschaftlicher Daten. Ohne sich eingehend mit moderner Kunst oder Lyrik befaßt zu haben, fand er doch einen Weg, seine Einsichten so zu Mustern zusammenzustellen, daß sie sich zeitgenössischen Formen der Kunst annähern. Er präsentierte seine Einsichten in mosaikartigen Strukturen aus scheinbar unzusammenhängenden und unproportionierten Sätzen und Aphorismen. Jedem, der in den von Innis so häufig zitierten Werken nachschlägt, wird von dem Geschick überrascht sein, mit dem es Innis verstand, faszinierende Fakten aus öden Erörterungen herauszuziehen. Er untersuchte sein Quellenmaterial sozusagen mit dem »Geigerzähler«. Der Reihe nach präsentiert er seine Fundstücke in einem Muster aus Einblicken, das nicht auf den Geschmack der Verbrauchergaumen abgestimmt ist. Er erwartet, daß der Leser nach und nach all die Entdeckungen macht, die ihm selbst entgangen waren. Seine Haltung zu dem nach Abteilungen gegliederten Spezialistentum an den niederen Monopolformen des Wissens, die wir Universitäten nennen, bringt er folgendermaßen zum Ausdruck: »Schließlich müssen wir uns der begrenzten Rolle der Universitäten bewußt sein und uns die Bemerkung in Erinnerung rufen, daß die gesamte Geschichte der Wissenschaft, so wie sich selbst darstellt, eine Geschichte des Widerstandes der Akademien und Hochschulen gegen den Wissensfortschritt ist.«
Über Innis kann man sagen, was Russel schon 1925 über Ein-

stein auf der ersten Seite seines *ABC der Relativitätstheorie* gesagt hat: »Viele der neuen Ideen können in einer nicht-mathematischen Sprache ausgedrückt werden, aber sie werden dadurch nicht weniger schwer. Wir brauchen einen Wandel unserer bildlichen Vorstellung von der Welt«. Der ›späte Innis‹ von *Bias of Communication* hatte sich auf die Suche nach den Ursachen des Wandels begeben. ›Der frühe Innis‹, Autor von *Four Trade in Canada,* hatte sich noch stark in das konventionelle Muster gefügt, das Wandel meist nur darstellt und nacherzählt. Einzig in der Schlußfolgerung seiner Studie zum Pelzhandel wagte er es, komplexe Geschehnisse in einer Weise miteinander zu verweben oder zu verbinden, die die ursächlichen Prozesse des Wandels enthüllt. Seine Einsicht, daß die amerikanische Revolution vor allem aus dem Zusammenprall der Interessen der Siedler auf der einen und der Interessen der Fellhändler auf der anderen Seite resultierte, ist eine Sichtweise, die für den ›späten Innis‹ kennzeichnend wird. Er änderte seine Vorgehensweise vom Arbeiten mit einem ›Standpunkt‹ zur Erzeugung von Einsichten durch das Verfahren des ›Interface‹, das aus der Chemie bekannt ist. »Interface« bezeichnet die Wechselwirkung von Substanzen in einer Art gegenseitiger Reizung. In Kunst und Literatur entspricht dem genau das parataktische Verfahren des unverbundenen Nebeneinanderstellens im ›Symbolismus‹ (Griechisch *symballein* – zusammenwerfen). Dieses Verfahren entspricht eher der natürlichen Form der Konversation oder des Dialogs als der eines schriftlichen Diskurses. Schreiben hat die Tendenz, einen Aspekt eines Sachverhaltes zu isolieren und die Aufmerksamkeit permanent auf diesen Aspekt zu lenken. Im Dialog gibt es ein genauso natürliches Wechselspiel der vielfältigen Aspekte eines Sachverhaltes. Das Wechselspiel der Aspekte kann Einsichten oder Entdeckungen erzeugen. Im Gegensatz dazu liefert ein Standpunkt nur eine Ansicht. Eine Einsicht aber ist das jähe Bewußtwerden eines komplexen interaktiven Prozesses. Eine Einsicht ist eine Berührung mit dem Leben der Formen. Informatikstudenten mußten lernen, sich sämtliches Wissen strukturell anzueignen. Um irgendeine Form von Wissen auf Lochstreifen zu übertragen, ist es notwendig, die Struktur dieses Wissens zu verstehen. Dies führte zu der Entdeckung der grundlegenden Unterscheidung in klassifizierbares Wissen und das Erkennen von Mustern. Dies ist eine hilfreiche Unterscheidung, an die man bei der Lektüre von Innis denken sollte, denn er war in erster Linie jemand, der Muster erkannte. Dr. Kenneth Sayre erklärt den Sachverhalt in seinem 1963 erschienenen Buch *The Modelling of Mind* wie folgt: »Klassifikation ist ein Prozeß, etwas, das Zeit in Anspruch nimmt, etwas, das man zögerlich, ungern oder mit Elan tut, das mit großem oder geringem Erfolg, gut oder schlecht getan werden kann. Erkennen verbraucht in krassem Gegensatz dazu keine Zeit. Jemand mag lange Zeit mit Beobachtung verbringen, bevor das Erkennen eintritt, aber wenn es eintritt ist es ›instantan‹. Wenn Erkennen eintritt, ist das keine Handlung, über die man sagen könnte, daß sie zögerlich oder mit Elan, im Einvernehmen oder unter Protest ausgeführt wird. Ebenso scheint die Bemerkung, das Erkennen sei mißlungen oder in seiner Durchführung dürftig gewesen, gänzlich unsinnig zu sein.«.

Es erfüllt mich mit Freude, an mein eigenes Buch, *Die Gutenberg-Galaxis*, als Fußnote zu Innis Beobachtungen zum Thema der psychischen und sozialen Konsequenzen der Schrift und des Buchdrucks zu denken. Geschmeichelt von der Aufmerksamkeit, die Innis einem Teil meiner Arbeit geschenkt hatte, wandte ich mich erstmals seinem Werk zu. Es war mein Glück, daß ich mit dem Aufsatz *Minerva's Owl* begann. Wie aufregend war es doch, einem Autor zu begegnen, bei dem jeder Satz zu ausgedehnter Meditation und Erkundung einlud: »Alexandria zerbrach die Verbindung zwischen Wissenschaft und Philosophie. Die Bibliothek war ein Werkzeug der weltlichen Herrschaft, den Einfluß der ägyptischen Priesterschaft zu neutralisieren.«

Es beansprucht viel Zeit, sich auf die Schreibweise von Innis einzulassen. Daß er es verdient, wird sofort einsichtig, sobald einmal der Versuch unternommen wird. So gelesen beansprucht er Zeit, aber er spart auch Zeit. Jeder Satz ist eine komprimierte Monographie. Jede Seite enthält eine kleine Bibliothek, und oft verleibt er derselben Seite auch noch eine kleine Bibliothek aus Zitaten ein. Wenn es die Aufgabe des Lehrenden ist, sparsam mit der Zeit der Studierenden umzugehen, ist Innis einer der größten Lehrer, die es gibt. Die beiden soeben zitierten Sätze zeugen von und laden ein zu einer Kenntnis sowohl der spezifischen strukturellen Formen von Wissenschaft und Philosophie als auch der strukturellen Eigenart und der Funktion von Reichen, Bibliotheken und Priesterschaften. Die meisten Autoren sind damit beschäftigt, inhaltliche Darstellungen von Philosophie, Wissenschaft, Bibliotheken, Reichen und Religionen zur Verfügung zu stellen. Innis hingegen lädt uns ein, über die Formen der Macht nachzudenken, die von diesen Strukturen in ihren gegenseitigen Wechselwirkungen ausgeübt wird. Er nähert sich jeder dieser Formen organisierter Macht, als übe sie eine bestimmte Art von Kraft auf jeden anderen Teil des Gesamtgebildes aus. Alle Teile existieren aufgrund von Prozessen, die in jedem von ihnen und zwischen allen ablaufen. Die Bedeutung von ›Philosophie‹ und ›Wissenschaft‹ zu einer bestimmten Zeit manifestiert sich darin, wie sie sich im sozialen und historischen Prozeß zueinander verhalten. Das gleiche gilt für die anderen Teile. Sie erklären sich selbst durch ihr Verhalten in einer historischen Handlung. Innis stieß auf die Methode, Geschichte so zu behandeln wie der Physiker die Nebelkammer. Indem die bekannten Formen gegen die unbekannten stießen, entdeckte er die Natur neuer oder wenig bekannter Formen.

Sobald der Leser begreift, daß Innis' Interesse auf die einzigartige Macht gerichtet ist, die jede Form auf das Verhalten anderer Formen, auf die sie trifft, ausübt, wird es ihm möglich sein, so wie Innis zu verfahren. Er kann damit beginnen, Aktionen und Gegenaktionen vergangener und gegenwärtiger Formen zu beobachten und einzuschätzen. Er wird feststellen, daß Innis sich nie wiederholt, sondern nie aufhört, das Verhalten mündlicher Wissensformen und sozialer Organisation in verschiedenen sozialen Kontexten zu prüfen. Innis untersucht, wie orale Formen in vielen verschiedenen Schriftkulturen reagieren, so wie er die Auswirkungen zeitlich strukturierter Institutionen in ihrem vielfältigen Kontakt mit räumlich strukturierten Gesellschaften untersucht.

Innis lehrte uns, die Befangenheit von Kultur und Kommunikation als Forschungsinstrument zu gebrauchen. Indem er die Aufmerksamkeit auf die Befangenheit oder die verzerrende Macht der vorherrschenden Vorstellungen und Technologien aller Kultur richtete, lehrte er uns, Kultur zu verstehen. Viele Wissenschaftler haben unsere Aufmerksamkeit für die Schwierigkeit geschärft, »die Qualität einer Kultur zu bestimmen, der wir angehören, oder die Qualität einer Kultur zu bestimmen, der wir nicht angehören«. Vielleicht war Innis der erste, der in dieser Angreifbarkeit jedes wissenschaftlichen Unterfangens eine erstklassige Gelegenheit für Forschung und Entdeckung erkannte. Peter F. Drucker hat 1964 in *Managing for Results* gezeigt, daß in jeder menschlichen Organisation oder Situation 90 Prozent der Ereignisse von nur 10 Prozent verursacht werden. Der Großteil der menschlichen Aufmerksamkeit wird von dem Bereich mit 90 Prozent absorbiert, und das ist das Problem. Der 10 Prozent-Bereich ist der Bereich der Irritation und des Möglichen. Der Genius von Harold Innis ließ sich vom problematischen 90%-Bereich nicht beirren. Er steuerte direkt auf den 10% -Kern des Möglichen zu und suchte im Innern nach den Ursachen, die der gesamten Situation zugrunde liegen. So schreibt er zum Beispiel: »Wir sind vielleicht zu sehr Teil der Zivilisation, die aus der Druckindustrie entstand, um ihre Charakteristika ermitteln zu können. Aus Erziehung wurde in den Worten Laskis die Kunst, Menschen darin auszubilden, sich durch das gedruckte Wort täuschen zu lassen.«

Sobald Innis die beherrschende Technologie einer Kultur festgestellt hatte, konnte er sich sicher sein, daß sie der Grund und die formende Kraft der Gesamtstruktur war. Weiterhin konnte er sich sicher sein, daß diese dominante Form mit all ihren ursächlichen Kräften notwendigerweise der Aufmerksamkeit dieser Kultur durch einen psychischen Mechanismus, sozusagen durch eine »schützende Hemmung«, verborgen war. Mit einem Streich hatte er zwei Hauptprobleme gelöst, die für immer jenseits der Fähigkeiten der »Erbsenzähler« und Statistiker sind. Sobald er die hauptsächlichen technologischen Errungenschaften einer Gesellschaft identifiziert hatte, kannte er zunächst sowohl ihren materiellen als auch ihren sozialen Aufbau. Als nächstes wußte er genau, wovon die Mitglieder dieser Gesellschaft im täglichen Leben keine Notiz nehmen würden. Was »Nemesis der Kreativität« genannt wurde, ist nichts anderes als Blindheit gegenüber den Auswirkungen der signifikantesten Formen der eigenen Erfindung.

Ein gutes Beispiel für diese technologische Blindheit bei Innis selbst war sein Fehler, Radio und elektronische Technologie als eine weitere Ausdehnung der Muster der mechanischen Technologie zu betrachten. »Das Radio übertrug in schier unermeßliche Räume, überwand mit seiner Flucht aus der Schriftlichkeit die Aufteilung in Klassen und begünstigte Zentralismus und Bürokratie.« Oder: »Die Konkurrenz durch das neue Medium Radio war verbunden mit einer Hinwendung zum Ohr und nicht zum Auge und folglich mit einer Stärkung des Zentralismus.« Das ist ein Beispiel, wie Innis seiner eigenen Methode untreu wird. Nach vielen historischen Beweisen für die raumbindende Macht des Auges und der zeitbindenden Macht des Ohrs unterläßt es Innis, diese strukturellen Prinzipien auf die Auswirkung des Radios anzuwenden. Plötzlich verschiebt er die Hörwelt des Radios in den visuellen Bereich, indem er dem Ohr all die zentralisierenden Kräfte des Auges und der visuellen Kultur zuschreibt. Hier ließ sich Innis von der allgemeinen Auffassung seiner Zeit in die Irre führen. Die psychischen und sozialen Auswirkungen des elektrischen Lichts und der elektrischen Energie, wie aller elektrischen Medien, sind zutiefst dezentralisierend und separatistisch. Wäre Innis in dieser Frage nicht von seinem Respekt für die weitverbreitete, konventionelle Ansicht hypnotisiert gewesen, hätte er das neue elektrische Muster der Kultur sehr leicht herausarbeiten können.

Es gibt einen Bereich, in dem sich Innis nie vertut, und in welchem der Duft von ›Inniscence‹ nie verfliegt: sein Humor. Humor ist von entscheidender Bedeutung bei seiner aphoristischen Verbindung von Unvereinbarkeiten. Seine Technik der Entdeckung durch das Nebeneinanderstellen von Formen eignet sich überall für eine Reihe dramatischer Überraschungen. Mitten in Überlegungen zum Aufstand der amerikanischen Kolonien und der Kriege des 19. Jahrhunderts entdeckt er plötzlich eine Parallele zum Pressekrieg zwischen Hearst und

Pulitzer, wie deren Verwandtschaft mit dem Auftauchen des Comic Strips. Er ist unerreicht in seiner Fähigkeit, auserlesene Details in der gegenwärtigen Geschichte zu entdecken, um die Grabkammern der Archäologie auszuleuchten. Als Innis die Beobachtung machte, daß das Pferd von der Militärgeschichtsschreibung vernachlässigt wurde, erinnert er sich dessen, »was E. J. Dillon über einen berittenen Polizisten bemerkt hatte, nämlich daß ihn der intelligente Ausdruck auf dem Gesicht des Pferdes jedesmal überraschte«.

(1964)

Die Gutenberg-Galaxis

Die Erfindung der Typographie bestätigte und verstärkte die neue, dem angewandten Wissen eigene Betonung des Visuellen, indem sie das erste uniform wiederholbare Konsumgut, das erste Fließband und die erste Massenproduktion schuf.

Die Mechanisierung der Schreibkunst war wahrscheinlich die erste Zerlegung einer Handfertigkeit in mechanische Glieder. Das heißt, sie stellte die erste Übersetzung einer Bewegung in eine Reihe statischer Momentaufnahmen oder Teilbilder dar. Die Typographie hat starke Ähnlichkeit mit dem Film: denn die Lektüre eines Buches versetzt den Leser in die Rolle eines Filmprojektors. Der Leser bewegt die Reihe vor ihm liegender, aufgedruckter Buchstaben mit der Geschwindigkeit, die zur Erfassung des Gedankengangs des Autors nötig ist. Der Leser von Gedrucktem steht also in einem gänzlich andern Verhältnis zum Verfasser als der Leser eines Manuskripts. Der Buchdruck machte allmählich das laute Lesen sinnlos und beschleunigte den Akt des Lesens, bis der Leser sich ›in den Händen‹ seines Autors fühlen konnte. Wir werden sehen, daß der Buchdruck nicht nur das erste Massenprodukt lieferte, sondern auch das erste uniforme und wiederholbare ›Konsumgut‹. Das Fließband beweglicher Typen ermöglichte ein Erzeugnis, das uniform war und wie ein wissenschaftliches Experiment wiederholt werden konnte. Solche Eigenschaften besitzt das Manuskript nicht. Als die Chinesen im 8. Jahrhundert mittels Druckblöcken druckten, waren sie hauptsächlich vom Wiederholungscharakter des Druckes beeindruckt, den sie als ›magisch‹ empfanden, und bedienten sich daher oft des Blockdrucks statt der Gebetsmühle.

William Ivins hat die ästhetischen Auswirkungen der Bild-
drucke (Stiche, Holzschnitte) und der Typographie auf die
menschlichen Wahrnehmungsgewohnheiten wohl am einge-
hendsten untersucht. In *Prints and Visual Communications*
schreibt er:

»Jedes geschriebene oder gedruckte Wort besteht aus einer
Zeile konventioneller Anweisungen, gemäß denen man in
einer spezifischen linearen Anordnung Muskelbewegungen
ausführt, die bei richtiger Ausführung eine Abfolge von Lauten
ergeben. Diese Laute – genau wie die verschiedenen Formen
der Buchstaben – werden aufgrund willkürlicher Rezepte oder
Anweisungen erzeugt, die gewisse, auf Übereinkunft beruhende, ungenau bestimmte Klassen von Muskelbewegungen
bezeichnen, die also nicht genau spezifiziert sind. So kann
jeder Drucksatz von Wörtern in Wirklichkeit auf ungezählt
verschiedene Arten ausgesprochen werden; wir möchten, um
rein individuelle Eigentümlichkeiten beiseite zu lassen, nur das
Cockney, die Mundarten der Lower East Side, der North Shore
und Georgias als typische Beispiele anführen. Das Ergebnis ist,
daß jeder Laut, den wir vernehmen, wenn wir einem sprechen-
den Menschen zuhören, nur ein Vertreter einer großen Klasse
von Lauten ist, über deren symbolische Identität wir uns nun
einmal geeinigt haben trotz der tatsächlich bestehenden
Unterschiede.«

Hier stellt Ivins nicht nur fest, wie sehr die Gewohnheit, lineare
Reihen zu bilden, uns in Fleisch und Blut übergegangen ist; er
weist auch darauf hin – und dies ist noch wichtiger –, wie die
Sinneserfahrung in der Buchdruck-Kultur visuell homogeni-
siert und die Vielfalt der Hör- und anderer Sinneswahrnehmungen in den Hintergrund gedrängt wird. Die durch die
Typographie bewirkte Erfahrungsbeschränkung auf einen einzigen Sinn, den Gesichtssinn, führt Ivins zur Annahme, daß,
»je genauer wir unsere Daten bei einer Beweisführung auf die
Daten beschränken, die uns durch ein und denselben Sinnes-
kanal zukommen, desto weniger neigen wir dazu, in unserem
Gedankengang Fehler zu machen.« Diese Art von Verzerrung
oder Reduktion unserer gesamten Sinneserfahrung auf den
Bereich eines einzigen Sinnes ist in der Tendenz jedoch die

Auswirkung der Typographie auf die Künste und Wissenschaft
wie auch auf das menschliche Empfinden. So etwa verhalf die
dem Leser von Gedrucktem so selbstverständliche Gewohnheit, eine starre Haltung, einen ›Gesichtpunkt‹ einzunehmen,
dem avantgardistischen Perspektivismus des 15. Jahrhunderts
zu seiner Beliebtheit und Verbreitung:

»Die Perspektive wurde rasch ein wesentlicher Bestandteil der
Zeichentechnik, die zur Herstellung von belehrenden Bildern
diente, und bald wurde sie auch bei Bildern gefordert, die
nicht belehrender Natur waren. Die Einführung der Perspektive hing eng mit jener abendländischen Beschäftigung mit
der Wahrscheinlichkeit zusammen, die vermutlich das Kenn-
zeichen der späteren bildenden Kunst Europas ist. Das dritte
dieser Ereignisse war Nikolaus von Cues' Verkündigung
(1440) der ersten kompromißlosen Lehren von der Relativität
des Wissens und von dem auf Übergängen und Mittelbegriffen
beruhenden Zusammenhang der Extreme. Dies war eine
grundsätzliche Absage an die Begriffe und Vorstellungen,
die das Denken seit der Zeit der alten Griechen verwirrt hatten.
Diese Dinge – die genau wiederholbare Bildaussage; eine logische Grammatik, welche die Darstellung von Raumbeziehun-
gen in Bildaussagen regelt, und die Begriffe der Relativität und
Kontinuität – hatten und haben noch, oberflächlich besehen,
so wenig miteinander zu tun, daß man sie selten in einen
Zusammenhang bringt. Aber sie haben zusammen, sowohl die
deskriptiven Wissenschaften wie auch die Mathematik, auf
denen die Physik beruht, revolutioniert; und außerdem sind
sie wesentlich für einen großen Teil der heutigen Technik. Ihre
Auswirkungen auf die Kunst sind sehr deutlich gewesen. Sie
waren etwas absolut Neues. Sie waren ohne Beispiel in der
Praxis oder im Denken irgendwelcher klassischen Schulen.«

**Ein starrer Gesichtspunkt wird mit dem Buchdruck möglich und
setzt dem als plastischen Organismus begriffenen Bild ein Ende.**

Mit Recht weist Ivins auf die hier bestehende Wechselwirkung
zwischen vielen Faktoren hin. Aber die Technik und die gesell-

schaftlichen Auswirkungen der Typographie machen uns geneigt – sowohl was unser inneres wie auch äußeres Leben anbetrifft –, von einer Suche nach Wechselwirkungen und sogenannten ›Formalursachen‹ abzusehen. Der Buchdruck beruht auf einer statischen Trennung von Funktionen und fördert eine Mentalität, die in zunehmendem Maße nur noch eine nach Trennung strebende, abteilende oder spezialisierende Anschauung gelten läßt. Wie Gyorgy Kepes in *The Language of Vision* erklärt:

»Die literarische, an einen starren Beobachtungspunkt gebundene Nachahmung der Natur hatte das Bild als plastischen Organismus zerstört … Die nichtgegenständliche Kunst erhellte die Strukturgesetze des plastischen Bildes. Sie gab dem Bild wieder seine ursprüngliche Rolle zurück, eine auf den Sinneseigenschaften und ihrer plastischen Gestaltung beruhende dynamische Erfahrung zu vermitteln. Aber sie warf die sinnvollen Zeichen der visuellen Beziehungen über Bord.«

Das heißt, die explizite visuelle Verkettung von Komponenten in einer sprachlichen oder nichtsprachlichen Komposition begann die meisten Geister des späten 15. Jahrhunderts zu faszinieren und in Beschlag zu nehmen. Kepes nennt diese explizite visuelle Verkettung »literarisch« und sieht in ihr den unmittelbaren Anlaß der Zerstörung des Wechselspiels zwischen den verschiedenen Sinneseigenschaften.

»Das Bild wurde ›geläutert‹. Aber diese Läuterung übersah die Tatsache, daß die Entstellung und Desintegration des Bildes als einer plastischen Erfahrung nicht auf die dargestellten sinnvollen Zeichen als solche zurückging, sondern vielmehr auf den vorherrschenden Darstellungsbegriff, der statisch und beschränkt war und infolgedessen im Widerspruch zur dynamischen plastischen Natur der visuellen Erfahrung stand. Die Bedeutungsstruktur hatte auf derselben Auffassung beruht, welche den starren Gesichtspunkt bei der Raumdarstellung, die Linearperspektive und das Modellieren mittels Schattierungen hervorbrachte.«

Der unwillkürliche und unbewußte Charakter dieses ›starren Gesichtspunktes‹ ist auf die Isolierung des visuellen Faktors der Sinneserfahrung angewiesen. An diesem ›starren Gesichtspunkt‹ werden die Hebel der Triumphe und die Zerstörungen des Gutenberg-Zeitalters ansetzen. Da die ebene, zweidimensionale Mosaikform im Bereich der Kunst und der Erfahrung in weiten Kreisen mißverstanden wird, ist das Belegmaterial, das Kepes in seinem Buch *The Language of Vision* vorlegt, von größtem Nutzen. In Wirklichkeit ist das Zweidimensionale alles andere als statisch, wie Georg von Bekesy in seiner Untersuchung über das Hören entdeckte. Denn Zweidimensionalität bewirkt eine dynamische Gleichzeitigkeit, während eine statische Homogenität die Folge der Dreidimensionalität ist. Kepes erklärt:

»Die frühmittelalterlichen Maler wiederholten oft die Hauptfigur mehrmals in demselben Bild. Ihr Ziel war es, alle möglichen Beziehungen, die diese betrafen, darzustellen, und sie erkannten, daß dies nur durch eine gleichzeitige Darstellung verschiedener Handlungen möglich war. Dieser Bedeutungszusammenhang, und weniger die mechanische Logik einer geometrischen Optik, ist die Hauptaufgabe der Darstellung.«

Es besteht also folgendes großes Paradox des Gutenberg-Zeitalters: sein scheinbarer Aktivismus ist kinematischer Art im strengen Sinne der Filmkunst. Er zeigt sich in einer stetigen Reihe statischer Schnappschüsse oder ›starrer Gesichtspunkte‹, die in einer homogenen Beziehung stehen. Die Homogenisierung von Menschen und materiellen Gegebenheiten wurde das große Programm der Gutenberg-Ära, die Quelle eines Reichtums und einer Macht, wie sie jeder andern Zeit oder Technik unbekannt waren.

Thomas Morus entwirft einen Plan für eine Brücke über den turbulenten Strom der scholastischen Philosophie.

Da wir an den Grenzen zwischen der Manuskript- und der Buchdruck-Kultur stehen, müssen wir hier unbedingt noch die Eigenarten der beiden Kulturen etwas eingehender miteinander vergleichen. Eine Beschäftigung mit dem Manuskriptzeitalter ermöglicht uns viele Einsichten in die Gutenberg-Ära.

Eine bekannte Stelle aus Thomas Morus' *Utopia* mag uns als Ausgangspunkt dienen:

» ›Das ist es ja‹, versetzte jener, ›was ich behauptete: bei Fürsten ist kein Raum für Philosophie.‹ – ›Sicherlich nicht‹, entgegnete ich, ›für diese Schulphilosophie, die glaubt, alles passe überallhin. Es gibt aber noch eine andere, weltläufigere Philosophie, die ihre Bühne kennt, sich ihr anpaßt und in dem Stück, das gerade gespielt wird, ihre Rolle kunstgerecht und mit Anstand durchführt.‹«

Morus, der dies 1516 schrieb, wußte, daß der mittelalterliche scholastische Dialog in seiner oralen Gesprächsform den neuen Problemen großer zentralistischer Staaten in keiner Weise mehr gerecht wurde. Eine neue Art der Problemverarbeitung, nämlich ein Problem nach dem andern, schön der Reihe nach, mußte den älteren Dialog ablösen. Denn die scholastische Methode bestand in einem simultanen Mosaik, einem Verfahren, viele Aspekte und Bedeutungsebenen gleichzeitig und implizit zu behandeln. Diese Methode hatte im neuen linearen Zeitalter ausgedient.

Morus zeigt im zweiten Buch seiner *Utopia* auch, daß er über den Homogenisierungsprozeß der Spätscholastik in seiner eigenen Zeit vollkommen im Bild ist. Er stellt freudig fest, daß die Utopier altmodisch sind: »Wenn sie indessen den Alten in fast allen Dingen gleichkommen, so stehen sie doch hinter den Erfindungen der modernen Dialektiker weit zurück. Denn sie haben keine einzige der scharfsinnig ausgetüftelten Regeln über die Restriktionen, Amplifikationen und Suppositionen erfunden, die bei uns überall schon die Schulkinder aus den ›Kleinen Logikalien‹ auswendig lernen.«

Wie zu erwarten ist, wurde das gedruckte Buch lange Zeit einzig als maschinengeschriebenes Schriftwerk, als eine zugänglichere und handlichere Art von Manuskript betrachtet. Es handelt sich hier um die nämliche Art von Übergangs-Bewußtsein, wie es sich in unserem Zeitalter in Wörtern und Ausdrücken wie *horseless carriage, wireless, moving-pictures* äußert. Der ›Telegraph‹ und die ›Television‹ scheinen unmittelbareren Einfluß gehabt zu haben als die mechanischen Formen der Typographie oder des Films. Und doch wäre es ebenso schwierig gewesen, einem Menschen des 16. Jahrhunderts die Erfindung Gutenbergs zu erklären, wie es heute schwerfällt, die völlige Verschiedenheit, die zwischen dem Fernsehbild und dem Filmbild besteht, zu erläutern. Heute glauben wir, daß das Mosaikbild der Television und der perspektivische Raum der Photographie viel gemeinsam hätten. In Wirklichkeit haben sie nichts gemein. Und ebensowenig hatten das gedruckte Buch und das Manuskript gemein. Jedoch faßten sowohl der Produzent wie der Konsument von Druckseiten diese als die direkte Fortsetzung des Manuskripts auf. Gleicherweise wurde die Zeitung des 19. Jahrhunderts durch das Aufkommen des Telegraphen vollständig revolutioniert. Die mechanische Druckseite wurde mit einer neuen organischen Form gekreuzt, die das Layout ebenso veränderte wie die Politik und die Gesellschaft.

Heute, da die Automation auf uns zukommt, das heißt die allerletzte Erweiterung der elektromagnetischen Form auf das Produktions-System, versuchen wir, mit dieser neuen organischen Produktion fertig zu werden, als ob es sich um die mechanische Massenproduktion handelte. Um 1500 wußte niemand, wie man das in Massen hergestellte gedruckte Buch auf den Markt oder in Umlauf bringen konnte. Es wurde entlang den alten Handelswegen des Manuskripts verkauft. Und das Manuskript wurde, wie jedes andere handwerkliche Erzeugnis, auf die Art verkauft, wie man heute mit ›alten Meistern‹ Handel treibt. Das heißt, der Manuskriptmarkt war vorwiegend ein antiquarischer Markt.

Die Schreibkultur kannte weder Autoren noch Leserkreise, wie sie der Buchdruck geschaffen hat.

Heute ist es nicht ganz selbstverständlich, daß der Buchdruck das Mittel und den Anlaß für den Individualismus und den Selbstausdruck in der Gesellschaft bot. Es leuchtet schon eher ein, daß er das Mittel war, welches das Privateigentum, die Privatsphäre und mancherlei Formen der ›Um- und Abschließung‹ förderte. Am offenkundigsten aber ist die Tatsache, daß eine gedruckte Publikation das direkte Mittel bietet, um berühmt und unsterblich zu werden. Denn bis zum Film gab es kein dem Buche ebenbürtiges Mittel, ein privates Image zu verbreiten. Die Manuskript-Kultur war großartigen Ideen in dieser Hinsicht nicht förderlich; wohl aber der Buchdruck. Der Größenwahn der Renaissance, von Aretino bis Tamerlan, war die direkte Frucht des Buchdrucks, der das physische Mittel schuf, mit dem die persönliche Reichweite des Autors in Raum und Zeit erweitert werden konnte. Aber für den Betrachter der Manuskript-Kultur ist, wie Goldschmidt sagt, »eines gleich ersichtlich: Vor 1500 legte man nicht so viel Gewicht auf die genaue Identität des Autors, dessen Buch man las oder zitierte, wie wir das heute tun. Sehr selten erörterte man solche Fragen.«

Seltsamerweise ist es eine auf den Konsumenten ausgerichtete Kultur, die sich um Urheber und Echtheitskennzeichen kümmert. Die Manuskript-Kultur war auf den Produzenten ausgerichtet; sie war fast durch und durch eine ›Do it yourself‹-Kultur und achtete natürlich mehr auf die Bedeutung und Brauchbarkeit eines Gegenstandes als auf seine Herkunft.

Nicht nur war die persönliche Urheberschaft in dem Sinne, den sie später zur Zeit des Buchdrucks hatte, unbekannt, sondern es gab auch kein Lesepublikum in unserem Sinne. Dies ist aber nicht nur eine Frage des Alphabetisierungsgrades. Denn selbst wenn die Schreib- und Lesefähigkeit allgemein verbreitet wäre, hätte ein Verfasser unter Manuskript-Verhältnissen immer noch kein Publikum. Ein Forscher hat heute auch kein Publikum. Er hat ein paar Freunde und Kollegen, mit denen er über seine Arbeit spricht. Wir dürfen nicht vergessen, daß das handgeschriebene Buch nur langsam gelesen, langsam transportiert und weitergegeben werden konnte. Goldschmidt sagt, wir sollten »versuchen, uns einen Schriftsteller des Mittelalters an der Arbeit in seinem Studierzimmer vorzustellen. Wenn er den Plan gefaßt hatte, ein Buch zu schreiben, ging er zuerst einmal daran, Material zu sammeln und Notizen zusammenzutragen. Er hielt Ausschau nach Büchern über verwandte Gegenstände, zunächst in der Bibliothek seines eigenen Klosters. Fand er etwas Brauchbares, dann schrieb er die einschlägigen Kapitel oder ganze Abschnitte auf Pergamentblätter, die er in seiner Zelle aufbewahrte, um sie dann zu gegebener Zeit verwenden zu können. Wenn er im Verlauf seiner Lektüre ein Buch erwähnt fand, das in seiner Bibliothek nicht vorhanden war, dann bemühte er sich herauszufinden, wo er es erhalten konnte, was in jener Zeit keine einfache Sache war. Er schrieb an Freunde in anderen Abteien, die für große Bibliotheken bekannt waren, und erkundigte sich bei ihnen, ob sie von einer Abschrift wußten, und oft mußte er lange Zeit auf eine Antwort warten. Ein Großteil der umfangreichen Korrespondenz der mittelalterlichen Gelehrten besteht aus solchen Bitten um Nachforschungen über den Standort eines bestimmten Buches, in Bitten um Buchabschriften, die am Orte des Domizils des Adressaten vorhanden sein sollen, in Bitten um Buchausleihung zwecks Herstellung von Abschriften …«

Die Urheberschaft bestand vor dem Aufkommen des Buchdrucks weitgehend darin, daß ein Mosaik zusammengesetzt wurde: »Wenn heute ein Schriftsteller stirbt, können wir deutlich sehen, daß seine eigenen gedruckten Werke, die in seinen Regalen stehen, diejenigen Werke sind, die er als vollständig und abgeschlossen betrachtete, und daß sie in der Form vorliegen, in der er sie der Nachwelt überliefern wollte; anders würden seine handgeschriebenen ›Manuskripte‹, die in Schubladen liegen, betrachtet; er hielt sie offensichtlich nicht für endgültig abgeschlossen und fertig. Aber in der Zeit vor der Erfindung des Buchdrucks wäre diese Unterscheidung keineswegs so auffällig gewesen. Man konnte auch gar nicht so leicht feststellen, ob ein besonderes Werk von ihm selbst verfaßt worden war oder eine Abschrift des Werkes eines anderen darstellte. Hierin liegt eine offenkundige Ursache dafür, daß wir so viele anonyme Texte haben und uns über die Urheberschaft so vieler mittelalterlicher Texte im unklaren sind.«

Nicht nur war das Zusammensetzen der Teile eines Buches oft eine kollektive Schreibarbeit, sondern Bibliothekare und Buchbenützer waren in hohem Maße an der Zusammenstellung mitbeteiligt, da kleine Bücher von nur wenigen Seiten nicht anders weitergegeben werden konnten als in Bänden gemischten Inhalts.

Goldschmidt weist dann auf etliche andere Umstände der vorgutenbergschen Buchherstellung und Buchbenutzung hin, durch die die Urheberschaft zu etwas Nebensächlichem wurde:

»Welche Methode auch immer angewandt wurde, ein Band, der zwanzig verschiedene Stücke von zehn verschiedenen Verfassern enthielt, mußte notwendigerweise unter einem Namen aufgeführt werden, was immer auch der Bibliothekar betreffend der neun andern Namen zu tun gedachte. Und wenn die erste Abhandlung im Band vom hl. Augustinus stammte, dann lief der Band unter dem Namen Augustinus. Wenn man den Band einsehen wollte, hatte man nach Augustinus zu fragen, selbst wenn man die fünfte Abhandlung im Band konsultieren wollte, die vielleicht von Hugo de Sancto Caro stammte. Und wenn man einen Freund in einer anderen Abtei bat, etwas abzuschreiben, das man sich auf einem früheren Besuch angemerkt hatte, mußte man ihm schreiben: ›Bitte schreibe die Abhandlung auf den Blättern fünfzig bis siebzig in eurem Augustinus ab.‹ Damit war noch nicht gesagt, daß der Schreibende nicht wußte, daß der Verfasser dieser Abhandlung nicht Augustinus war; ob er es wußte oder nicht, so hatte er doch dieses Buch ›ex Augustino‹ zu verlangen. In einer anderen Bibliothek mochte dieser gleiche Text, sagen wir *De duodecim abusivis* als dritter Teil in einem Band gebunden sein, der mit einem Text des hl. Cyprian begann. Hier wäre die gleiche Abhandlung ›ex Cypriano‹ gewesen. Aber diese ist nur eine der reichen Quellen von ›Urheberschafts‹-Zuschreibungen, die dazu führten, daß ein und derselbe Text unter einer Vielzahl von Namen angeführt wird.

Dann gibt es noch einen anderen, allzu oft vergessenen Umstand, der wesentlich zur Verwirrung beiträgt. Für den mittelalterlichen Gelehrten bedeutete die Frage ›Wer schrieb dieses Buch?‹ nicht notwendigerweise oder nicht einmal in erster Linie ›Wer verfaßte dieses Buch?‹. Sie konnte bedeuten, daß nach der Person des Schreibers, nicht des Verfassers gefragt wurde. Und zwar war dies oft eine viel leichter zu beantwortende Frage, denn in jeder Abtei blieb die typische Handschrift eines Bruders, der viele schöne Bücher schrieb, dank der mündlichen Überlieferung noch ganze Generationen hindurch vertraut.«

Der mittelalterliche Buchhandel war ein antiquarischer Handel genau wie der heutige Handel mit alten Meistern.

Vom 12. Jahrhundert an, als die Universitäten aufkamen, waren Lehrer und Schüler während der Unterrichtsstunde an der Bücherherstellung beteiligt, und diese Bücher fanden ihren Weg in die Klosterbibliotheken, wenn die Studenten nach dem Abschluß ihrer Studien wieder zurückkehrten: »Eine Anzahl dieser Standard-Lehrbücher, von denen approbierte Exemplare von den *stationarii* der Universität zum Kopieren aufbewahrt wurden, fanden naturgemäß schon sehr früh ihren Weg in die Druckerei, denn nach vielen von ihnen bestand im 15. Jahrhundert noch eine unverminderte Nachfrage wie zuvor. Diese offiziellen Universitätstexte werfen keine Probleme bezüglich Herkunft oder Nomenklatur auf …« Goldschmidt fügt dann bei: »Bald nach 1300 konnte auf das kostspielige Pergament verzichtet werden, und das billige Papier machte die Anhäufung vieler Bücher eher zu einer Angelegenheit des Fleißes als des Wohlstandes.« Da jedoch der Student mit der Feder in der Hand zu den Vorlesungen ging und »es die Aufgabe des Dozenten war, das Buch zu diktieren, das er seiner Hörerschaft erklärte«, gibt es ein großes Corpus dieser *reportata*, die für die Herausgeber ein sehr komplexes Problem darstellen.

Solche Verhältnisse, wie sie uns Goldschmidt beschreibt, zeigen das Ausmaß der Gutenberg-Revolution, die uniforme und wiederholbare Texte ermöglichte:

»Es besteht kein Zweifel, daß für viele mittelalterliche Schriftsteller der genaue Punkt, wo sie aufhörten, ›Schreiber‹ zu sein, und anfingen, ›Verfasser‹ zu werden, keineswegs klar war. Wieviel erworbenes Wissen mußte einer zusammentragen, bis er das Recht hatte, den Rang eines ›Urhebers‹ eines neuen Gliedes in der Kette des überlieferten Wissens zu beanspruchen? Wir begehen einen Anachronismus, wenn wir uns vorstellen, der mittelalterliche Student hätte den Inhalt der Bücher, die er las, als den Ausdruck der Persönlichkeit und Meinung eines anderen Menschen betrachtet. Er sah in ihnen einen Teil jenes großen und umfassenden Corpus des Wissens, der *scientia de omni scibili*, die einmal der Besitz der alten Weisen gewesen war. Was er auch immer in einem ehrwürdigen alten Buch las: Er hielt es nicht für die Behauptung einer bestimmten Person, sondern für einen kleinen Teil des Wissens, das jemand vor langer Zeit von jemand anderem und älterem erworben hatte.«

Nicht nur kümmerte sich der Benutzer von Manuskripten, wie Goldschmidt schreibt, herzlich wenig um die Chronologie der Urheberschaft und um die »Identität und Persönlichkeit des Autors des Buches, das er las, oder um den genauen Zeitabschnitt, in dem dieses besondere Wissen niedergeschrieben wurde; ebensowenig erwartete er, daß die späteren Leser sich für ihn selber interessieren würden«. In der gleichen Weise interessieren uns die Verfasser einer Logarithmentafel oder das persönliche Leben von Naturwissenschaftlern nicht. Ähnlich verhielt es sich auch, wenn der Student versuchte, den Stil alter Autoren ›nachzuahmen‹.

All das, was wir über das Wesen der Manuskriptkultur gesagt haben, dürfte die umwälzenden Wandlungen, denen die Beziehungen zwischen Autoren einerseits und zwischen Autoren und Lesern anderseits in den Jahren nach Gutenberg unterworfen waren, verdeutlicht haben. Als die ›höhere Kritik‹ im späten 19. Jahrhundert anfing, dem bibellesenden Publikum das Wesen der Manuskriptkultur zu erklären, schien es vielen Gebildeten, daß die Bibel nun erledigt sei. Aber diese Leute hatten vorwiegend mit Bibel-Illusionen gelebt, die ein Produkt der Buchdruck-Technik waren. Die Hl. Schrift hatte in den Jahrhunderten vor Gutenberg nichts von einem gleichförmigen und homogenen Charakter an sich. Es war vor allem der Homogenitätsbegriff – den der Buchdruck allen Stufen des menschlichen Empfindens aufprägt –, der vom 16. Jahrhundert an die Künste, die Wissenschaften, die Industrie und die Politik zu erobern begann.

Aber damit nicht etwa der Schluß gezogen wird, diese Auswirkung der Buchdruckkultur sei ›etwas Schlechtes‹, wollen wir uns einfach vor Augen halten, daß Homogenität mit einer elektronischen Kultur völlig unvereinbar ist. Wir leben heute am Anfang eines Zeitalters, das die Bedeutung der Buchdruckkultur so wenig erfaßt, wie das 18. Jahrhundert die Bedeutung der Manuskriptkultur begriff. »Wir sind die Primitiven einer neuen Kultur«, sagte 1911 der Bildhauer Boccioni. Wir sind weit davon entfernt, die mechanische Kultur der Gutenberg-Zeit zu unterschätzen; ja, wir glauben sogar, wir müssen uns alle Mühe geben, um die von ihr verwirklichten Werte bewahren zu können. Denn das elektronische Zeitalter ist, wie Teilhard de Chardin betont hat, nicht mechanischer, sondern organischer Natur; und es hat für die Werte, die die Typographie schuf – »diese mechanische Art zu schreiben« (*ars artificialiter scribendi*), wie sie zunächst genannt wurde –, nicht viel übrig.

Über zwei Jahrhunderte vergingen nach der Erfindung des Buchdrucks, ehe jemand entdeckte, wie ein einziger Tonfall oder eine einzige Haltung einen ganzen Prosatext hindurch aufrechterhalten werden konnte.

Einmal in dem vereinheitlichten perspektivischen Raum der gutenbergschen Kultur eingerichtet, begann man allmählich, viele Dinge, die in Wirklichkeit Neuerungen waren, so zu verallgemeinern, als ob sie auch für den Autor und Leser der Zeit vor dem Buchdruck gegolten hätten. Die ›geisteswissenschaftliche Forschung‹ ist weitgehend mit der Ausmerzung solcher falscher Annahmen beschäftigt. So etwa bilden die Shakespeare-Ausgaben des 19. Jahrhunderts eine Art Denkmal solcher falscher Annahmen. Ihre Herausgeber hatten keine Ahnung, daß die Interpunktion vor und um 1623 für das Ohr und nicht für das Auge bestimmt war.

Bis zu Addison fühlte sich der Verfasser, wie wir noch sehen werden, kaum genötigt, seinem Gegenstand gegenüber immer die gleiche Haltung einzunehmen oder dem Leser gegenüber einen gleichbleibenden Tonfall beizubehalten. Kurz gesagt, die Prosa behielt auch nach Gutenberg noch jahrhundertelang eine eher orale als visuelle Natur. Statt Homogenität herrschte

Heterogenität in Tonfall und Haltung, so daß der Autor diese jederzeit, auch mitten im Satz, wie etwa in der Lyrik, wechseln konnte. Es war in den letzten Jahren für die Gelehrten eine Überraschung, als sie entdeckten, daß Chaucers Personalpronomen oder das ›dichterische Ich‹ seines Erzählers nicht eine widerspruchsfreie *persona* ist. Das ›Ich‹ der mittelalterlichen Erzählung bot nicht so sehr einen Gesichtspunkt als eine Unmittelbarkeit des Eindrucks. Auf gleiche Weise wurden von den mittelalterlichen Autoren auch die grammatikalischen Zeitformen und die Syntax gehandhabt; sie wollten damit nicht eine Abfolge in Zeit oder Raum ausdrücken, sondern gewisse Akzente setzen.

Erst einige Zeit nach dem Aufkommen des Buchdrucks entdeckten Autoren oder Leser ›Gesichtspunkte‹. Die Welt der visuellen Perspektive ist nämlich die Welt eines vereinheitlichten und homogenen Raumes. Eine solche Welt ist der mannigfaltigen Resonanz des gesprochenen Wortes fremd. So unterwarf sich denn die Sprachkunst als letzte der visuellen Logik der Gutenberg-Technik, befreite sich aber als erste wieder im elektronischen Zeitalter. Die Isolierung des Sehsinnes führte nämlich bald zur Isolierung einer Emotion von der anderen, was wir mit Sentimentalität bezeichnen. Was wir heute ›sophistication‹ nennen, ist eine negative Version von Sentimentalität, bei der die üblichen Gefühle einfach anästhetisiert werden. Aber das richtige Zusammenwirken der Gefühlsregungen steht in Beziehung zur Synästhesie oder Wechselwirkung der Sinne. Somit ist Huizinga durchaus gerechtfertigt, wenn er die Geschichte des Spätmittelalters als eine Periode des Gefühlsungestüms und -zerfalls wie auch als eine Periode darstellt, in der das Visuelle stark betont wird. Der Trennung der Sinne entspricht somit die Sinnlichkeit, ähnlich wie der Trennung der Gefühlsregungen die Sentimentalität.

Der Buchdruck als eine unmittelbare technische Erweiterung der menschlichen Person verursachte im ersten von ihm geprägten Zeitalter einen noch nie dagewesenen Macht- und Leidenschaftsausbruch. Visuell ist die Druckschrift viel ›detailreicher‹ (high definition) als die Handschrift. Der Buchdruck war mit anderen Worten ein sehr ›heißes‹ Medium, das in eine

Welt einbrach, die sich jahrtausendelang des ›kühlen‹ Mediums der Handschrift bedient hatte. Dementsprechend spürten unsere ›tollen zwanziger Jahre‹ (roaring twenties) als erste das heiße Medium des Films und des Radios. Jene Jahre waren die erste große Verbraucher-Epoche. Ähnlich erlebte Europa mit dem Buchdruck seine erste Verbraucher-Phase überhaupt, denn der Buchdruck stellt nicht nur ein Verbraucher-Medium und Konsumgut dar, sondern er lehrte die Menschen auch, wie alle ihre übrigen Tätigkeiten entlang systematischen linearen Grundlinien organisiert werden können. Er zeigte den Menschen, wie Märkte und Nationalarmeen geschaffen werden können. Das heiße Medium des Buchdrucks machte es den Menschen nämlich möglich, ihre Landessprachen zum ersten Mal zu *sehen* und ihre nationale Einheit und Macht vermittels ihrer landessprachlichen Grenzen zu visualisieren: »Wir müssen frei sein oder sterben, die wir die Sprache Shakespeares sprechen.« Mit dem Nationalismus der Sprecher einer homogenen englischen oder französischen Sprache war der Individualismus eng verbunden.

Die Renaissance war Grenzfläche für das Zusammentreffen des mittelalterlichen Pluralismus mit der Homogenität und dem Mechanismus der Neuzeit – eine Formel der Überrumplung und Verwandlung.

Ein Zeitalter, das sich in einem raschen Übergang befindet, ist ein Zeitalter, das an der Grenze zweier Kulturen und gegensätzlicher Techniken liegt. Jedes Stadium seines Bewußtseins stellt einen Akt der Übertragung einer jeden dieser Kulturen in die andere dar. Heute leben wir an der Grenze zwischen fünf Jahrhunderten der Mechanisierung und der neuen Elektronik, zwischen dem Homogenen und dem Simultanen. Das ist schmerzhaft, aber fruchtbar. Die Renaissance des 16. Jahrhunderts war ein Zeitalter an der Grenze zwischen zweitausend Jahren Alphabet- und Manuskript-Kultur einerseits und dem neuen Mechanismus der Wiederholbarkeit und Quantifizierung andererseits. Es wäre tatsächlich sonderbar gewesen, wenn jenes Zeitalter nicht mit den Begriffen an das neue herangegangen wäre, die es vom alten übernommen hatte. Über diese Angelegenheit sind sich die heutigen Psychologen im klaren, wie man aus einem Lehrbuch wie *Psychology of Human Learning* von John A. McGeoch ersehen kann. Der Autor sagt: »Der Einfluß des schon früher erworbenen (und auch behaltenen) Gelernten auf das Erlernen eines neuen Stoffes – und die Reaktion auf ihn – wurde herkömmlicherweise als Übertragung (transfer) des Gelernten bezeichnet.« Meistens ist der Übertragungseffekt ganz unbewußt. Aber auch eine offenkundige oder bewußte Übertragung kann eintreten.

Unsere abendländische Reaktion auf die neuen Medien wie den Film, das Radio und das Fernsehen war ganz deutlich eine Buchkultur-Reaktion auf diese ›Herausforderung‹. Aber die eigentliche Übertragung des Gelernten und die Veränderung im Denkprozeß wie in der Geisteshaltung gehen fast völlig unbewußt vor sich.

Das Bewußtseinssystem, das wir uns durch unsere Muttersprache aneignen, beeinflußt unsere Fähigkeit, andere Sprachen – Wort- oder Zeichensprachen – zu lernen. Darin liegt vielleicht der Grund, warum der in hohem Grade alphabetische Abendländer, der ganz von den linearen und homogenen Formen der Buchdruckkultur geprägt ist, mit der nichtvisuellen Welt der modernen Mathematik und Physik solche Mühe hat. Die ›rückständigen‹ oder auditiv-taktilen Länder sind hier deutlich im Vorteil.

Ein weiterer grundlegender Vorteil eines Kultur-Zusammenpralls und -übergangs liegt darin, daß die Menschen an der Grenze zwischen verschiedenen Erlebnisweisen ein größeres Verallgemeinerungsvermögen entwickeln. McGeoch sagt: »Die Generalisation ist gleichfalls eine Form der Übertragung, sei es nun auf der verhältnismäßig elementaren Stufe der bedingten Reflexe … oder auf der komplexen Stufe abstrakter wissenschaftlicher Verallgemeinerungen, wo eine einzelne Aussage eine Myriade von Einzelheiten zusammenfaßt.« Wir können diese Feststellung sogleich mit dem Hinweis verallgemeinern, daß die Spätphase der Buchdruckkultur – die

mit der Segmentierung und Homogenisierung von Situationen arbeitet – das Wechselspiel zwischen verschiedenen Gebieten und Disziplinen, so wie es das erste Stadium des Buch-
druckzeitalters charakterisierte, nicht begünstigt. Als der
Buchdruck noch etwas Neues war, stellte er für die alte Welt der
Manuskriptkultur eine Herausforderung dar. Als das Manuskript bedeutungslos geworden war und der Buchdruck domi-
nierte, gab es kein Wechselspiel, keinen Dialog mehr; es gab
nur noch verschiedene ›Gesichtspunkte‹. Dies ist indessen ein
Hauptaspekt jener ›Lernübertragung‹, die mit der Gutenberg-
Technik eintrat und die Febvre und Martin in ihrem Werk
L'Apparition du livre stets betonen.

Während der ersten zwei Jahrhunderte des Buchdrucks, das
heißt bis zum Ende des 17. Jahrhunderts, war das meiste
Gedruckte mittelalterlicher Herkunft. Das 16. und 17. Jahrhundert bekamen vom Mittelalter mehr zu Gesicht, als je ein
Mensch im Mittelalter selbst zu sehen bekommen hatte.
Damals war alles zerstreut, unzugänglich und nur langsam lesbar gewesen.

Nun konnte es jeder nach Hause tragen und schnell lesen. Wie
heute die unstillbaren Bedürfnisse des Fernsehens uns eine
Schwemme alter Filme beschert haben, so konnten die Bedürfnisse der neuen Druckerpresse einzig durch die alten Hand-
schriften befriedigt werden. Hinzu kam, daß das Lesepublikum auf die frühere Kultur abgestimmt war. Nicht nur gab es
vorerst keine modernen Schriftsteller, sondern sie hatten kein
Publikum, das bereit gewesen wäre, sie zu akzeptieren, wie
Febvre und Martin betonen: »So erleichterte der Buchdruck
die Arbeit der Gelehrten auf einigen Gebieten, aber im großen
ganzen kann gesagt werden, daß er nichts zu einer beschleunigten Annahme neuer Theorien oder Kenntnisse beitrug.«

Hier wird natürlich nur der ›Inhalt‹ von neuen Theorien
betrachtet, während die Rolle des Buchdrucks bei der Bereitstellung neuer Modelle für solche Theorien und neuer dafür
empfänglicher Kreise ignoriert wird. Rein vom Standpunkt
des ›Inhalts‹ besehen ist der Erfolg des Buchdrucks wahrlich
bescheiden: »Schon im 15. Jahrhundert hatten in Italien, vor
allem in Venedig und Mailand, gedruckte Prachtausgaben

klassischer Texte ... eingesetzt, diejenigen Autoren der Antike besser bekannt zu machen, die das Mittelalter nicht vergessen hatte ...«

Aber das winzige Publikum, das diese humanistischen Angebote fanden, sollte den Blick für die wirklichen Leistungen der frühen Zeit des Buchdrucks nicht trüben. Febvre und Martin schreiben darüber:

»Die Bibel einer größeren Zahl von Lesern unmittelbar zugänglich zu machen und nicht nur auf lateinisch, sondern auch in der Muttersprache, den Studenten und den Lehrern auf den Universitäten die wichtigeren Abhandlungen aus dem überlieferten scholastischen Arsenal zur Verfügung zu stellen, vor allem die Gebetbücher, Breviere, Stundenbücher zu vervielfältigen, die für die Übung der liturgischen Zeremonien und der täglichen Gebete nötig waren, die Schriften der Mystiker, die Werke der Volksfrömmigkeit, vor allem aber die Lektüre dieser Werke einem sehr großen Publikum zu ermöglichen – dies war eine der hauptsächlichsten Aufgaben des Buchdrucks in seiner Anfangszeit.«

Des weitaus größten Leserkreises erfreuten sich die mittelalterlichen Ritterromane, die Almanache (Bauernkalender) und vor allem die illustrierten Stundenbücher. Wie durchgreifend der Buchdruck das Markt- und das Kapital-System gestaltete, ist bei Febvre und Martin ausführlich behandelt. Hier möchten wir noch erwähnen, daß sie betonen, wie sehr die Buchdrucker schon früh danach strebten, eine »homogénéité de la page« zu erreichen trotz des schlechten Gleichgewichtes der Typen und »trotz schadhaften Schriftgüssen und einer wackligen Linearität«. Gerade diese neuen – immer noch unsicheren – Effekte erschienen der damaligen Zeit am bedeutungsvollsten und als eine ungewöhnliche Errungenschaft. Homogenität und Linearität sind die Formeln für die neue Wissenschaft und Kunst der Renaissance. Denn der Infinitesimalkalkül als ein Mittel, Kräfte und Räume zu quantifizieren, hängt ebenso sehr von der Fiktion homogener Teilchen ab, wie die Perspektive auf der Illusion einer dritten Dimension auf ebenen Flächen beruht.

Die neue Homogenität der Druckseite schien einen unbewußten Glauben an die Gültigkeit der gedruckten Bibel zu erwecken, der einerseits die mündliche Autorität der Kirche und andererseits das Bedürfnis nach einer rationalen, wissenschaftlichen Bibelkritik umging. Es sah so aus, als ob der Buchdruck, uniformer und wiederholbarer Gebrauchsartikel, der er war, die Kraft hätte, einen neuen hypnotischen Aberglauben an das Buch zu erwecken, das den Eindruck machte, als ob es von jeglichem menschlichen Einfluß unabhängig und unberührt sei. Niemand, der Manuskripte gelesen hatte, konnte zu einer solchen Ansicht über die Natur des geschriebenen Wortes gelangen. Aber das von der Druckseite hergeleitete Postulat homogener Wiederholbarkeit führte – einmal auf alle anderen Lebensgebiete ausgeweitet – allmählich zu all jenen Produktions- und Gesellschaftsformen, denen das Abendland so viel Genugtuung wie auch fast all seine charakteristischen Merkmale verdankt.

Peter Ramus und John Dewey waren die beiden pädagogischen Wellenreiter zweier antithetischer Perioden, des Gutenberg- und des Marconi- (oder elektronischen) Zeitalters.

In unserer Zeit hat John Dewey sich bemüht, das Bildungswesen wieder auf seinen ursprünglichen, vor dem Buchdruck erreichten Stand zurückzuführen. Er wollte den Lernenden aus seiner passiven Rolle eines Verbrauchers uniform verpackten Wissens befreien. Tatsächlich ritt Dewey mit seiner Reaktion gegen die passive Buchdruck-Kultur auf der neuen elektronischen Welle. Diese Welle hat nun unser Zeitalter überrollt. Im 16. Jahrhundert war der Franzose Peter Ramus (1515–1572) die große Gestalt der Bildungsreform, die auf der Gutenberg-Welle ritt. Das gedruckte Buch war ein neues, allen Schülern zugängliches visuelles Hilfsmittel, das das ältere Bildungswesen überholte. Das Buch war buchstäblich eine Lehrmaschine, während das Manuskript nur ein primitives Lehrwerkzeug gewesen war.

Walter Ong schreibt am Ende eines letzthin veröffentlichten Artikels über »Ramist Classroom Procedure and the Nature of

Reality«, daß für Ramus und seine Nachfolger ihre Version des Studienplanes die Welt zusammenhalte. »Nichts steht einer ›Anwendung‹ zur Verfügung …, wenn es nicht zuerst in den Studienplan eingefügt worden ist. Das Schulzimmer ist damit stillschweigend das Tor zur Wirklichkeit, und zwar das einzige Tor geworden.« Diesen Gedanken, der für das 16. Jahrhundert neu war, hat nun Schramm unbewußt auf das 20. Jahrhundert angewendet. Dewey bildet andererseits einen scharfen Kontrast zu Ramus, da er sich bemühte, die Schule von der unsinnigen ramistischen Vorstellung zu befreien, sie sei ein direktes Attribut der Druckerpresse, der letzte Trichter, den der junge Mensch und seine gesamte Erfahrung passieren müssen, bevor sie einer »Anwendung« zugänglich gemacht werden können. Ramus hatte durchaus recht, wenn er dem neuen gedruckten Buch im Schulzimmer den Vorrang einräumte. Nur hier konnten nämlich die homogenisierenden Wirkungen des neuen Mediums das Leben der Jugendlichen völlig durchdringen. Schüler, die auf diese Weise der Buchdruck-Technik unterworfen worden waren, waren gewöhnlich fähig, jede Art von Problem und Erkenntnis in die neue visuelle Form einer linearen Ordnung zu übersetzen. Eine nationalistische Gesellschaft, die darauf abzielte, alle ihre Arbeitskräfte für die gemeinsamen Aufgaben des Handels und des Finanzwesens, der Produktion und des Marktes auszunützen, mußte bald einsehen, daß eine solche Bildungsart obligatorisch sein sollte. Ohne einen umfassenden Alphabetismus ist es tatsächlich schwer, das Reservoir der Arbeitskräfte anzuzapfen. Napoleon bereitete es große Mühe, Bauern und Halbgebildete zum Marschieren und Exerzieren zu bringen; so wußte er schließlich keinen anderen Ausweg, als ihnen 45 Zentimeter lange Stricke an die Füße zu binden, um ihnen das nötige Gefühl für Genauigkeit, Uniformität und Wiederholbarkeit zu geben. Aber die vollere Entfaltung des Arbeitskraft-Potentials im 19. Jahrhundert durch den Alphabetismus mußte das Eingreifen der kommerziellen und industriellen Anwendungen der Buchdruck-Technik in alle Phasen des Unterrichts, der Arbeit und der Unterhaltung abwarten.

Rabelais sieht die Zukunft der Buchdruckkultur als ein Verbraucher-Paradies angewandten Wissens.

Jedermann, der sich überhaupt mit der Gutenberg-Frage befaßt, stößt bald auf Gargantuas Brief an Pantagruel. Rabelais schuf lange vor Cervantes einen echten Mythos oder eine Präfiguration des gesamten Komplexes der Buchdruck-Technik. Der Cadmus-Mythos, nach welchem das Aussäen der Drachenzähne oder der Buchstaben des Alphabetes durch König Cadmus bewirkte, daß bewaffnete Männer aufschossen, stellt einen bündigen und getreuen oralen Mythos dar. Wie es sich für das Medium des Buchdrucks ziemt, ist Rabelais eine wortreiche Massenproduktions-Unterhaltung. Aber seine Schau des bevorstehenden Gigantentums und Verbraucherparadieses traf völlig zu. Tatsächlich gibt es vier gewaltige Mythen der Gutenberg-Transformation einer Gesellschaft: Neben *Gargantua* sind es *Don Quichotte*, die *Duncias* und *Finnegans Wake*. Jedes dieser Werke, die hier nur oberflächlich behandelt werden können, verdiente ein eigenes Buch, das seine Beziehung zur Welt der Typographie aufdecken würde.

Wenn wir zunächst einen Blick auf die Mechanisierung in ihren fortgeschrittenen Stadien werfen, werden wir leichter erkennen, was Rabelais an den früheren Entwicklungsphasen so erregte. In seiner Studie über die Demokratisierung der privilegierten Verbrauchsgüter befaßt sich Siegfried Giedion mit der Bedeutung des Fließbandes in seiner entwickelteren Spätphase *Mechanization Takes Command*:

»Acht Jahre später, 1865, begann Pullmans Schlafwagen, der *Pioneer*, den Luxus der aristokratischen Welt zu demokratisieren. Pullman besaß, ähnlich wie Henry Ford ein halbes Jahrhundert später, einen Instinkt für die heimlichen Wunschträume des Publikums, die er weckte, bis sie zu Bedürfnissen anwuchsen. Die Karrieren beider kreisten um das gleiche Problem: Wie konnte man den Komfort, der in Europa eindeutig der finanziell bessergestellten Klasse vorbehalten war, demokratisieren?«

Rabelais beschäftigt sich mit der Demokratisierung des Wissens durch den Überfluß an Weinen, die der Druckerpresse entströmten. Die Presse hat nämlich ihren Namen von der Technik, die sie der Weinpresse entlehnte. Das angewandte Wissen von der Presse führte schließlich ebenso zu Komfort wie zu Gelehrsamkeit.

Man kann vielleicht noch zweifeln, ob im Cadmus-Mythos die »Drachenzähne« nicht als Anspielung auf die Technik der Hieroglyphe gemeint sind; indessen besteht kein Zweifel darüber, daß Rabelais das *pantagruelion* als das Symbol und Abbild des Druckes mittels beweglicher Typen hervorhebt. Denn so wird die Hanfpflanze genannt, aus der Seile gedreht wurden. Durch das Hecheln, Zerschneiden und Flechten dieser Pflanze entstanden die linearen Stränge und Bande der größten sozialen Unternehmungen. Und in Rabelais' Vision erschien die gesamte »Welt in Pantagruels Mund«, was ganz wörtlich der Vorstellung jenes Gigantentums entspricht, das einer rein additiven Verbindung homogener Teile entspringt. Und wiederum erwies sich seine Vision als zutreffend, wie wir rückblickend in unserem Jahrhundert leicht bezeugen können. In seinem Brief an Pantagruel, der in Paris weilt, singt Gargantua das Lob der Typographie:

»Jetzt sind alle Disziplinen wiederhergestellt, die Sprachen neu belebt: Griechisch, ohne welches heutzutage niemand auf den Namen eines Gelehrten Anspruch machen kann, Hebräisch, Chaldäisch und Lateinisch. Schöne und korrekte Drucke sind überall in Gebrauch, deren Herstellung erst zu meiner Zeit durch göttliche Eingebung erfunden wurde, wie umgekehrt die Feuerwaffen durch satanische. Überall findet man eine Menge gelehrter, hochstudierter Professoren, reiche Bibliotheken, und meiner Meinung nach hatte es weder zu Platons noch zu Ciceros, noch zu Papinians Zeiten solche Gelegenheit gegeben, etwas Tüchtiges zu lernen, wie jetzt. Bald wird niemand in irgendeiner Gesellschaft mehr am Platze sein, der sich nicht in Minervas Werkstatt geübt hat; Räuber, Henker, Abenteurer und Stallknechte sind heutzutage gelehrter als die Doktoren und Prediger zu meiner Zeit ... Ja, was soll ich sagen? Frauen selbst und Mädchen streben nach dem Ruhm und himmlischen Manna der Gelehrsamkeit.« Obwohl die Hauptarbeit von Cromwell und Napoleon geleistet wurde, hatten die »Feuerwaffen« (oder die Kanone) und das Schießpulver wenigstens die Nivellierung der Burgen, Klassen und feudalen Unterschiede zu bewirken begonnen. So nahm, sagt Rabelais, mit dem Buchdruck die Homogenisierung der Einzelmenschen und Talente ihren Anfang. Später im selben Jahrhundert prophezeite Francis Bacon, daß seine wissenschaftliche Methode alle Talente nivellieren und ein Kind befähigen würde, bedeutende wissenschaftliche Entdeckungen zu machen. Und zwar war Bacons Methode, wie wir noch sehen werden, die Erweiterung des Idealbildes der neuen Druckseite auf die gesamte Enzyklopädie der Naturerscheinungen. Das heißt, Bacons Methode legt buchstäblich die gesamte Natur in Pantagruels Mund.

Albert Guerard äußert sich in *The Life and Death of an Ideal* zu diesem Aspekt von Rabelais wie folgt:

»Dieser triumphierende Pantagruelismus beseelt die Kapitel, erfüllt von wunderlicher Gelehrsamkeit, praktischen Kenntnissen und dichterischer Begeisterung, die er am Ende des 3. Buches dem Lobe des gesegneten Krautes Pantagruelion widmet. Wörtlich bedeutet Pantagruelion einfach Hanf; symbolisch aber menschlichen Fleiß. Indem er die tollsten Errungenschaften seiner eigenen Zeit mit einer noch tolleren Prahlerei und Prophetie krönt, zeigt uns Rabelais zuerst, wie der Mensch dank dieses Pantagruelions die entferntesten Gegenden seiner Erdkugel erforscht, ›so daß Taproban das Heideland Lapplands, beide Javas und die Riphäischen Berge gesehen hat‹. Die Menschen ›durcheilten den Atlantischen Ozean, durchquerten die Tropen, stießen bis zum Äquator vor, maßen den Zodiakus, tummelten sich unter dem Äquinoktialkreis, mit beiden Polen auf der Höhe ihres Horizontes‹. Dann ›hatten alle Meer- und Erdgötter plötzlich Angst‹. Was sollte Pantagruel und seine Kinder daran hindern, irgendein noch wirkungsvolleres Kraut zu entdecken, mit dem sie sogar den Himmel ersteigen konnten? ›Wer ist sicher, daß sie nicht einen Weg ersinnen, um in die hohen Wolken in der Luft zu dringen und die Schleusen, aus denen die Regenströme sich ergießen, ganz nach Belieben öffnen und schließen … und dann im weiteren Verlauf ihrer Ätherreise in die Blitzwerkstätte sich Eingang verschaffen, wo sie dann auf das Himmelmagazin Hand legen und …‹«

Rabelais' Vision neuer Mittel und Formen menschlicher Beziehung stellte einen Ausblick auf eine Macht dar, die auf dem angewandten Wissen beruht. Den Preis für die Eroberung einer neuen Welt von gigantischen Dimensionen bezahlte man, indem man sich einfach in Pantagruels Mund begab. Erich Auerbach widmet das 11. Kapitel seines Werkes *Mimesis, Dargestellte Wirklichkeit in der abendländischen Literatur* dem Thema »Die Welt in Pantagruels Mund«. Auerbach erwähnt einige Vorläufer von Rabelais' Phantasiegebilde, um damit der Originalität Rabelais' gerecht zu werden, der »ständig verschiedene Schauplätze, verschiedene Erlebnismotive und auch verschiedene Stilbezirke durcheinanderspielen läßt«. Wie später Robert Burtons in *Anatomy of Melancholy* folgt Rabelais dem »Prinzip des Durcheinanderwirkens der Kategorien des Geschehens, des Erlebens, der Wissensbezirke, der Proportionen und der Stile«.

Wiederum gleicht Rabelais einem mittelalterlichen Glossator des Römischen Rechts, wenn er seine absurden Ansichten mit einem Durcheinander an Gelehrsamkeit untermauert, das einen »raschen Wechsel einer Vielfalt von Standpunkten« offenbart. Das heißt: Rabelais ist in seinem Mosaik-Verfahren ein Scholastiker, indem er bewußt diesen uralten Mischmasch neben die neue, individuelle, dem einzelnen Standpunkt verschriebene Technik des Buchdrucks stellt. Wie sein englischer Zeitgenosse, der Dichter John Skelton, von dem C. S. Lewis schreibt, »Skelton hat aufgehört, ein Mensch zu sein, und ist zu einem Mob geworden«, ist Rabelais ein kollektiver Haufen von oralen Lehrern und Glossatoren, der plötzlich in eine visuelle Kultur stürzt, die kurz zuvor auf individualistischen und nationalistischen Fundamenten gegründet worden war. Gerade das Auseinanderklaffen dieser zwei Kulturen, die sich in der Sprache Rabelais' miteinander vermischen, gibt uns das Gefühl, er sei für uns von besonderem Belang, da auch wir ein ambivalentes Leben in getrennten und sich unterscheidenden Kulturen führen. Zwei Kulturen oder Techniken können, ähnlich wie astronomische Galaxien, einander durchdringen, ohne daß sie kollidieren; aber dies geht nicht ohne einen Wandel in der Konfiguration ab. Ähnlich gibt es in der modernen Physik den Begriff der »Grenzfälle« oder der Begegnung und Verwandlung zweier Strukturen. Eine solche »Grenzflächigkeit« ist der eigentliche Schlüssel sowohl zur Renaissance wie zum 20. Jahrhundert.

Die Typographie – die erste Mechanisierung eines Handwerks – ist selbst das vollkommene Beispiel nicht eines neuen Wissens, sondern angewandten Wissens.

Die erstaunliche Abspaltung der taktilen Werte einer Sprache zeigt sich in einer extremen Entwicklung dieser Eigenschaften bei Rabelais und einigen Elisabethanern wie Nashe. Von dieser Zeit an löst sich die Taktilität immer stärker von der Sprache, bis im 19. Jahrhundert Hopkins und die Symbolisten sich wieder mit ihr zu befassen begannen. Das ganze Problem wird deutlicher hervortreten, wenn wir uns dem Quantifizierungszwang des 16. Jahrhunderts zuwenden. Denn Zahl und Maß sind Formen des Taktilen; Formen, die bald aus dem visuellen, vom Buchstaben beherrschten Lager der Humanisten verbannt wurden. Die scharfe Trennung zwischen der Zahl – der Sprache der Wissenschaft – und den Buchstaben – der Sprache der Kultur – hob in der späteren Renaissance an. Die Frühphase dieser Trennung bildete aber die ramistische Methode, die auf eine ›Anwendung‹ und angewandtes Wissen mittels gedruckter Literatur abzielte. Denn es kann nicht genügend betont werden, daß die Mechanisierung des alten Schreiber-Handwerkes selbst schon ein ›angewandtes‹ Wissen darstellte. Die Anwendung bestand nämlich darin, daß die Handlung des Schreibens visuell arretiert und aufgespalten wurde. Darum konnte sie, nachdem diese Lösung des Mechanisierungsproblems einmal entwickelt worden war, auch auf die Mechanisierung manch anderer Handlungen erweitert werden. Außerdem disponierte schon die bloße Gewöhnung an die sich wiederholenden, linearen Muster der gedruckten Seite die Menschen dazu, solche Methoden auf alle Arten von Problemen zu übertragen. Febvre und Martin schreiben zum Beispiel in *L'Apparition du livre*, daß schon im 11. Jahrhundert die Papierherstellung einen starken Auftrieb erlebte, als eine Methode entdeckt wurde, die »eine Kreisbewegung in eine Hin- und Herbewegung« umwandelte. Es handelte sich um den Übergang von der Mühle zu Hämmern, der dem zur gleichen Zeit stattfindenden Übergang von der periodischen ciceronianischen Prosa zu Senecas »zerhackter Periode« entsprach. Der Übergang von der Mühle zu Hämmern bedeutet die Auflösung eines kontinuierlichen in einen segmentären Prozeß. Der Autor fügt bei: »Diese Erfindung war der Ausgangspunkt zahlreicher industrieller Revolutionen gewesen.« Und die Buchdruckkunst, die die Mutter aller kommenden Umwälzungen sein sollte, beruhte selbst auf einer Gruppierung oder Konstellation früherer technischer Errungenschaften. Usher sagt dies auf meisterhafte Art in seiner *History of Mechanical Inventions*:

»Die Gesamtleistung, wie sie das gedruckte und illustrierte Buch verkörpert, liefert ein eindrückliches Beispiel für die Vielfalt einzelner Erfindungsakte, deren es bedarf, bis etwas Neues zustande kommt. Als Ganzes setzt diese Errungenschaft voraus: die Erfindung des Papiers und der Druckfarben auf einer Öl-Basis; die Entwicklung des Holzschnitts ... und der Druckstöcke; die Entwicklung der Presse und der mit dem Druck zusammenhängenden besonderen Preßtechnik.

Die Geschichte des Papiers ist in gewissem Sinne ein Kapitel für sich, aber es dürfte klar sein, daß der Buchdruck mit keinem anderen Grundmaterial zu dieser Bedeutung gelangt wäre. Pergament ist schwierig zu bearbeiten, kostspielig und nur in beschränktem Maße zu beschaffen. Wenn Pergament das einzige erhältliche Rohmaterial gewesen wäre, wäre das Buch ein Luxusartikel geblieben. Der Papyrus ist hart, brüchig und für den Druck ungeeignet. Die Einführung der aus China stammenden Hadernpapierherstellung in Europa war somit eine wichtige Grundvoraussetzung. Der Ursprung dieses Produktes im Fernen Osten und die Stationen seines Weges nach Europa sind heute ziemlich gut bekannt, so daß die Chronologie dieses Weges hinreichend festgelegt ist ...«

Die Tatsache, daß der Druck mittels beweglicher Lettern ein Ereignis war, das mit der früheren Technik des phonetischen Alphabetes in enger Verwandtschaft steht, ist einer der Hauptgründe, warum wir uns mit all den Jahrhunderten vor Gutenberg befassen. Die phonetische Schrift war das unerläßliche Vorspiel. So zum Beispiel blockierte die chinesische Zeichenschrift die Entwicklung der Druck-Technik in dieser Kultur völlig. Heute, da die Chinesen sich entschlossen haben, ihre Schrift zu alphabetisieren, erkennen sie, daß sie auch ihre Wortgefüge polysyllabisch aufgliedern müssen, damit das phonetische Alphabet auf sie paßt. Wenn wir diese Situation bedenken, verstehen wir besser, warum zunächst die alphabetische Schrift und später der Buchdruck im Abendland zu einer analytischen Trennung zwischenmenschlicher Beziehungen, innerer und äußerer Funktionen führten. Joyce kommt in *Finnegans Wake* immer wieder auf ein Thema zurück: auf die Auswirkungen des Alphabetes auf den »abcedminded man«, stets »whispering his ho (here keen again and begin again to make sound sense and sense sound kin again)«, und er fordert alle auf: »harmonize your abecedeed responses.«

Die neue Öl-Basis des Buchdrucks stammte »eher von den Malern als den Kalligraphen«, und »die kleineren Stoff- und Weinpressen enthielten die meisten Bestandteile, deren es für die Druckpresse bedurfte ... die Hauptprobleme der Neuerung drehten sich um die Kunst des Stechens und des Gießens ...« Goldschmiede und viele andere waren nötig, um all die Erfindungen zusammenzubringen, die miteinander das ›Drucken‹ ergeben. Die Geschichte ist so verzwickt, daß man schließlich fragte: »Was hat Gutenberg denn erfunden?« Usher sagt: »Leider kann keine völlig endgültige Antwort erteilt werden, da wir keine zuverlässigen zeitgenössischen Unterlagen bezüglich der Einzelheiten der verschiedenen Druck-Verfahren haben, durch die die ersten Bücher erzeugt wurden.« Gleichermaßen besitzt die Ford Company keinerlei Dokumente, die die tatsächlichen Verfahren beschreiben, die bei der Herstellung der ersten Automobile angewandt wurden.

Der Buchdruck bildet die Endphase der Alphabet-Kultur, die

den Menschen in erster Linie aus dem Stammesverband gerissen oder entkollektviert hat. Der Buchdruck verleiht den visuellen Grundzügen des Alphabetes die größte Intensität und Schärfe. So dehnt der Buchdruck die individuierende Macht des phonetischen Alphabetes viel weiter aus, als es die Manuskriptkultur je vermochte. Der Buchdruck ist die Technik des Individualismus. Wenn nun die Menschheit sich entschließt, diese visuelle Technik durch eine elektrische Technik einzuschränken, wird auch der Individualismus eingeschränkt. Wollte man darüber ein moralisches Gejammer anstimmen, dann wäre dies so unklug, wie wenn man eine Säge verdammen würde, weil sie einem einige Finger abgetrennt hat. »Aber wir wußten ja nicht«, sagt man dann immer, »daß es passieren würde.« Aber selbst die Einfalt ist kein moralisches Problem. Sie ist zwar ein Problem, aber nicht ein moralisches; es wäre sehr erfreulich, wenn man einige der moralischen Nebel verscheuchen könnte, die unsere Techniken umgeben. Auch die Moral würde daraus Nutzen ziehen.

(1962)

Die magischen Kanäle

Das Medium ist die Botschaft

In einer Kultur wie der unseren, die es schon lange gewohnt ist, alle Dinge aufzusplittern und zu teilen, um sie unter Kontrolle zu bekommen, wirkt es fast schockartig, wenn man daran erinnert wird, daß in Funktion und praktischer Anwendung das Medium die Botschaft ist. Das soll nur heißen, daß die persönlichen und sozialen Auswirkungen jedes Mediums – das heißt jeder Ausweitung unserer eigenen Person – sich aus dem neuen Maßstab ergeben, der durch jede Ausweitung unserer eigenen Person oder durch jede neue Technik eingeführt wird. So zielen beispielsweise mit dem Aufkommen der Automation die neuen Formen menschlichen Zusammenlebens auf die Abschaffung der Routinearbeit, des Jobs hin. Das ist das negative Ergebnis. Auf der positiven Seite gibt die Automation den Menschen Rollen, das heißt eine tieferlebte Beteiligung der Gesamtperson an der Arbeit und der menschlichen Gemeinschaft, welche die mechanische Technik vor uns zerstört hatte. Viele Menschen sind wohl eher geneigt zu sagen, daß nicht in der Maschine, sondern in dem, was man mit der Maschine tut, der Sinn oder die Botschaft liege. Für die Art und Weise, wie die Maschine unsere Beziehungen zueinander und zu uns selbst verändert hat, ist es vollkommen gleichgültig, ob sie Cornflakes oder Cadillacs produziert. Die Neugestaltung der menschlichen Arbeit und des menschlichen Zusammenlebens wurde durch die Technik des Zerlegens bestimmt, die das Wesen der Maschinentechnik darstellt. Das Wesen der Automationstechnik ist gerade gegenteiliger Art. Es integriert, dezentralisiert und wirkt in die Tiefe, während die Maschine fragmentierte, zentralisierte und bei der Gestaltung menschlicher Beziehungen an der Oberfläche haften blieb.

Das Beispiel des elektrischen Lichtes wird sich in diesem Zusammenhang vielleicht als aufschlußreich erweisen. Elektrisches Licht ist reine Information. Es ist gewissermaßen ein Medium ohne Botschaft, wenn es nicht gerade dazu verwendet wird, einen Werbetext Buchstabe um Buchstabe auszustrahlen. Diese für alle Medien charakteristische Tatsache bedeutet, daß der »Inhalt« jedes Mediums immer ein anderes Medium ist. Der Inhalt der Schrift ist Sprache, genauso wie das geschriebene Wort Inhalt des Buchdrucks ist und der Druck wieder Inhalt des Telegrafen ist. Auf die Frage: »Was ist der Inhalt der Sprache?« muß man antworten: »Es ist ein effektiver Denkvorgang, der an sich nicht verbal ist.« Ein abstraktes Bild stellt eine direkte Äußerung von schöpferischen Denkvorgängen dar, wie sie etwa in Mustern von Elektronenrechnern erscheinen könnten. Was wir jedoch hier betrachten, sind die psychischen und sozialen Auswirkungen der Muster und Formen, wie sie schon bestehende Prozesse verstärken und beschleunigen. Denn die »Botschaft« jedes Mediums oder jeder Technik ist die Veränderung des Maßstabs, Tempos oder Schemas, die es der Situation des Menschen bringt. Die Eisenbahn hat der menschlichen Gesellschaft nicht Bewegung, Transport oder das Rad oder die Straße gebracht, sondern das Ausmaß früherer menschlicher Funktionen vergrößert und beschleunigt und damit vollkommen neue Arten von Städten und neue Arten der Arbeit und Freizeit geschaffen. Und das traf zu, ob nun die Eisenbahn in einer tropischen oder nördlichen Umgebung fuhr, und ist völlig unabhängig von der Fracht oder dem Inhalt des Mediums Eisenbahn. Das Flugzeug andererseits führt durch die Beschleunigung des Transporttempos zur Auflösung der durch die Eisenbahn bedingten Form der Stadt, der Politik und der Gemeinschaft, ganz unabhängig davon, wie und wofür das Flugzeug verwendet wird.

Kehren wir zum elektrischen Licht zurück. Ob das Licht nun bei einem gehirnchirurgischen Eingriff oder einem nächtlichen Baseballspiel verwendet wird, ist vollkommen gleichgültig. Man könnte behaupten, daß diese Tätigkeiten in gewisser

Hinsicht der »Inhalt« des elektrischen Lichts seien, da sie ohne elektrisches Licht nicht sein könnten. Diese Tatsache unterstreicht nur die Ansicht, »daß das Medium die Botschaft ist«, weil eben das Medium Ausmaß und Form des menschichen Zusammenlebens gestaltet und steuert. Der Inhalt oder die Verwendungsmöglichkeiten solcher Medien sind so verschiedenartig, wie sie wirkungslos bei der Gestaltung menschlicher Gemeinschaftsformen sind. Ja, es ist nur zu bezeichnend, wie der »Inhalt« jedes Mediums der Wesensart des Mediums gegenüber blind macht.

Erst jetzt haben manche Industriezweige erkannt, mit was für Geschäften sie eigentlich zu tun haben. Als IBM entdeckten, daß ihre Tätigkeit nicht die Erzeugung von Bürobedarf oder Büromaschinen ist, sondern die Verarbeitung von Information, begannen sie, ihr Unternehmen mit klarem Blick zu leiten. Die General Electric Company zieht einen beträchtlichen Teil ihrer Gewinne aus Glühlampen und Beleuchtungsanlagen. Diese Gesellschaft hat aber noch nicht herausgefunden, genausowenig wie A.T.& T., daß ihr Geschäft in der Informationsbewegung liegt.

Bei der Verleihung eines Ehrentitels an der Universität von Notre Dame machte General David Sarnoff vor ein paar Jahren folgende Feststellung: »Wir neigen nur zu leicht dazu, die technischen Mittel zum Sündenbock jener zu machen, die sie handhaben. Die Schöpfungen der modernen Wissenschaft sind an sich weder gut noch schlecht; die Art und Weise aber, wie sie verwendet werden, bestimmt ihren Wert.« Das ist die Stimme der üblichen Nachtwandlermentalität. Nehmen wir an, wir wollten sagen, »Apfelkuchen ist an sich weder gut noch schlecht; nur die Art, wie er verwendet wird, bestimmt seinen Wert«. Oder, »der Pockenvirus ist an sich weder gut noch schlecht; nur die Art, wie er verwendet wird, bestimmt seinen Wert«. Oder auch »Schußwaffen sind an sich weder gut noch schlecht; nur die Art, wie sie verwendet werden, bestimmt ihren Wert«. Das heißt, wenn die Kugeln die richtigen Leute treffen, sind Schußwaffen gut. Wenn die Fernsehröhre die richtigen Leute mit der richtigen Munition beschießt, ist das Fernsehen gut. Ich will jetzt nicht boshaft sein. In dieser Behauptung Sarnoffs steckt einfach gar nichts, was einer genaueren Überprüfung standhielte, denn sie ignoriert die Natur des Mediums, jedes einzelnen Mediums und aller Medien in der echt narzißtischen Art von jemandem, der hypnotisiert ist durch Amputation und die Ausweitung seiner eigenen Person in eine neue Form von Technik. General Sarnoff legte dann seine Stellungnahme zur Drucktechnik dar und führte aus, daß durch den Buchdruck zwar viel Schund unter die Menschen gekommen sei, aber er habe auch die Bibel und die Gedanken von Visionären und Philosophen verbreitet. Es ist General Sarnoff nie aufgefallen, daß ein Medium etwas anderes tun könnte, als sich dem bereits Vorhandenen anzuschließen.

Knapp bevor ein Flugzeug die Schallmauer durchbricht, werden die Schallwellen an den Tragflächen des Flugzeugs sichtbar. Das plötzliche Sichtbarwerden des Schalls gerade dann, wenn der Schall aufhört, ist ein treffendes Beispiel jener großen Seinsgesetzmäßigkeit, die neue und gegensätzliche Formen offenbart, wenn frühere Formen gerade den Höhepunkt ihrer Entwicklung erreichen. Die Mechanisierung war nie so deutlich atomistisch oder kontinuierlich wie bei der Geburt des Films, dem Zeitpunkt also, der uns über die Mechanisierung hinaus in die Welt des Wachstums und der organischen Wechselbeziehungen hineinführte. Der Film brachte uns, durch bloße Beschleunigung der Mechanik, von der Welt der Folge und Verbindung zur Welt der schöpferischen Gestalt und Struktur.

Die Botschaft des Mediums Film ist die des Übergangs von linearer Verbindung zur Gestalt. Es ist der Übergang, der zu der nun vollkommen richtigen Bemerkung geführt hat: »Wenn es funktioniert, ist es überholt.« Wenn die elektrische Geschwindigkeit noch mehr von den mechanischen Filmsequenzen übernimmt, werden die Kraftlinien in Strukturen und Medien laut und deutlich. Wir kehren zur allumfassenden Form des Bildsymbols zurück.

Einer hochalphabetisierten und mechanisierten Kultur erschien der Film als eine Welt triumphierender Illusionen und Träume, die man mit Geld kaufen konnte. In diesem Augenblick der Geschichte des Films kam der Kubismus auf, der von

E. H. Gombrich in seinem Buch *Art and Illusion* als »der gründlichste Versuch, Mehrdeutigkeit auszuschließen und einer Lesart des Bildes Geltung zu verschaffen – der eines von Menschenhand geschaffenen Werkes, einer mit Farbe behandelten Leinwand« bezeichnet worden ist. Denn der Kubismus setzt alle Aspekte eines Gegenstandes gleichzeitig anstelle des ›Augenpunktes‹ oder des Aspekts der perspektivischen Illusion. Der Kubismus ersetzt die spezialisierte Illusion der dritten Dimension auf der Leinwand durch ein Wechselspiel von Ebenen und Widersprüchen oder durch einen dramatischen Konflikt von Muster, Licht und Textur, der durch das Miteinbeziehen ›die Botschaft an den Mann bringt‹. So werden, wie viele behaupten, wirklich Gemälde geschaffen und nicht Illusionen.

Mit andern Worten, der Kubismus gibt Innen und Außen, Oben, Unten, Hinten, Vorne und alles übrige in zwei Dimensionen wieder und läßt damit die Illusion der Perspektive zugunsten eines unmittelbaren sinnlichen Erfassens des Ganzen fallen. Mit diesem Griff nach dem unmittelbaren, totalen Erfassen verkündete der Kubismus plötzlich, daß das Medium die Botschaft ist. Ist es nicht klar, daß im selben Augenblick, in dem das Aufeinanderfolgen der Gleichzeitigkeit weicht, wir uns in der Welt der Struktur und Konfiguration befinden? Ist nicht gerade das in der Physik wie in der Malerei, Dichtung und auf dem Gebiet der Kommunikation eingetreten? Die Aufmerksamkeit gilt nicht mehr speziellen Teilaspekten, sondern wendet sich der Wirklichkeit als totalem Feld zu, und wir können jetzt ganz natürlich sagen, »das Medium ist die Botschaft«.

Vor der elektrischen Geschwindigkeit und dem totalen Feld war es nicht klar, daß das Medium die Botschaft ist. Die Botschaft, so schien es damals, sei der ›Inhalt‹, als die Leute noch fragten, was ein Gemälde bedeute. Doch wäre es ihnen nie eingefallen zu fragen, was eine Melodie, ein Haus oder ein Kleid bedeute. In solchen Dingen haben die Menschen eine gewisse ganzheitliche Auffassung der Struktur, Form und Funktion als einer Einheit beibehalten. Aber im Zeitalter der Elektrizität ist diese ganzheitliche Auffassung der Struktur und Konfiguration so vorherrschend geworden, daß die Pädagogik diese Angelegenheit aufgegriffen hat. Anstatt sich mit speziellen ›Problemen‹ der Arithmetik zu beschäftigen, folgt die strukturelle Methode der Kraftlinie im Feld der Zahlen und läßt Kinder über Zahlentheorie und ›Mengen‹ nachdenken.

Heiße Medien und kalte

Es gibt ein Grundprinzip zur Unterscheidung zwischen einem ›heißen‹ Medium, wie dem Radio, und einem ›kühlen‹, wie dem Telefon, oder einem ›heißen‹, wie dem Film, und einem ›kühlen‹, wie dem Fernsehen. Ein ›heißes‹ Medium erweitert durch seinen Detailreichtum nur einen Sinn allein. Detailreichtum ist der Zustand hoher Datendichte. Eine Fotografie ist optisch ›detailreich‹. Eine Karikatur ist ›detailarm‹, und zwar einfach, weil wenig optisches Informationsmaterial zur Verfügung steht. Das Telefon ist ein kühles Medium oder ein detailarmes, weil das Ohr nur eine dürftige Summe von Informationen bekommt. Und die Sprache ist ein kühles, in geringem Maße definiertes Medium, weil so wenig geboten wird und so viel vom Zuhörer ergänzt werden muß. Andererseits fordern heiße Medien vom Publikum eine geringe Beteiligung oder Vervollständigung. Heiße Medien verlangen daher nur in geringem Maße persönliche Beteiligung, aber kühle Medien in hohem Grade persönliche Beteiligung oder Vervollständigung durch das Publikum. Daher hat natürlich ein heißes Medium wie das Radio ganz andere Auswirkungen auf den, der es verwendet, als ein kühles Medium wie das Telefon.

Ein kühles Medium wie hieroglyphische oder ideographische Schriftzeichen hat ganz andere Auswirkungen als das heiße und explosive Medium des phonetischen Alphabets. Als das Alphabet bis zu einem hohen Grade von visueller Intensität verdichtet wurde, wurde es zum Buchdruck. Das gedruckte Wort zerbrach mit der Intensität der Spezialisierung die körperschaftlich organisierten Zünfte und Klöster des Mittelalters und schuf die extrem individualistischen Formen des Unternehmertums und der Monopole. Aber die typische Umkehrung trat ein, als extreme Formen der Monopole wieder zur Bildung von Körperschaften führten mit ihrer unpersönlichen Herrschaft über viele Menschenleben. Das ›Aufheizen‹ des Mediums der Schrift bis zur Intensität des wiederholbaren Drucks führte zum Nationalismus und den Religionskriegen des 16. Jahrhunderts. Schwere und unhandliche Medien wie etwa Stein sind zeitenverbindend. Zum Schreiben verwendet sind sie tatsächlich sehr kühl und dienen der Verbindung zwischen Zeitaltern, während Papier ein heißes Medium ist, das dazu dient, Räume horizontal zusammenzuschließen, und zwar sowohl im Reiche der Politik wie in dem der Unterhaltung.

Jedes heiße Medium läßt weniger persönliche Beteiligung zu als ein kühles, wie ja eine Vorlesung weniger zum Mitmachen anregt als ein Seminar und ein Buch weniger als ein Zwiegespräch. Durch den Druck wurden viele ältere Formen vom Leben und der Kunst ausgeschlossen, viele aber erhielten eine merkwürdig neue Intensität. Aber unsere eigene Zeit ist voller Beispiele für den Grundsatz, daß die ›heiße‹ Form ausschließt und die ›kühle‹ einschließt. Als die Ballettänzerinnen vor einem Jahrhundert auf den Zehenspitzen zu tanzen begannen, glaubte man, daß die Ballettkunst zu neuer ›Durchgeistigung‹ gekommen sei. Durch diese neue Intensität wurden männliche Personen zunächst vom Ballett ausgeschlossen. Die Rolle der Frau war mit dem Aufkommen der industriellen Spezialisierung und der Explosion der häuslichen Aufgaben in Wäschereien, Bäckereien und Spitäler als Randerscheinungen der Gemeinschaft ebenfalls aufgeteilt worden.

Intensität oder Detailreichtum bringt Spezialisierung und Aufteilung im Bereich des Lebens und der Unterhaltung mit sich, was wiederum erklärt, warum jedes tiefe Erlebnis ›vergessen‹, ›zensiert‹ und in einen sehr abgekühlten Zustand versetzt werden muß, bevor es in die »Erfahrung aufgenommen« oder einverleibt werden kann. Die Freudsche ›Zensur‹ ist weniger eine moralische Funktion als eine unbedingt notwendige Bedingung der Erfahrung. Wenn wir jeden Schock in unsere verschiedenen Bewußtseinsbezirke direkt und im vollen Umfang aufnehmen müßten, wären wir bald Nervenbündel mit Spätzündung, die jeden Augenblick den Bedienungsknopf für den Schleudersitz betätigten. Die ›Zensur‹ schützt unser zentrales Wertsystem wie sie unser physiologisches Nervensystem schützt, und zwar ganz einfach dadurch, daß das Erlebnis schon im Ansatz stark abgekühlt wird. Für viele Menschen bringt dieses ›Kühlersystem‹ ihr ganzes Leben lang einen Zustand der Totenstarre oder des Nachtwandelns, den man besonders zu Zeiten des Auftretens neuer Techniken beobachten kann.

Das Medium des Geldes, des Rades oder der Schrift, oder irgendeiner anderen Form von spezialistischer Beschleunigung des Austausches und der Information, führt zur Zersplitterung der Stammesorganisation. In ähnlicher Weise führt eine noch viel stärkere Beschleunigung, zu der es etwa mit der Elektrizität kommt, zur stammesorganisatorischen Verhaltensweise des intensiven Miterlebens, die wir bei der Einführung des Rundfunks in Europa erlebten und die sich als Folge des Fernsehens in Amerika abzuzeichnen beginnt. Spezialisierte Techniken zerstören die Stammesorganisation, die nichtspezialisierte Technik der Elektrizität stellt sie wieder her. Der Vorgang des Umbruchs als Folge einer Neuverteilung von Arbeiten und Fähigkeiten wird von einem großen kulturellen Rückstand begleitet, wobei die Menschen beinahe zwangsläufig neue Situationen wie die alten betrachten; sie kommen dann im Zeitalter der Implosion mit Ideen wie ›Bevölkerungsexplosion‹ daher.

Blakes Gegenmittel gegen die mechanistische Weltanschauung seiner Zeit war der organische Mythos. Heute, mitten im Zeitalter der Elektrizität, ist der Mythos selbst eine automatische Reaktion, die mathematisch formuliert und ausgedrückt werden kann, ohne all die Phantasiebilder Blakes an sich zu haben. Hätte Blake dem Zeitalter der Elektrizität gegenübergestanden, würde er auf dessen Herausforderung nicht mit einer bloßen Wiederholung der elektrischen Form geantwortet haben. Denn der Mythos *ist* die komplexe, visionäre Gestalt eines vielschichtigen Vorganges, der sich gewöhnlich über einen langen Zeitabschnitt erstreckt. Der Mythos ist die Kontraktion oder Implosion irgendeines Vorganges, und die

Instanstangeschwindigkeit der Elektrizität verleiht heute gewöhnlichen Tätigkeiten in der Industriegesellschaft eine mythische Dimension. Wir *leben* mythisch, aber wir denken weiterhin fragmentarisch und eindimensional.

Verliebt in seine Apparate – Narzißmus als Narkose

Die griechische Sage von Narziß hat, wie das Wort Narziß andeutet, direkt mit einer Gegebenheit menschlicher Erfahrung zu tun. Es kommt vom griechischen Wort *narkosis* oder Betäubung. Der Jüngling Narziß faßte sein eigenes Spiegelbild im Wasser als eine andere Person auf. Diese Ausweitung seiner selbst im Spiegel betäubte seine Sinne, bis er zum Servomechanismus seines eigenen erweiterten und wiederholten Abbilds wurde. Die Nymphe Echo warb um seine Liebe mit Bruchstücken seiner eigenen Worte, doch vergebens. Er war betäubt. Er hatte sich der Ausweitung seiner selbst angepaßt und war zum geschlossenen System geworden.

Nun, worauf es bei dieser Sage ankommt, das ist der Umstand, daß Menschen sofort von jeder Ausweitung ihrer selbst in einem andern Stoff als dem menschlichen fasziniert sind. Es hat Zyniker gegeben, die fest behaupten, daß Männer sich am innigsten in Frauen verlieben, die ihnen das Vorstellungsbild ihrer selbst wiedergeben. Sei dem, wie es wolle, die Lehre aus dem Narzißmythos besagt in keiner Weise, daß Narziß sich in irgend etwas, das er als sein Selbst betrachtete, verliebt hat. Offenbar hätte er ganz andere Gefühle für das Abbild gehabt, wenn er gewußt hätte, daß es sich um eine Ausweitung oder Wiederholung seiner eigenen Person handelte. Es ist vielleicht bezeichnend für die Tendenz unserer stark technischen und daher narkotischen Kultur, daß wir die Geschichte des Narziß lange Zeit so ausgelegt haben, daß sie ein Verliebtsein in sich selbst bedeute, in das Spiegelbild, von dem er glaubte, es sei Narziß!

Physiologisch gesehen gibt es Gründe genug für eine Ausweitung unserer selbst, die uns in einen Zustand der Betäubung versetzen. Forscher auf dem Gebiete der Medizin wie Hans

Selye und Adolphe Jonas sind der Ansicht, daß alle Ausweitungen unserer selbst, sowohl im gesunden wie im kranken Zustand, Versuche darstellen, das innere Gleichgewicht aufrechtzuerhalten. Jede Ausweitung unserer eigenen Person betrachten sie als »Selbstamputation« und glauben, daß der Körper zu dieser Methode oder diesem Mittel der Selbstamputation greift, wenn das Wahrnehmungsvermögen den Grund der Reizung nicht genau feststellen oder sie umgehen kann.

Unsere Sprache kennt viele Ausdrücke, die auf diese Selbstamputation hinweisen, zu der uns verschiedene Arten des Drucks von außen zwingen. Wir sagen, ›es ist zum aus der Haut fahren‹ oder ›außer sich sein‹, ›zum Wahnsinn getrieben werden‹ oder ›einen Vogel haben‹. Und wir schaffen oft künstlich Situationen, die dem Druck und den Reizeinflüssen des wirklichen Lebens sehr nahekommen, wie etwa unter den kontrollierten Bedingungen bei Sport und Spiel.

Wenn Jonas und Selye auch nicht direkt beabsichtigten, uns eine Erklärung für menschliche Erfindungen und Techniken zu geben, haben sie uns doch eine Theorie der Krankheit (oder des Unbehagens) geschenkt, die weitgehend erklärt, warum der Mensch gezwungen ist, die verschiedenen Teile seines Körpers in einer Art Selbstamputation auszuweiten. Unter körperlichem ›Stress‹ oder bei Überreizung schützt sich das Zentralnervensystem selbst aktiv mit der Waffe der Amputation oder Absonderung des ›kränkenden‹ Organs, Sinnes oder der gestörten Funktion. So ist also die Belastung durch Beschleunigung des Tempos oder die größere Last der Anreiz zu neuen Erfindungen.

Im Falle des Rades als Ausweitung des Fußes zum Beispiel war der Druck durch neue Belastung als Folge des beschleunigten Austauschs durch die Medien der Schrift und des Geldes unmittelbar Anlaß zur Ausweitung oder ›Amputation‹ dieser Funktion von unserem Körper. Das Rad als Gegenmittel gegen größere Belastung wiederum führt durch die Verstärkung einer gesonderten oder isolierten Funktion, nämlich der des Fußes im Abrollen, erneut zu intensiverer Wirkung. Eine solche Verstärkung kann das Nervensystem nur mit Betäubung oder Blockierung der Wahrnehmung ertragen. Das ist der Sinn der Sage von Narziß. Das Bild des jungen Mannes ist eine Selbstamputation oder eine durch Reizdruck hervorgerufene Ausweitung. Als Gegenreizmittel verursacht das Abbild eine generelle Betäubung oder Schockwirkung, die jede Erkenntnis unmöglich macht. Selbstamputation schließt Selbsterkenntnis aus.

Das Prinzip der Selbstamputation, die das ZNS sofort vom Druck befreit, läßt sich ohne weiteres auf den Ursprung der Kommunikationsmedien – von der Sprache bis zum Computer – anwenden. Physiologisch spielt das Zentralnervensystem, jenes elektrische Netz, das die verschiedenen Medien unserer Sinnesorganisation koordiniert, die Hauptrolle. Was immer seine Funktion stört, muß unterdrückt, lokalisiert oder abgetrennt werden; das geht sogar bis zur völligen Entfernung des ›kränkenden‹ Organs. Es ist die Funktion des Körpers, als eine Gruppe lebenserhaltender und schützender Organe des Zentralnervensystems, als Stoßdämpfer für plötzlich auftretende Reizveränderungen in der natürlichen und sozialen Umwelt zu wirken. Plötzliche Verfehlungen anderer gegenüber oder Scham sind ein Schock, den manche ›sich sehr zu Herzen nehmen‹ oder der eine allgemeine Erregung der Muskulatur bewirken kann, wodurch der betreffenden Person bedeutet wird, sie soll sich aus der bedrohlichen Situation zurückziehen.

Eine Therapie, ob nun auf den Körper oder auf die Gesellschaft angewendet, ist ein Gegenreizmittel, das mithilft, das Gleichgewicht der Körperorgane herzustellen, die das Zentralnervensystem schützen. Während Vergnügen ein Gegenreizmittel ist (z. B. Sport, Unterhaltung und Alkohol), kommt Beruhigung dem Entfernen von störenden Reizen gleich. Sowohl Vergnügen wie Beruhigung sind Einsatzmittel zur Herstellung eines ausgeglichenen Zustandes für das Zentralnervensystem.

Mit dem Aufkommen der Elektrotechnik schuf der Mensch ein naturgetreues Modell seines eigenen Zentralnervensystems, das er erweiterte und nach außen verlegte. Insofern das der Fall ist, handelt es sich um eine Entwicklung, die den Eindruck einer verzweifelten und selbstzerstörerischen Amputation macht, als ob das Zentralnervensystem sich nicht mehr auf die Körperorgane als schützende Stoßdämpfer gegen die ›Pfeile und Schleudern‹ der wütenden Mechanismen stützen könnte. Es wäre gut möglich, daß durch die zunehmende Mechanisierung der verschiedenen Körperorgane seit der Erfindung des Buchdrucks das gesellschaftliche Leben zu brutal und überreizt geworden ist, um vom Zentralnervensystem noch ertragen werden zu können.

Wir können uns nun, in bezug auf diesen nur zu plausiblen Grund für eine solche Entwicklung, wieder dem Narzißthema zuwenden. Denn, wenn Narziß von seinem selbstamputierten Bild betäubt wird, ist diese Betäubung wohlbegründet. Zwischen dem Schema eines psychischen und eines physischen Traumas oder Schocks besteht eine deutliche Parallelität der Reaktion. Ein Mensch, dem plötzlich die von ihm geliebten Personen entzogen werden, und ein Mensch, der unerwartet ein Stück weit hinunterfällt, werden beide einen Schock registrieren. Sowohl der Verlust der Familienangehörigen wie körperliches Fallen sind Grenzbeispiele von Amputationen des Ich. Schock führt zu allgemeiner Betäubung oder genereller Erhöhung der Bewußtseinsschwelle für alle Arten von Wahrnehmungen. Das Opfer scheint gegen Schmerz oder Empfindung gefeit.

Schockwirkung im Krieg als Folge von heftigem Lärm ist in einer Vorrichtung, die man Audiac nennt, in abgeänderter Form zur Zahnbehandlung verwendet worden. Der Patient setzt Kopfhörer auf und stellt ein Geräusch von so großer Lautstärke ein, daß er vom Bohren keinen Schmerz mehr spürt. Die Auswahl eines *einzigen* Sinnes zur starken Stimulierung oder eines einzigen erweiterten, isolierten oder ›amputierten‹ Sinnes in der Technik ist zum Teil der Grund für die betäubende Wirkung, die die Technik als solche auf jene ausübt, die sie geschaffen haben und sie verwenden. Denn das Zentralnervensystem antwortet geschlossen mit allgemeiner Betäubung auf eine Herausforderung spezialisierter Erregung. Der Mensch, der plötzlich fällt, erlebt, daß er gegen Schmerz oder Sinnesreize gefeit ist, weil das Zentralnervensystem vor jeder starken Reizflut geschützt werden muß. Nur nach und nach stellt sich die normale Empfindlichkeit gegenüber Gesichts- und Gehöreindrücken wieder ein, und dann beginnt er vielleicht zu zittern und zu schwitzen und so zu reagieren, wie er reagiert hätte, wenn das Zentralnervensystem im vorhinein auf den Fall, zu dem es unerwartet kam, vorbereitet gewesen wäre.

Die ›Schließung‹ oder Gleichgewichtsuche bei den übrigen Sinnen kann ziemlich gut vorausgesagt werden, je nachdem welcher Sinn oder welche Fähigkeit technisch ausgeweitet oder ›selbstamputiert‹ wird. Mit den Sinnen verhält es sich wie mit den Farben. Die Sinnesempfindung ist immer hundertprozentig, und eine Farbe ist immer hundertprozentig Farbe. Aber das Verhältnis der Komponenten der Empfindung oder der Farbe untereinander kann unendlich variieren. Wenn jedoch Schall beispielsweise verstärkt wird, werden sofort der Tast-, Geschmacks- und Gesichtssinn davon betroffen. Die Wirkung des Rundfunks auf den gebildeten oder visuellen Menschen war die, daß die Erinnerungen an seine Stammeswelt wieder erweckt wurden, und die Wirkung des Tons verbunden mit dem Film war eine Abschwächung der Rolle der Gebärde, des Tastens und des Muskelsinns. In ähnlicher Weise spezialisierten sich auch die Sinne, als der nomadische Mensch sich der Lebensweise des seßhaften Spezialisten zuwandte. Die Entwicklung der Schrift und der visuellen Organisation des Lebens haben die Entdeckung des Individualismus, der Selbstbeobachtung usw. möglich gemacht.

Jede Erfindung oder neue Technik ist eine Ausweitung oder Selbstamputation unseres natürlichen Körpers, und eine solche Ausweitung verlangt auch ein neues Verhältnis oder neues Gleichgewicht der anderen Organe und Ausweitungen der Körper untereinander. Es gibt zum Beispiel keine Möglichkeit, sich gegen das neue Verhältnis der Zuordnung der Sinne oder gegen die ›Schließung‹ der Sinne als Folge der Fernsehbilder zu sträuben. Aber die Wirkung der Aufnahme von Fernsehbildern wird von Kultur zu Kultur verschieden sein, je nach der vorliegenden Zuordnung der Sinne in der betreffenden Kultur. Im audio-taktilen Europa hat das Fernsehen den Gesichtssinn verstärkt und drängt die Europäer immer mehr zu amerikanischen Verpackungs- und Bekleidungsformen. In Amerika, der stark visuellen Kultur, hat das Fernsehen der nicht visuellen

Welt der gesprochenen Sprachen, der Eßkultur und der bildenden Kunst die Tore der audio-taktilen Wahrnehmung geöffnet. Das Sehen, Verwenden oder Wahrnehmen irgendeiner Erweiterung unserer selbst in technischer Form bedeutet notwendigerweise auch deren Einbeziehung. Radiohören oder eine bedruckte Seite lesen heißt, diese Ausweitungen unserer selbst in unser persönliches System aufzunehmen und die ›Schließung‹ oder die Verdrängung der Wahrnehmung, die darauf automatisch folgt, mitzumachen. Gerade die dauernde Aufnahme unserer eigenen Technik in den Alltag versetzt uns in die narzißtische Rolle unterschwelligen Bewußtseins oder der Betäubung in bezug auf diese Abbilder von uns selbst. Indem wir fortlaufend neue Techniken übernehmen, machen wir uns zu ihren Servomechanismen. Deswegen müssen wir, um sie überhaupt verwenden zu können, diesen Objekten, diesen Ausweitungen unserer selbst, wie Göttern kleinerer Religionen dienen. Ein Indianer ist der Servomechanismus seines Kanus, wie der Cowboy der seines Pferdes oder der Beamte der seiner Uhr ist.

Physiologisch wird der Mensch bei normaler Verwendung seiner technischen Mittel (oder seines vielseitig erweiterten Körpers) dauernd durch die verändert und findet seinerseits immer wieder neue Wege, um seine Technik zu verändern. Der Mensch wird sozusagen zum Geschlechtsteil der Maschinenwelt, wie es die Biene für die Pflanzenwelt ist, die es ihr ermöglicht, sich zu befruchten und immer neue Formen zu entfalten. Die Welt der Maschine erwidert den Liebesbeweis des Menschen, indem sie seine Wünsche und sein Begehren schnell erfüllt, ihm nämlich Reichtum verschafft. Es war ein Verdienst der Motivforschung, daß sie die sexuellen Beziehungen des Menschen zum Auto aufdeckte.

Gesellschaftlich gesehen ist die Stauung des Drucks und der Reizwirkung von Gruppen der Ansporn zu Erfindungen und Neuerungen als Gegenreizmittel. Krieg und die Angst vor dem Krieg wurden immer als die stärksten Triebfedern zur technischen Ausweitung unserer Körper betrachtet. Lewis Mumford sah tatsächlich in seinem Buch *The City in History* die befestigte Stadt selbst als Ausweitung unserer Haut an und als solche auch den Wohnbau und die Kleidung. Noch mehr als Kriegsvorbereitungen sind die Nachwirkungen einer Invasion eine technisch fruchtbare Zeit; denn die besiegte Kultur muß ihre ganze Sinnesorganisation der Wucht der Siegerkultur anpassen. Gerade aus solch intensiver Befruchtung und dem Kampf um Ideen und Formen werden die größten gesellschaftlichen Kräfte frei und gehen die bedeutendsten technischen Errungenschaften hervor.

Das Prinzip der Betäubung gilt in der Technik der Elektrizität genauso wie in jeder anderen. Wir müssen unser Zentralnervensystem betäuben, wenn es erweitert oder exponiert wird, oder wir gehen zugrunde. So ist das Zeitalter der Angst und der elektrischen Medien auch das Zeitalter des Unbewußten und der Apathie. Aber es ist bezeichnenderweise auch das Zeitalter, in dem wir uns des Unbewußten bewußt sind. Mit unserem systematisch betäubten Zentralnervensystem wird die Aufgabe des bewußten Erfassens und Ordnens auf das physische Leben des Menschen übertragen, so daß er zum erstenmal die Technik als eine Ausweitung seines natürlichen Körpers bewußt erlebt. Offenbar hätte es dazu vor dem Zeitalter der Elektrizität, das uns die Möglichkeit eines augenblicklichen Erfassens des Gesamtfeldes gab, nicht kommen können. Durch ein solches Erfassen ist das persönliche und gesellschaftliche unterschwellige Leben plötzlich voll und ganz sichtbar geworden, und zwar mit dem Ergebnis, daß sich uns das »soziale Bewußtsein« als eine Ursache von Schuldgefühlen offenbart. Der Existentialismus bietet eher eine Philosophie der Strukturen als der Kategorien und des totalen gesellschaftlichen Einbezogenseins anstatt der individuellen Isolierung oder der Standpunkte im Geiste des Bourgeois. Im Zeitalter der Elektrizität wird die ganze Menschheit zu unserer eigenen Haut.

Medien als Übersetzer

Daß Techniken Methoden sind, um eine Art von Wissen in einen andern Modus zu übertragen, ist schon von Lyman Bryson in der Formulierung »Technik ist Ausdrücklichkeit«

gesagt worden. Übersetzen heißt also, Formen von Wissen ›Buchstabe für Buchstabe aussprechen‹. Was wir ›Mechanisierung‹ nennen, ist eine Übertragung der Natur und unseres eigenen Wesens in verstärkte und spezialisierte Formen. So ist der geistreiche Satz aus *Finnegans Wake*, »Was der Vogel gestern getan hat, wird der Mensch vielleicht nächstes Jahr tun«, eine ganz wörtlich zu nehmende Bemerkung zum technischen Fortschritt. Das Vermögen der Technik, das allerdings davon abhängig ist, etwas zu ergreifen und dann wieder loszulassen, um den Aktionsradius vergrößern zu können, ist schon als eine besondere Fähigkeit bei höheren Baumaffen beobachtet worden, welche die auf dem Boden lebenden Affen nicht haben. Elias Canetti hat auch richtig diese Fähigkeit der höheren Affen, etwas zu ergreifen und wieder loszulassen, mit den Methoden der Börsenspekulanten in Beziehung gebracht. Das alles ist in nuce in der volkstümlichen Version über Robert Browning enthalten: »Eines Menschen Fassungskraft muß über seinen Griff hinausgehen, oder was man eine Metapher nennt.«

Alle Medien sind mit ihrem Vermögen, Erfahrung in neue Formen zu übertragen, wirksame Metaphern. Das gesprochene Wort war die erste Technik, die es dem Menschen möglich machte, seine Umwelt loszulassen und sie in neuer Weise zu ›begreifen‹. Wörter sind eine Art Informationsspeicher, mit welchem man mit großer Geschwindigkeit die ganze Umwelt und Erfahrung wiedererwecken kann. Wörter sind vielschichtige Systeme von Metaphern und Symbolen, die die Erfahrung in unsere geäußerten oder nach außen gebrachten Sinnesempfindungen übertragen. Sie sind eine Technik der Ausdrücklichkeit. Durch Übertragung der unmittelbaren Sinneserfahrung in Lautsymbole kann die ganze Welt in jedem Augenblick gebannt und wiedererweckt werden.

Im gegenwärtigen Zeitalter der Elektrizität erleben wir, wie wir immer mehr in die Form der Information verwandelt werden und einer technischen Erweiterung des Bewußtseins entgegengehen.

Indem wir unseren natürlichen Körper mittels elektrischer Medien in unser erweitertes Nervensystem hineinverlegen, stellen wir eine Dynamik her, mit der alle vorhergehenden Techniken, die ja bloße Ausweitungen der Hände und Füße, der Zähne und der Körperwärmeregelung darstellen – alle derartigen Ausweitungen, einschließlich der Städte –, in Informationssysteme übertragen werden. Die elektromagnetische Technik verlangt äußerste Bereitwilligkeit und besinnliche Ruhe vom Menschen, die ein Organismus braucht, der nun sein Gehirn außerhalb des Schädels und seine Nerven außerhalb der Haut trägt. Der Mensch muß seiner Technik der Elektrizität mit der gleichen Treue eines Servomechanismus dienen, mit der er seinem Einbaum, seinem Kanu, seinem Buchdruck und all den anderen Ausweitungen seiner Körperorgane diente.

Es besteht jedoch der eine Unterschied, daß frühere Techniken beschränkt und atomistisch waren, die elektrische aber total und allumfassend ist. Ein allgemeines Gewähren oder Gewissen ist jetzt so notwendig wie ein persönliches Bewußtsein. Mit den neuen Medien jedoch wird es auch möglich, alles zu speichern und zu übertragen; und was die Geschwindigkeit anbelangt, ist das kein Problem. Diesseits der Grenze der Lichtgeschwindigkeit ist eine weitere Beschleunigung nicht mehr möglich.

Genauso wie es möglich ist, irgend etwas als Brennstoff, Gewebe oder Baumaterial zu verwenden, wenn der Stand der Information in Physik und Chemie gehoben wird, kann man auch mit Hilfe der Technik der Elektrizität allen festen Stoffen das Aussehen von gediegenen Handelswaren geben, und zwar durch organisch strukturierte Informationssysteme, die wir ›Automation‹ und Informationsspeicherung nennen. Mit der Technik der Elektrizität wird die ganze Aufgabe des Menschen im Lernen und Wissen bestehen. Auf das angewandt, was wir noch als ›Ökonomie‹ (das griechische Wort für Haushalt) betrachten, bedeutet das, daß jede Form von Arbeit zu ›bezahltem Lernen‹ wird und alle Formen von Reichtum das Ergebnis von Informationsbewegung sind. Das Problem, Berufe und Beschäftigungen zu finden, wird sich möglicherweise als so schwierig erweisen, wie es leicht ist, zu Reichtum zu kommen. Die lange Revolution, in der die Menschen versucht haben,

Natur in Kunst zu übertragen, haben wir immer schon als ›angewandtes Wissen‹ bezeichnet. ›Angewandt‹ heißt von einer Art von stofflicher Form in eine andere übertragen oder überführt.

Vielleicht gibt uns Freuds Vorstellung Aufschluß über diese Probleme, nach der wir, wenn es uns nicht gelingt, irgendein natürliches Ereignis oder Erlebnis in bewußte Kunstform zu übertragen, es »verdrängen«. Dieser Mechanismus dient auch dazu, uns angesichts jener Ausweitungen von uns selbst, die in diesem Buch untersucht werden, zu betäuben. Denn genauso wie eine Metapher Erfahrung umformt oder überträgt, tun das auch Medien. Wenn wir sagen »das lasse ich mir gutschreiben, weil ich jetzt verhindert bin«, legen wir eine gesellschaftliche Einladung als Sportveranstaltung aus und bauschen das übliche Bedauern zum Eindruck spontaner Enttäuschung auf: »Ihre Einladung ist nicht eben eine jener beiläufigen Gesten, die ich abwimmeln muß. Ich bin so enttäuscht wie bei einem unterbrochenen Fußballspiel, daß ich ihr nicht Folge leisten kann.« Wie bei allen Metaphern bestehen auch hier komplizierte Verhältnisse zwischen vier Teilen: »Ihre Einladung verhält sich zu gewöhnlichen Einladungen wie Ballsportveranstaltungen zu üblichen gesellschaftlichen Ereignissen.« Auf diese Weise, dadurch nämlich, daß wir eine Kette von Verbindungen durch eine andere Kette verstehen, speichern und verstärken wir die Erfahrung in Formen wie etwa der des Geldes. Denn Geld ist auch eine Metapher. Und alle Medien als Ausweitungen unserer Person dienen dazu, uns neue umformende Einsicht und Bewußtheit zu geben.

Unser Wort ›erfassen‹ oder ›begreifen‹ selbst schon weist auf die Art und Weise hin, wie wir eine Sache durch eine andere verstehen, wie wir viele Seiten gleichzeitig durch mehr als einen Sinn zur selben Zeit manipulieren und aufnehmen. Es beginnt nun klarzuwerden, daß das ›Tastgefühl‹ nicht die Haut ist, sondern das Wechselspiel aller Sinne, und beim ›in Fühlung bleiben‹ oder ›Fühlung aufnehmen‹ handelt es sich um eine fruchtbare Verbindung aller Sinne, um Gesichtseindrücke, die in Schallempfindungen, und Schallempfindungen, die in Bewegungen und Geschmacks- und Geruchsempfindungen übertragen werden. Der ›Common sense‹ wurde jahrhundertelang als die dem Menschen vorbehaltene Fähigkeit betrachtet, eine Form der Erfahrung eines Sinnes auf alle Sinne zu übertragen und das Ergebnis fortlaufend als Gesamteindruck dem Geiste vorzustellen. Tatsächlich galt diese Vorstellung eines Gesamtverhältnisses der Sinne untereinander als Zeichen unserer *Ratio*nalität und kann es im Zeitalter des Elektronenrechners ohne weiteres wieder werden. Denn es ist jetzt möglich, die Verhältnisse der Sinne untereinander so zu programmieren, daß sie dem Zustand des Bewußtseins nahekommen. Doch ein derartiger Zustand würde zwangsläufig eine Ausweitung unseres eigenen Bewußtseins darstellen, genauso wie das Rad eine Ausweitung unseres Fußes in der Abrollbewegung ist.

Wenn wir einmal unser Zentralnervensystem zur elektromagnetischen Technik ausgeweitet haben, ist es nur mehr ein Schritt zur Übertragung unseres Bewußtseins auch auf die Welt der Computer. Dann werden wir zumindest das Bewußtsein so programmieren können, daß es von der narzißtischen Illusion der Welt des Vergnügens nicht mehr abgelenkt oder betäubt werden kann, die den Menschen immer verfolgt hat, wenn er sich in seinen eigenen Kinkerlitzchen erweitert sah. Wenn die Arbeit in der Stadt eine Erneuerung oder Übertragung des Menschen in eine passendere Form darstellt, als sie seine nomadischen Vorfahren gefunden hatten, hat man dann nicht fast den Eindruck, daß unsere jetzt sich vollziehende Übertragung unseres ganzen Lebens in die geistige Form der Information den ganzen Erdball und die Familie der Menschheit zu einem einzigen Bewußtsein macht?

Das gesprochene und das geschriebene Wort

Ein Ausschnitt von nur wenigen Sekunden aus einer beliebten Disk-Jockey-Parade wurde schriftlich folgendermaßen wiedergegeben:

»Das ist Patty Baby und das ist das Mädchen mit den tanzenden Füßen und das hier ist Freddy Cannon in der Dave-

Mickie-Show zur späten Abendzeit uuhbah skubaduuh wie geht's Duuh-duuh. Als nächstes werden wir auf einen Stern am Schlagerhimmel tanzen, und schschwwupps rutschen wir dann einen Mondenstrahl entlang.

Waah sagen Sie dazu ... einer der bestesten Jungs ist mit von der Partie ... zum Verlieben, zum Küssen ... es ist unser D. M. heute am 15. d. M. um 9 Uhr 22 Minuten soeben, O. K. Leute, hier ist ein ganz großer Hit im Kommen, Sie müssen nur WALnut 5-1151, WALnut 5-1151 anrufen und dort sagen, welche Nummer für Sie der große Hit ist.«

Dave Mickie geht los, dann stöhnt er, dann swingt er und singt wieder, dann legt er ein Solo hin, setzt neu an und läuft dann weg; reagiert also immer selber auf das, was er tut. Er bewegt sich ganz im Erfahrungsbereich des sprachlichen und nicht des schriftlichen Ausdrucks. Auf diese Weise wird die Atmosphäre für das »Mitmachen« des Publikums geschaffen. Im gesprochenen Wort sind spannungsgeladen alle Sinne einbezogen, obwohl hochalphabetisierte Menschen eher bemüht sind, möglichst logisch und zwanglos zu sprechen.

Das vom gesprochenen Wort streng getrennte Gepräge des geschriebenen Wortes kann heute, in einer Zeit des immer enger werdenden Kontaktes mit Naturvölkern, leicht untersucht werden. Ein Eingeborener, der einzige ›alphabetisierte‹ Angehörige seines Stammes, berichtete, wie er als Leser für die andern fungierte, wenn diese Briefe bekamen. Er sagte, er habe einen Drang verspürt, sich die Finger in die Ohren zu stecken, um nicht das Briefgeheimnis zu verletzen. Das ist ein interessanter Beweis für die Geltung, die sich das Private durch die starke Betonung des Visuellen in der phonetischen Schrift verschafft hat. Zu einer derartigen Trennung der Sinne voneinander und des Einzelmenschen von der Gruppe kann es kaum ohne den Einfluß der phonetischen Schrift kommen.

Wenn wir das Wesen des gesprochenen Wortes richtig verstehen, wird der Unterschied zur schriftlichen Form klarer. Obwohl die phonetische Schrift die optische Wirkung von Wörtern herausstellt und erweitert, ist sie verhältnismäßig nackt und schwerfällig. ›Tonight‹ kann nicht auf vielerlei Weisen geschrieben werden, aber Stanislawskij ließ seine jungen

Schauspieler dieses Wort immer auf fünfzig verschiedene Weisen aussprechen und betonen, während die Zuhörer aus der Ausdrucksweise die verschiedenen gefühls- und bedeutungsmäßigen Nuancen schriftlich festhielten. So manche Seite Prosa und manche Erzählung ist nur geschrieben worden, um auszudrücken, was ein Schluchzen, ein Stöhnen, ein Lachen oder ein durchdringender Schrei wirklich sei. Das geschriebene Wort entziffert in zeitlicher Abfolge, was im gesprochenen Wort sofort und uneingeschränkt gegeben ist.

Die Sprache leistet für die Intelligenz, was das Rad für die Füße und den Körper leistet. Sie können sich so von einem Gegenstand zum andern mit größerer Leichtigkeit und Geschwindigkeit bewegen, wobei die subjektive Bindung immer geringer wird. Die Sprache weitet und verstärkt den Menschen, aber sie zertrennt auch seine Fähigkeiten. Sein Kollektivbewußtsein oder seine intuitive Erkenntnis wird geschwächt durch diese technische Ausweitung des Bewußtseins, die man Sprache nennt.

Bergson behauptet in seinem Werk *Schöpferische Entwicklung,* daß auch das Bewußtsein eine Ausweitung des Menschen ist, die die glückliche Harmonie im kollektiven Unbewußten trübt. Die Sprache bewirkt die Trennung des Menschen vom Menschen und die der Menschheit vom kosmischen Unbewußten. Als Ausweitung oder »Äußerung« (nach außen bringen) aller unserer Sinne auf einmal wurde die Sprache immer als die ausdrucksreifste Kunstform des Menschen betrachtet, jene nämlich, die ihn von der Tierwelt abhebt.

Angenommen, wir sollten, anstatt das Sternenbanner selbst zu zeigen, die Worte ›amerikanische Flagge‹ quer über ein Stück Tuch schreiben und das dann wehen lassen; die Symbole würden zwar die gleiche Bedeutung ausdrücken, aber die Wirkung würde ganz anders sein. Das bunte visuelle Mosaik des Sternenbanners ins Schriftliche übertragen hieße, ihm die meisten seiner Eigenschaften als Gruppenleitbild und Erfahrungsinhalt nehmen, wobei die abstrakte Bindung an das Wort ziemlich gleichbleiben würde. Vielleicht kann dieses Beispiel andeuten, welche Veränderungen der Primitive eines Stammes miterlebt, wenn er Schreiben und Lesen lernt. Sein ganz auf Gefühl und Zusammengehörigkeit begründeter Gemeinschaftssinn wird fast zur Gänze aus seiner Beziehung zur Gruppe ausgeschaltet. Er ist gefühlsmäßig frei und kann sich von seinem Stamm trennen und ein zivilisierter Einzelmensch werden, ein Mensch der Augenkultur, mit einheitlichen Einstellungen, Gewohnheiten und Rechten, die er mit allen anderen zivilisierten Einzelmenschen teilt.

Im griechischen Mythos vom Alphabet hieß es – wie bereits erwähnt –, daß König Cadmus, dem man die Einführung der phonetischen Schrift in Griechenland zuschreibt, die Zähne des Drachen gesät habe, die als bewaffnete Männer aufgegangen seien. Wie jede andere Sage fängt auch diese einen längeren Prozeß als blitzartig aufleuchtende Einsicht ein. Das Alphabet bedeutet Macht und Autorität und Fernkontrolle der militärischen Anlagen. In Verbindung mit der Papyrusrolle schrieb das Alphabet buchstäblich den Tempelbürokratien und den priesterlichen Monopolen des Wissens und der Macht das Todesurteil. Anders als die voralphabetische Schrift, die mit ihren unzähligen Zeichen schwer zu beherrschen war, konnte das Alphabet in wenigen Stunden erlernt werden. Der Erwerb so umfassender Kenntnisse und einer so komplizierten Handfertigkeit, wie es die voralphabetische Schrift erforderte, die noch dazu auf so unhandliches Material wie Ziegel und Stein aufgetragen wurde, sicherte der Schreiberkaste ein Monopol priesterlicher Macht.

Im Zusammenhang mit den Ausweitungen des Menschen ist das Thema der Drachenzähne in der Cadmus-Sage von größter Bedeutung. Elias Canetti weist uns in *Masse und Macht* wieder darauf hin, daß die Zähne unverkennbar ein Agens der Macht des Menschen und besonders auch mancher Tiere sind. Daß die Macht der Buchstaben als die zu einer aggressiven Ordnung und Präzision führenden Kräfte, als Erweiterungen der Drachenzähne dargestellt werden, ist natürlich und durchaus zutreffend. Zähne mit ihrer linearen Anordnung haben betont visuellen Charakter. Buchstaben sind nicht nur genauso wie Zähne ihrem Wesen nach visuell, sondern ihr machtvolles Zähnezeigen kommt auch bei der Schaffung von

Großreichen in unserer Geschichte des Abendlandes deutlich zum Ausdruck.

Das phonetische Alphabet ist eine einzigartige Technik. Es hat schon viele Arten von Schriften gegeben, die Bilderschrift und die Silbenschrift, aber es gibt nur ein phonetisches Alphabet, bei dem bedeutungsfreie Buchstaben als Entsprechungen von semantisch bedeutungsfreien Lauten verwendet werden. Diese strenge Teilung und Parallelführung einer visuellen und einer auditiven Welt war kulturgeschichtlich gesehen in gleicher Weise unbeholfen wie brutal. Das phonetisch geschriebene Wort opfert Welten von Bedeutungs- und Wahrnehmungsinhalten, die in Schriftformen wie derjenigen der Hieroglyphen und des chinesischen Ideogramms gesichert waren. Diese kulturell volleren Schriftformen gaben dem Menschen nicht die Möglichkeit eines raschen Übergangs von der magischen, diskontinuierlichen und traditionsgebundenen Welt des Wortes in der Stammesgemeinschaft zum leidenschaftslosen und gleichförmigen visuellen Medium. Die jahrhundertelange Verwendung der ideogrammatischen Schrift hat das nahtlose Gewebe von feingesponnenen Familien- und Stammesbindungen in der chinesischen Kultur nicht gefährdet. Andererseits kann heute in Afrika schon in einer Generation die alphabetische Schrift den einzelnen aus der Stammesbindung, zumindest für den Anfang, herauslösen. Diese Gegebenheit hat mit dem *Inhalt* der alphabetisch wiedergegebenen Wörter nichts zu tun; sie ist die Auswirkung eines abrupten Bruches zwischen der auditiven und der visuellen Erfahrung des Menschen.

Nur das phonetische Alphabet macht einen derartig scharfen Trennungsstrich in der Erfahrungsweise, indem es dem, der es verwendet, ein Auge für ein Ohr gibt und ihn aus dem Trancezustand der nachhallenden Wortmagie und der Sippenbindung des Stammes befreit.

Man kann also behaupten, daß nur das phonetische Alphabet allein die Technik war, die zur Schaffung des ›zivilisierten Menschen‹ führte – des vor einem beschriebenen Gesetzeskodex gleichen, getrennten Einzelmenschen. Getrenntsein des einzelnen, Kontinuität von Raum und Zeit und Einheitlichkeit der Kodizes sind die grundlegenden Merkmale einer zivilisierten und alphabetischen Gesellschaft. Stammeskulturen, wie jene der Inder oder Chinesen, sind vielleicht der westlichen Kultur im Reichtum und der feinen Abstufung der Erlebnis- und Ausdrucksformen weit überlegen. Wir befassen uns jedoch hier nicht mit Wertbegriffen, sondern mit Gesellschaftsstrukturen. Für den individuellen oder für sich allein lebenden Bürger haben Stammessippen keinen Platz. Ihre Vorstellungen von Zeiten und Räumen sind weder stetig noch gleichförmig, sondern in ihrer Intensität gefühlsgebunden und dranghaft. In eben diesem Vermögen, Muster der visuellen Gleichförmigkeit und Stetigkeit zu erweitern, erfahren Kulturvölker die ›Botschaft‹ des Alphabets.

Als eine Intensivierung und Ausweitung der Funktion des Visuellen läßt das phonetische Alphabet die anderen Sinne, den Gehörsinn, den Tastsinn und den Geschmackssinn, in jeder alphabetischen Gesellschaft an Bedeutung verlieren. Die Tatsache, daß dies in Kulturen mit nicht-phonetischer Schrift, wie etwa der chinesischen, nicht der Fall ist, läßt diese eine reiche Fülle von ganzheitlichen Wahrnehmungen mit einer Erlebnistiefe sammeln, die in zivilisierten Kulturen durch das phonetische Alphabet immer mehr abgebaut wird. Denn das Ideogramm ist eine ganzheitliche ›Gestalt‹, nicht eine analytische Scheidung der Sinne und Funktionen, wie es die phonetische Schreibweise ist.

In der westlichen alphabetischen Gesellschaft ist es immer noch einleuchtend und durchaus möglich zu sagen, daß eines aus dem anderen ›folgt‹, als ob da irgendeine Ursache im Spiel wäre, die ein solches Aufeinanderfolgen ausmacht. David Hume war es, der im 18. Jahrhundert zeigte, daß eine logische oder natürliche Folge noch nicht auf einen Kausalzusammenhang hinweise. Das Aufeinanderfolgende hat nur hinzufügenden, aber nicht verursachenden Charakter. Humes Argument, sagte Immanuel Kant, »weckte mich aus meinem dogmatischen Schlummer«. Aber weder Hume noch Kant entdeckten die verborgene Ursache unseres abendländischen Hangs, Folgen als ›logisch‹ aufzufassen, in der alles erfassenden Technik des Alphabets. Heute, im Zeitalter der Elektrizität, steht es uns frei, nicht-lineare Logiken zu erfinden, genauso wie das für

nicht-euklidische Geometrien der Fall ist. Sogar das Fließband, als Methode der analytischen Abfolge zur Mechanisierung jeder Art von Herstellung und Erzeugung, macht heutzutage neuen Formen Platz.

Bisher haben nur alphabetische Kulturen gelernt, zusam-
menhängende lineare Abfolgen als universelle Form für den
psychisch sozialen Aufbau ihres Gesellschaftslebens zu verwenden. Die Aufsplitterung jeder Art von Erfahrung in gleich-
förmige Einheiten mit dem Ziel, schneller handeln und umformen zu können (angewandtes Wissen), ist schon immer das
Geheimnis der Macht des Westens über Mensch und Natur
gewesen. Deshalb sind ja auch unsere westlichen Industriepro-
gramme ganz unwillkürlich so militant und unsere militärischen Programme immer so industriell gewesen.

Die Zivilisation ist auf dem Alphabetentum begründet, weil
das Alphabetentum ein Verarbeitungsverfahren einer Kultur
darstellt, das über den Gesichtssinn führt und durch das
Alphabet in Raum und Zeit erweitert wird. In Stammesge-
meinschaften dominiert bei der Organisation der Erfahrung
die Sinneswelt des Ohrs, die visuelle Werte verdrängt. Der
Gehörsinn ist ganz im Gegensatz zum distanzierten und neutralen Auge überempfindlich und allumfassend. Kulturen mit
mündlicher Tradition handeln und reagieren gleichzeitig. Eine
Kultur mit phonetischer Schrift gibt den Menschen die Möglichkeit, ihre Empfindungen und Gefühle zu unterdrücken,
wenn sie handeln. Handeln ohne zu reagieren, ohne mitbeteiligt zu sein, das ist der besondere Vorteil des alphabetischen
Menschen des Abendlandes.

Wenn der abendländische alphabetische Mensch auch in
hohem Maße eine Trennung seines inneren Empfindungsver-
mögens durch die Verwendung des Alphabets mitmacht,
erlangt er doch auch die persönliche Freiheit, sich von Sippe
und Familie zu trennen. Diese Freiheit, seinen Lebenslauf indi-
viduell zu gestalten, zeigt sich bereits deutlich im militärischen
Leben des Altertums. Karrieren standen fähigen Leuten im
republikanischen Rom so gut wie im Napoleonischen Frankreich offen, und zwar aus denselben Gründen. Das neue Alphabetentum hatte eine homogene und flexible Umwelt geschaf-

fen, in der die Beweglichkeit von bewaffneten Gruppen und ehrgeizigen Einzelpersönlichkeiten in gleicher Weise neu wie auch praktisch war.

Die Telegrafie
– Hormon der Gesellschaft

Elektrische Medien haben die Tendenz, alle gesellschaftlichen Einrichtungen in organische gegenseitige Abhängigkeit zu bringen. So wird Teilhard de Chardins Ansicht, daß die Entdeckung des Elektromagnetismus als »großartiges biologisches Ereignis« zu betrachten sei, bekräftigt. Wenn politische und kommerzielle Einrichtungen durch die elektrischen Kommunikationsmittel biologischen Charakter annehmen, ist es jetzt für Biologen wie Hans Selye durchaus möglich, natürliche Organismen als Kommunikationsnetz aufzufassen: »Ein Hormon ist ein spezifisch chemischer Boten-Stoff (Messenger-Substanz), der von einer endokrinen Drüse erzeugt und in das Blut abgeschieden wird, um die Funktion von entfernteren Organen zu steuern und zu koordinieren.«

Die besondere Eigentümlichkeit der elektrischen Form, daß sie dem mechanischen Zeitalter mit seinem individuellen Vorgehen und seinen speziellen Funktionen ein Ende bereitet, kann direkt erklärt werden. Während nämlich die ganze vorhergehende Technik (ausgenommen die Sprache selber) tatsächlich einen Teil unseres Körpers erweitert hatte, kann man von der Elektrizität sagen, daß sie das Zentralnervensystem selbst einschließlich des Gehirns nach außen gebracht hat. Unser Zentralnervensystem ist ein totales Gesamtfeld ohne jede Unterteilung. So schreibt J. Z. Young in *Doubt and Certainty in Science: A Biologist's Reflections on the Brain*:

»Wahrscheinlich besteht das Geheimnis der Leistung des Gehirns zum Großteil in den ungeheuren Möglichkeiten für eine Wechselwirkung innerhalb der Reaktionen, die bei der Erregung jedes Abschnitts der sensorischen Felder auftreten. Gerade diese Gegebenheit von Orten der gegenseitigen Einflußnahme oder des Mischens ermöglicht es uns, auf die Welt *als Ganzes* in stärkerem Maße zu reagieren, als es die meisten anderen Tiere können.«

Der Mangel an Verständnis des organischen Charakters der Elektrotechnik tritt in unserer dauernden Besorgnis wegen der Gefahren der Mechanisierung der Welt klar zutage. Wir befinden uns vielmehr in großer Gefahr, durch wahllose Verwendung der elektrischen Energie die ganzen Investitionen in die vor-elektrische Technik zunichte zu machen. Ein Mechanismus entsteht durch Loslösung und Ausweitung von getrennten Teilen unseres Körpers, wie der Hand, des Armes, des Fußes in eine Feder, einen Hammer oder ein Rad. Und die Mechanisierung einer Arbeit erfolgt durch Aufgliederung eines jeden Teiles einer Handlung in eine Reihe von gleichförmigen, wiederholbaren und beweglichen Teilen. Das genaue Gegenteil kennzeichnet das kybernetische Verfahren (oder die Automation), die man als Denk- genauso wie als Handlungsweise bezeichnet hat. Anstatt sich mit einzelnen Maschinen zu befassen, sieht das kybernetische Verfahren die Produktion als ganzheitliches System der Manipulation von Informationen.

Dieselbe Gegebenheit von Orten gegenseitiger Einflußnahme bei den elektrischen Medien zwingt uns jetzt, auf die Welt als Ganzes zu reagieren. Vor allem führt jedoch die Geschwindigkeit, mit der die Elektrizität uns an allem beteiligt, zur totalen Integration des persönlichen und öffentlichen Bewußtseins. Wir leben heute im Zeitalter der Information und Kommunikation, weil elektrische Medien sofort und ständig ein totales Feld von gegenseitig sich beeinflussenden Ereignissen erzeugen, an welchen alle Menschen teilnehmen. Nun hat die Welt der öffentlichen gegenseitigen Beeinflussung die gleiche umfassende Weite des integrierenden Wechselspiels, das bisher nur für unser persönliches Nervensystem charakteristisch war. Das kommt, weil die Elektrizität ihrem Wesen nach organisch ist und bestätigt sie als organisch-soziales Bindemittel durch ihre technische Anwendung im Telegrafen und Telefon, im Radio und in anderen Formen. Die Gleichzeitigkeit der elektrischen Kommunikation, die auch für unser Nervensystem bezeichnend ist, bewirkt, daß jeder von uns für jeden anderen Menschen auf der Welt gegenwärtig und erreichbar ist. Weitgehend ist unser Mit-dabei-Sein bei allem zugleich im Zeitalter der Elektrizität eher eine Gegebenheit passiven als aktiven Erlebens. Aktiv haben wir dieses Bewußtsein schon eher, wenn wir die Zeitung lesen oder ein Fernsehprogramm sehen.

Eine Möglichkeit, den Wandel vom mechanischen zum elektronischen Zeitalter zu begreifen, besteht in der Feststellung des Unterschiedes zwischen der Gestaltung einer literarischen und der einer telegrafischen Zeitung, etwa zwischen der Londoner *Times* und dem *Daily Express* oder zwischen der *New York Times* und der New Yorker *Daily News*. Es ist der Unterschied zwischen Artikeln, in welchen Standpunkte vertreten werden, und einem Mosaik von unzusammenhängendem Material, das nur durch die Datumsgrenze zusammengehalten wird. Was immer sonst dabeisein mag: Ein Standpunkt ist nicht möglich in einem Mosaik gleichzeitiger Elemente. Die Welt des Impressionismus, die das vergangene 19. Jahrhundert mit der Malerei in Verbindung brachte, fand in extremerer Weise Ausdruck im *Pointillismus* eines Seurat und im gebrochenen Licht der Welt Renoirs und Monets. Der Tüpfeleffekt der Punkte Seurats kommt der gegenwärtigen Technik, Bilder telegrafisch zu senden, sehr nahe und auch der Form des Fernsehbildes oder -mosaiks, das durch die Bildabtastung entsteht. Alle diese Formen nehmen spätere elektrische Formen vorweg, weil sie wie der Digitalrechner mit seiner Vielzahl von Ja-Nein-Punkten und Strichen die Konturen aller möglichen Dinge durch eine Vielzahl von Berührungen dieser Punkte abtasten. Die Elektrizität bietet die Möglichkeit, mit jedem Aspekt eines Dinges oder Wesens sofort in Berührung zu kommen, wie das beim Gehirn selber der Fall ist. Die Elektrizität ist nur zufällig visuell und auditiv; sie ist in erster Linie taktil.

In der Frühzeit seiner Entwicklung war der Telegraf der Eisenbahn und der Zeitung untergeordnet, jenen unmittelbaren Erweiterungen der industriellen Erzeugung und Marktorganisation. Tatsächlich war die Eisenbahn, als sie sich quer über den Kontinent auszubreiten begann, in ihrer Koordination stark vom Telegrafen abhängig, so daß das Bild des Bahnvorstandes und das des Telegrafisten sich in der Vorstellung des Amerikaners überlagern.

Im Jahre 1844 eröffnete Samuel Morse mit 30 000 Dollar, die er vom Kongreß bewilligt bekam, eine telegrafische Verbindung zwischen Washington und Baltimore. Das Privatunternehmertum wartete wie üblich zu, bis die Bürokratie Vorstellungen und Ziele des neuen Vorhabens geklärt hatte. Sobald es sich dann als einträglich erwies, war die Vehemenz der privaten Förderung und Initiative erstaunlich und führte sogar zu einigen wilden Szenen. Keine neue Technik, nicht einmal die Eisenbahn, zeigte eine so rasche Entwicklung wie die Telegrafie. 1858 war das erste Kabel quer über den Atlantik gelegt, und 1861 verfügte Amerika bereits über Telegrafenleitungen quer durch den Kontinent. Daß jede neue Methode, Waren und Informationen zu befördern, sich erst in einem bitteren Konkurrenzkampf gegen vorher bestehende Einrichtungen durchsetzen mußte, ist nicht überraschend. Jede Neuerung stört nicht nur den Handel, sondern wirkt auch auf Psyche und Gesellschaft zersetzend.

Es ist sehr aufschlußreich, das Embryonalstadium einer neuen Entwicklung zu verfolgen, denn während dieser ersten Wachstumsperiode wird sie oft falsch verstanden, ob es sich nun um den Buchdruck, das Auto oder das Fernsehen handelt. Gerade weil die Menschen zuerst nicht an ihr Wesen denken, versetzt die neue Form den Beobachtern in ihrem magischen Trancezustand einige aufschlußreiche Schläge. Die erste Telegrafenleitung zwischen Baltimore und Washington kam Schachturnieren zwischen Spitzenspielern der beiden Städte zugute. Andere Leitungen wurden für die Lotterie und für Spiele im allgemeinen verwendet, genauso wie das Radio zuerst von kommerziellen Zwecken völlig frei existierte und tatsächlich nur von Radiobastlern weiterentwickelt wurde, bis sich das große Geschäft seiner annahm.

1844, im gleichen Jahr also, in dem die Menschen mit der ersten Telegrafenleitung in Amerika Schach und Lotterie spielten, veröffentlichte Sören Kierkegaard sein Buch *Der Begriff der Angst*. Das Zeitalter der Angst war angebrochen. Denn mit der Telegrafie hatte der Mensch die Veräußerung oder Ausweitung seines Zentralnervensystems eingeleitet, die nun mit der Funkübertragung mittels Satelliten einer Ausweitung des

Bewußtseins entgegengeht. Seine Nerven nach außen zu bringen und seine Körperorgane in das Nervensystem oder Gehirn zu verlegen, bedeutet eine Situation – wenn nicht den Begriff – der Angst herbeiführen.

Bereits im Jahre 1848 zwang die damals erst vier Jahre alte Telegrafie mehrere bedeutende amerikanische Zeitungen zur Bildung einer gemeinschaftlichen Organisation für die Sammlung von Nachrichten. Dieses Unterfangen wurde zur Grundlage der Associated Press, die ihrerseits Nachrichtenmaterial an Abonnenten weiterverkaufte. In gewisser Hinsicht wurde die wirkliche Bedeutung dieser Form der sofortigen elektrischen Berichterstattung vom mechanischen Überbau der visuellen und industriellen Schemata des Buchdrucks und des Druckens verdeckt. Die spezifisch elektrische Wirkung scheint in diesem Fall als eine zum Zentrum drängende und verdichtete Kraft zum Ausdruck zu kommen.

Das Organische ersetzt überall das Mechanische. Das Zwiegespräch tritt an die Stelle der Vorlesung. Die größten Würdenträger plaudern zwanglos mit der Jugend. Als eine Gruppe junger Oxforder Studenten erfuhr, daß Rudyard Kipling für jedes Wort, das er schrieb, zehn Shilling bekomme, schickten sie ihm während eines Treffens telegrafisch zehn Shilling mit der Bitte: »Schicken Sie uns eines Ihrer besten Wörter.« Und ein paar Minuten später war das Wort da: »Danke.«

Das Radio
– Die Stammestrommel

England und Amerika waren durch die Beeinflussung des Alphabetentums und der Industrialisierung, die sehr lange dauerte, gegen das Radio ›immun‹. Diese Formen bringen eine stark visuell ausgerichtete Organisation der Erfahrung mit sich. Die erdhafteren und weniger visuellen Völker Europas waren gegen das Radio nicht gefeit. Sein Stammeszauber prallte an ihnen nicht ab, und die alte Sippenbindung erwachte von neuem unter den Klängen des Faschismus.

In einer Radioansprache in München sagte Hitler am 14. März

1936: »Ich gehe meinen Weg mit nachtwandlerischer Sicherheit.« Seine Opfer und Kritiker waren ebenfalls Nachtwandler. Sie tanzten hypnotisiert zur Stammestrommel des Radios, das ihr Zentralnervensystem ausweitete, um die Voraussetzung für die Gesamtbeteiligung aller zu schaffen. »Ich lebe im Radio drinnen, wenn ich zuhöre. Ich verliere mich leichter im Radio als in einem Buch«, sagte jemand bei einer Radioumfrage. Das Vermögen des Radios, jemand ganz zu fesseln, kommt zum Ausdruck, wenn Kinder es beim Hausaufgabenmachen spielen lassen oder wenn manche Menschen Transistorenempfänger mit sich führen, um mitten in der Menge sich eine Privatsphäre zu schaffen. Es gibt ein kleines Gedicht vom deutschen Dramatiker Bertolt Brecht:

Du kleiner Kasten, den ich flüchtend trug
Daß seine Lampen mir auch nicht zerbrächen
Besorgt vom Haus zum Schiff, vom Schiff zum Zug
Daß meine Feinde weiter zu mir sprächen.

An meinem Lager und zu meiner Pein
Der letzten nachts, der ersten in der Früh
Von Ihren Siegen und von meiner Müh:
Versprich mir, nicht auf einmal stumm zu sein!

Eine der vielen Auswirkungen des Fernsehens auf das Radio war es, daß aus dem Radio als Medium der Unterhaltung eine Art Informationsnervensystem wurde. Nachrichtensendungen, Zeitzeichen, Verkehrsmeldungen und vor allem Wetterberichte dienen dazu, die dem Radio eigene Macht, Menschen zusammenzubringen, noch zu steigern. Das Wetter ist das Medium, das alle Menschen in gleicher Weise angeht. Es bildet den wichtigsten Programmpunkt des Radios, das unser Ohr berieselt und den tönenden Raum oder *Lebensraum* schafft.
Nicht zufällig war die Zeit McCarthys so schnell vorbei, als er zum Fernsehen überging. Bald entschied die Presse: »Er interessiert nicht mehr.« Weder McCarthy noch die Presse wußten überhaupt, was geschehen war. Das Fernsehen ist ein kühles Medium. Es weist hitzige Persönlichkeiten und heißumstrit-

tene Probleme und Personen der heißen Medien der Presse ab. Fred Allen fiel dem Fernsehen zum Opfer. Marilyn Monroe auch? Wäre das Fernsehen während Hitlers Regime schon weit verbreitet gewesen, würde er sich nicht lange gehalten haben. Wenn das Fernsehen schon vorher aufgekommen wäre, hätte es überhaupt keinen Hitler gegeben. Als Chruschtschow im amerikanischen Fernsehen erschien, war er annehmbarer als Nixon, eine Art Clown und netter alter Junge. Das Fernsehen macht aus seiner Erscheinung eine Karikatur. Das Radio aber ist ein heißes Medium und nimmt Witzfiguren ernst. Herr Chruschtschow im Radio wäre etwas ganz anderes.

Bei den Kennedy-Nixon-Debatten hatten jene, die sie am Radio hörten, den Eindruck einer klaren Überlegenheit Nixons. Es war Nixons Verhängnis, daß sein Image gestochen scharf und seine Wirkung zu detailreich war für das kühle Medium Fernsehen, das diesem scharfen Bild den Eindruck der Hohlheit gab. Ich glaube, ›phony‹ ist etwas, was falsch tönt, was nicht echt *klingt*.

Das Radio berührt die meisten Menschen persönlich, von Mensch zu Mensch, und schafft eine Atmosphäre unausgesprochener Kommunikation zwischen Autor, Sprecher und Hörer. Das ist der unmittelbare Aspekt des Radios. Ein persönliches Erlebnis. Die unterschwelligen Tiefen des Radios sind erfüllt vom Widerhall der Stammeshörner und uralten Trommeln. Das ist dem Wesen dieses Mediums eigen, das die Macht hat, die Seele und die Gemeinschaft in eine einzige Echokammer zu verwandeln. Dieser Echocharakter des Radios wurde, von wenigen Ausnahmen abgesehen, von den Radioautoren nicht beachtet. Die berühmte Sendung von Orson Welles über die Invasion vom Mars war eine klare Demonstration der allumfassenden, totalen Faszination des tönenden Leitbildes im Radio. Hitler wandte Orson Welles Methode auf die Wirklichkeit an.

Das Radio ist wie jedes Medium mit einer Tarnkappe versehen. Offensichtlich tritt es uns gegenüber direkt auf, wie von Mensch zu Mensch, privat und intim, während es tatsächlich aber, und das ist wichtiger, eine unterschwellige Echokammer ist, die die Zauberkraft besitzt, längst vergessene Saiten erklingen zu lassen. In noch stärkerem Maße als das Telefon oder der Telegraf ist der Rundfunk eine Erweiterung unseres Zentralnervensystems, dem nur die menschliche Sprache selbst gleichkommt. Ist nicht die Tatsache, daß das Radio auf jene ursprüngliche Erweiterung unseres Zentralnervensystems, auf jenes uralte Massenmedium der Sprache einer Gruppe abgestimmt ist, einer Überlegung wert? Die Kreuzung dieser beiden persönlichsten und mächtigsten Techniken des Menschen mußte ja außergewöhnliche neue Formen menschlicher Erfahrung hervorbringen. Das zeigte sich bei Hitler, dem Nachtwandler. Aber glaubt der nicht mehr stammesgebundene und alphabetisierte Mensch des Westens, daß er gegen den Stammeszauber des Radios auf die Dauer gefeit sein wird?

In den fünfziger Jahren begannen unsere Teenager viele Stammesmerkmale zu zeigen. Der Jugendliche kann im Gegensatz zum Teenager als eine Erscheinung der alphabetischen Kultur eingestuft werden. Ist es nicht auffallend, daß der Jugendliche nur in jenen Gebieten Englands und Amerikas heimisch war, in welchen die Zivilisation sogar der Nahrung abstrakt visuelle Werte zuordnete? In Europa gab es nie Jugendliche. Dort gab es Anstandsdamen. Jetzt gibt das Radio dem Teenager die Privatsphäre und bietet gleichzeitig die enge Stammesbindung der Welt des gemeinsamen Marktes, des Liedes und der Resonanz. Das Ohr ist im Vergleich zum neutralen Auge überempfindlich. Das Ohr ist intolerant, in sich geschlossen und schließt anderes aus, während das Auge offen und neutral ist und Verbindungen herstellt. Der Gedanke der Toleranz kam im Westen erst nach zwei oder drei Jahrhunderten der schriftlichen und visuellen Kultur Gutenbergs auf. Um 1930 war eine solche Sättigung mit visuellen Werten in Deutschland noch nicht erreicht worden. Rußland ist noch immer weit von einer derartigen visuellen Ordnung und Werteskala entfernt.

Das Fernsehen
– Der schüchterne Riese

Die Aussageweise des Fernsehbildes hat mit Film oder Foto-grafie nichts gemeinsam, es sei denn, daß es wie diese eine nicht-verbale *Gestalt* oder Konfiguration der Formen zeigt. Beim Fernsehen ist der Zuschauer Bildschirm. Er wird mit Lichtimpulsen beschossen, die James Joyce die »Attacke der leichten (Light = leicht und Licht) Kavallerie« nannte, die seine Seelenhaut mit ›unterwehwußten‹ Ahnungen« erfüllte. Das Fernsehbild ist visuell gesehen datenarm. Das Fernsehbild ist keine Einzelaufnahme. Es ist nicht Fotografie in irgendeinem Sinne, sondern es tastet pausenlos Konturen von Dingen mit einem Abtastsystem ab. Das so entstandene plastische Profil erscheint bei *Durchlicht,* nicht bei *Auflicht,* und ein solches Bild hat viel eher die Eigenschaften der Plastik oder des Bildsym-bols als die der Abbildung. Das Fernsehbild bietet dem Beschauer etwa 3 000 000 Punkte pro Sekunde. Davon nimmt er nur ein paar Dutzend in jedem Augenblick auf, um sich dar-aus ein Bild zu machen.

Das Filmbild bietet einige weitere Millionen Daten pro Sekunde, und der Beschauer muß die Einzelheiten nicht so drastisch einschränken, um sich einen Eindruck zu machen. Er ist im Gegenteil eher geneigt, das ganze Bild in einem Paket entgegenzunehmen. Der Beschauer des Fernsehmosaiks hin-gegen gestaltet mit der technischen Bildkontrolle unbewußt die Punkte zu einem abstrakten Kunstwerk nach dem Muster von Seurat oder Rouault um. Wenn jemand fragen sollte, ob sich das alles ändern würde, wenn die Technik die Charakteri-stik des Fernsehbildes auf die Stufe des Filmbildes bringen würde, könnte man ihm nur mit der Gegenfrage kommen: »Können wir eine Karikatur durch Licht und Schatteneffekte oder perspektivische Darstellung ändern?« Die Antwort lautet »ja«, nur wäre das keine Karikatur mehr. ›Verbessertes‹ Fernse-hen wäre kein Fernsehen mehr. Das Fernsehbild ist jetzt ein mosaikartiges Maschennetz von hellen und dunklen Punkten, was ein Filmbild nie ist, auch wenn die Qualität des Filmbildes sehr schlecht sein sollte.

Wie jeder anderen Mosaikform ist auch dem Fernsehen die dritte Dimension fremd, aber sie kann aufkopiert werden. Im Fernsehen wird die Illusion der dritten Dimension in geringem Ausmaß durch die Kulissen im Studio erreicht, aber das Fernsehbild selbst ist ein flaches, zweidimensionales Mosaik. Zum großen Teil besteht die dreidimensionale Illusion in der Übertragung von Sehgewohnheiten von Film und Foto her. Denn die Fernsehkamera hat keinen eingebauten Sehwinkel wie die Filmkamera. Eastman Kodak haben jetzt eine zweidimensionale Kamera, welche die Flächenwirkung der Fernsehkamera auch erreicht. Doch ist es für Menschen eines Kulturvolkes mit ihren Gewohnheiten des festen Standpunkts und des dreidimensionalen Sehens schwer, die Eigenschaften des zweidimensionalen Sehens zu verstehen. Wäre es für sie leicht gewesen, hätten sie keine Schwierigkeiten mit der abstrakten Kunst gehabt, General Motors hätte den Autobau nicht so vermasselt, und die Illustrierten hätten jetzt eben nicht so große Schwierigkeiten mit dem Verhältnis zwischen dem redaktionellen Teil und den Anzeigen. Das Fernsehbild verlangt in jedem Augenblick, daß wir die Lücken im Maschennetz durch angestrengte Beteiligung der Sinne ›schließen‹, die zutiefst kinetisch und taktil ist, weil Taktilität viel eher Wechselspiel der Sinne bedeutet als den isolierten Kontakt der Haut mit einem Gegenstand.

Um es gegenüber der Filmaufnahme abzugrenzen, bezeichnen viele Regisseure das Fernsehbild als ›detailarm‹ im Sinne einer Vermittlung von wenig Details und einem geringen Ausmaß von Information, sehr ähnlich, wie es bei der Karikatur der Fall ist. Eine Fernsehgroßaufnahme vermittelt nur soviel Information wie ein kleiner Ausschnitt einer Halbnahaufnahme auf der Filmleinwand. Aus purer Nichtbeachtung eines so zentralen Aspekts des Fernsehbildes haben Programm-›Inhalts‹-Kritiker von der »brutalen Wirkung des Fernsehens« dahergeredet. Kritiker, die der Zensur das Wort reden, sind bezeichnenderweise halbalphabetisierte, rein vom Buch beeinflußte Individuen, die in der Grammatik der Zeitung, des Radios oder des Films nicht versiert sind, aber alle Medien mit Ausnahme des Buches verdreht und verschroben sehen. Die simpelste Frage über irgendeinen psychischen Aspekt auch des Mediums des Buches versetzt diese Menschen in eine panische Unsicherheit. Die heftige Äußerung irgendeiner isolierten Haltung fassen sie fälschlicherweise als moralische Wachsamkeit auf. Wenn diesen Zensoren einmal klarwürde, daß in allen Fällen »das Medium die Botschaft« ist, d. h. die Hauptquelle der Wirkungen, würden sie die Medien selbst zu verbieten versuchen, statt eine Kontrolle des Programm›inhalts‹ anzustreben. Die verbreitete Annahme dieser Menschen, daß die Programmgestaltung oder der Inhalt derjenige Faktor ist, der die Anschauungen und die Handlungsweise beeinflußt, stammt vom Medium des Buches her mit seiner strengen Trennung zwischen Form und Inhalt.

Ist es nicht merkwürdig, daß das Fernsehen als Medium in den fünfziger Jahren in Amerika so revolutionierend war wie das Radio in den dreißiger Jahren in Europa? Das Radio, das die Stammes- und Sippenbildung in der europäischen Seele in den zwanziger und dreißiger Jahren wiederaufleben ließ, hatte in England oder Amerika keine derartige Wirkung. Dort war die Lösung der Stammesbindungen durch das Alphabetentum und durch die technischen Erweiterungen der Industrialisierung so weit gediehen, daß unser Radio keinerlei nennenswerte Stammesgefühle auslöste. Doch zehn Jahre Fernsehen haben sogar die Vereinigten Staaten europäisiert, wie ihr verändertes Gefühl für Zeit und persönliche Beziehungen beweist. Es ist eine ganz neue Empfänglichkeit für Tänze, Kultur und Architektur festzustellen, genauso wie die Nachfrage nach Kleinwagen, broschierten Taschenausgaben, plastischen Frisuren und formbetonter Kleidung – von einem neuaufkommenden Interesse für Raffinessen der Kochkunst und des Weingenusses ganz zu schweigen. Trotzdem wäre es irreführend zu behaupten, daß das Fernsehen England und Amerika in die Stammesorganisation zurückführen werde. Die Wirkung des Rundfunks auf die Welt der resonanten Sprache und Erinnerung war geradezu hysterisch. Aber das Fernsehen hat England und Amerika gegenüber dem Radio verwundbar gemacht, wogegen sie vorher weitgehend immun waren. Ob nun zum Wohl oder Wehe: Das Fernsehbild hat auf jeden Fall mit einer vereinigenden, synästhetischen Kraft auf die Sinneserfahrung dieser stark von der alphabetischen Kultur geprägten Völker gewirkt, wie diese sie seit Jahrhunderten nicht gekannt haben. Man wird klugerweise beim Studium dieser Fragen über die Medien sich aller Werturteile enthalten, da ihre Wirkungen nicht isoliert werden können.

Ein kühles Medium, ob es nun das gesprochene Wort, die Handschrift oder das Fernsehen ist, gibt dem Hörer oder Benutzer viel mehr zu tun als ein heißes Medium. Weil das Fernsehen detailarm ist, ergibt sich eine starke Beteiligung des Publikums. So schlagen jene Programme am meisten ein, die Situationen mit einer Handlung bringen, die ergänzt werden muß. Wenn das Fernsehen zum Literaturunterricht verwendet würde, könnte sich der Lehrer auf den schöpferischen Prozeß des Entstehens eines bestimmten Gedichtes konzentrieren. Die Buchform ist für diese Art engagierter Darbietung unbrauchbar. Diese Methode des Do-it-yourself und des gesamtpersönlichen Erfaßtseins vom Fernsehbild tritt genauso im Spiel des Fernsehdarstellers hervor. Die Bedingungen des Fernsehens zwingen ihn, spontan zu improvisieren und jeden Satz und jede Nuance mit Mimik und Gestik abzurunden, um den sehr engen Kontakt zum Publikum nicht zu verlieren, der auf der riesigen Leinwand oder auf der Bühne gar nicht möglich wäre.

Weil das Fernsehen Themen braucht, die Vorgänge und vielschichtige Reaktionen einschließen, ist auch der Dokumentarfilm wieder mehr zur Geltung gekommen. Der Film *kann* Vorgänge großartig bringen, aber der Kinobesucher ist eher ein passiver Konsument von Aktionen als ein Teilnehmer an Reaktionen. Der Western ist wie der Dokumentarfilm immer eine bescheidene Form gewesen. Mit dem Fernsehen ist seine Bedeutung wieder gestiegen, da sein Thema immer dasselbe ist: »Bauen wir eine Stadt.« Das Publikum macht mit beim Aufbau einer Gemeinschaft aus dürftigen und wenig aussichtsreichen Komponenten. Außerdem nimmt sich das Fernsehen der verschiedenartigen und rohen Formen der Reitsättel, Kleider, Felle und schäbigen Kistenholzbars und Hotelfoyers an.

Die Filmkamera hingegen ist in der glatten Chromwelt der Nachtklubs und Luxushotels der Weltstädte zu Hause. Diese einseitige Vorliebe der Filmkamera in den zwanziger und dreißiger Jahren und andererseits die der Fernsehkamera in den fünfziger und sechziger Jahren übertrug sich auf die ganze Öffentlichkeit. In zehn Jahren spiegelt der Geschmack der Amerikaner in bezug auf Kleider, Nahrung, Fahrzeuge, Wohnen und Unterhaltung die neue Gestalt der Beziehungen von Formen und aktiver Beteiligung wider, zu der das Fernsehbild anregt.

Die jungen Leute, die seit einem Jahrzehnt fernsehen, haben mit dieser Erfahrung einen Drang zum ganzheitlichen Miteinbezogensein bekommen, wodurch die perspektivischen Fernziele der traditionellen Zivilisation nicht nur weltfremd, sondern irrelevant, ja sogar inhaltslos erscheinen. Es kommt bei diesen jungen Menschen durch das Mosaikbild des Fernsehens zu einer totalen Einbezogenheit in eine allumfassende *Jetztheit*. Diese veränderte Haltung hat in keiner Weise etwas mit Programmgestaltung zu tun und wäre auch so, wenn die Programme dem Inhalt nach kulturell hochstehend wären. Zu dieser veränderten Haltung würde es durch eine Koordinierung auf das Mosaikbild des Fernsehens auf jeden Fall kommen. Es ist natürlich unsere Aufgabe, nicht nur diese Veränderung zu verstehen, sondern sie auch als pädagogische Fundgrube auszuschöpfen. Das Fernsehkind erwartet Einbeziehung und nicht eine Spezialistenarbeit für die Zukunft. Es will eine Rolle und ein tiefes Engagement in der Gesellschaft, in der es lebt.

Automation
– Nicht fürs Leben lernen, sondern leben lernen

Bei äußerster Beschleunigung der Bewegung verschwindet die Spezialisierung der Räume und der Gegenstände. Mit der Automation werden nicht nur Berufe verschwinden und ganzheitliche Rollen wieder aufkommen. Eine jahrhundertelange Spezialisierung in der Pädagogik und der Anordnung von

Daten geht nun durch die augenblickliche Verfügbarkeit von Informationen zu Ende, welche die Elektrizität möglich gemacht hat. Automation ist Information, und sie macht nun nicht nur den Spezialaufgaben im Bereich der Arbeit ein Ende, sondern auch der Auffächerung im Bereich des Lernens und Wissens. In Zukunft besteht die Arbeit nicht mehr darin, seinen Lebensunterhalt zu verdienen, sondern darin, im Zeitalter der Automation leben zu lernen. Das ist ein ganz allgemeines Verhaltensmuster im Zeitalter der Elektrizität. Es beendete die alte Dichotomie von Kultur und Technik, von Kunst und Handel und von Arbeit und Freizeit. Während im mechanischen Zeitalter der Fragmentierung Freizeit die Abwesenheit von Arbeit bedeutete oder bloßes Müßigsein, gilt im Zeitalter der Elektrizität gerade das Gegenteil. Wenn das Zeitalter der Information von uns den Einsatz aller Fähigkeiten gleichzeitig verlangt, entdecken wir, daß wir am stärksten das Gefühl empfinden, frei zu sein, wenn wir am intensivsten ›dabei‹, also mit einbezogen sind, ähnlich wie es Künstler aller Zeiten waren.

Auf das Zeitalter der Industrie bezogen, kann man darauf hinweisen, daß der Unterschied zwischen dem vergangenen mechanischen Zeitalter und dem neuen elektronischen im Unterschied der Inventare zum Ausdruck kommt. Seit der Verwendung der Elektrizität werden nicht so sehr Waren, die auf Lager gehalten werden, in die Inventare aufgenommen als vielmehr Materialien, die sich an räumlich entfernten Punkten in einem dauernden Umwandlungsprozeß befinden. Denn die Elektrizität gibt nicht nur dem *Prozeß* sowohl bei der Erzeugung wie beim Lernen den Vorrang, sondern macht auch die Energiequelle vom Ort der Anwendung eines Prozesses unabhängig. Bei Medien, die der Unterhaltung dienen, sprechen wir von dieser Tatsache als ›Massenmedien‹, weil die Programmquelle und der Prozeß räumlich voneinander unabhängig sind, doch zeitlich zusammenfallen. In der Industrie führte diese grundlegende Tatsache zur wissenschaftlichen Revolution, die man ›Automation‹ oder ›Kybernation‹ nennt.

Die Automation ist nicht eine Erweiterung der mechanischen Prinzipien der Aufteilung und Trennung von Handlungen. Sie beteutet vielmehr den Einbruch der Unmittelbarkeit der Elektrizität in die mechanische Welt. Deshalb betonen jene, die mit der Automation zu tun haben, daß diese genauso eine Denkweise wie eine Handlungsweise darstelle. Die sofort gegebene Synchronisation von zahlreichen Handlungen bedeutet das Ende der mechanisch-schematischen Reihung von Handlungen in linearer Abfolge. Dem Fließband ist es wie der Tanzlinie der Herren ergangen. Und dieser Aspekt dieser Linearität und Aufeinanderfolge der mechanischen Analyse ist nicht der einzige, der von der Geschwindigkeit der Elektrizität und der durch sie bedingten präzisen Synchronisierung der Information, also der Automation, seine Gültigkeit verlor.

Automation oder ›Kybernation‹ behandelt alle Einheiten und Komponenten des Prozesses der Industrie und des Marketing genauso, wie Rundfunk oder Fernsehen die einzelnen Personen eines Publikums in eine neue, gegenseitige Verbindung bringen. Die neue Art interner Querverbindungen in der Industrie wie in der Unterhaltung ist das Ergebnis der sofort gegebenen elektrischen Geschwindigkeit. Unsere moderne Technik der Elektrizität erweitert die sofortige Verarbeitung von Informationen durch die Herstellung von Querverbindungen, wie das in unserem Zentralnervensystem schon lange geschieht. Eben diese Geschwindigkeit stellt die ›organische Einheit‹ dar und bedeutet das Ende des Zeitalters, das von Gutenberg auf Hochtouren gebracht wurde. Die Automation bringt echte ›Massenproduktion‹ nicht dem Umfang nach, sondern in einer sofortigen Einbeziehung des Ganzen. Derart ist auch der Charakter der ›Massenmedien‹. Sie sind nicht ein Zeichen für Größe der Publikumsmassen, sondern für die Tatsache, daß jeder einzelne gleichzeitig von ihnen miterfaßt wird. So haben automatisierte Konsumgüterindustrien insofern denselben Strukturcharakter wie die Unterhaltungsindustrie, als beide die Bedingung der sofortigen Information annähernd erfüllen. Die Automation erfaßt nicht nur die Produktion, sondern jede Phase des Konsums und Marketings, denn der Konsument wird im Kreislauf der Automation genauso zum Produzenten, wie der Leser der mosaikartigen telegrafischen Presse sein eigenes Nachrichten-›Bild‹ macht oder überhaupt selbst Nachricht ist.

Elektrizität brachte eine merkwürdige Elastizität in diese Dinge ganz in der Art des Lichtes, das ein Gesamtfeld beleuchtet und nicht bestimmt, was getan werden soll. Dasselbe Licht läßt eine Vielzahl von Aufgaben zu, genauso wie die elektrische Energie. Licht ist eine nichtspezialisierte Energieform oder Kraft, die mit Information und Wissen identisch ist. Derart ist auch das Verhältnis der Elektrizität zur Automation, da sowohl Energie wie Information auf vielfältigste Art und Weise Anwendung finden können.

Zum Verständnis des elektronischen Zeitalters und besonders der Automation ist es unerläßlich, diesen Sachverhalt zu begreifen. Energie und Produktion gehen jetzt einer Vereinigung mit Information und Wissen entgegen. Marketing und Konsum werden eins mit Wissenschaft, Erkenntnis und Aufnahme von Information. Das alles geschieht im Zuge der elektrischen *Implosion*, die nun auf jahrhundertelange *Explosion* und immer stärkere Spezialisierung folgt. Das elektronische Zeitalter ist buchstäblich ein Zeitalter der Illumination. Genau wie das Licht zugleich Energie und Information ist, vereinigt die elektrische Automation Erzeugung, Verbrauch und Wissenschaft in einem komplexen Prozeß. Aus diesem Grund sind Lehrer in den Vereinigten Staaten schon heute die größte Berufsgruppe und werden vielleicht einmal die *einzige* sein.

Derselbe Prozeß der Automation, der ein Abziehen der gegenwärtigen Arbeitskräfte aus der Industrie verursacht, bewirkt auch, daß *Lernen* selber zur wichtigsten Form von Erzeugung und Verbrauch wird. Daher die sinnlose Aufregung über Arbeitslosigkeit. Bezahltes Lernen wird jetzt schon zur Hauptbeschäftigung und außerdem die Quelle neuen Reichtums in unserer Gesellschaft. Das ist die neue *Rolle* für Menschen in der Gesellschaft, während der alte mechanistische Begriff des ›Jobs‹ der zugeteilten Aufgabe und der Facharbeit für den ›Arbeiter‹ im Zeitalter der Automation seinen Sinn verliert.

Die Automation verwendet den Servomechanismus und den Elektronenrechner. Das heißt, sie verwendet die Elektrizität als Speicher und zur Beschleunigung der Information. Speicher oder ›Gedächtnis‹ und Beschleunigungsmittel zu sein, sind Grundzüge jedes Kommunikationsmittels überhaupt. Im Falle der Elektrizität wird nicht körperliche Substanz gespeichert oder bewegt, sondern Wahrnehmung und Information. Was die technische Beschleunigung anbelangt, so nähert sich diese der Lichtgeschwindigkeit. Alle nicht-elektrischen Medien hatten alles nur geringfügig beschleunigt. Das Rad, die Straße, das Schiff, das Flugzeug und sogar die Weltraumrakete haben in keiner Weise den Charakter instantaner Geschwindigkeit. Ist es dann noch verwunderlich, daß die Elektrizität allen früheren menschlichen Organisationsformen einen völlig neuen Charakter geben sollte? Eine Art Erleuchtung wird nun zur eigentlichen Aufgabe des Menschen. Wie Adam vor dem Fall im Paradies die Aufgabe hatte, die Geschöpfe zu betrachten und zu benennen, ist das auch bei der Automation der Fall. Wir müssen jetzt einen Arbeitsgang oder ein Erzeugnis nur noch benennen und programmieren, um das Resultat zu erreichen. Rücken wir nun, wie die Chinesen sagen, mit den Stühlen näher zum Feuer und schauen, was wir eigentlich sagen.

Die ganze gegenwärtige und vergangene Welt enthüllt sich uns wie eine wachsende Pflanze in einem ungeheuer beschleunigten Film. Die elektrische Geschwindigkeit ist gleichbedeutend mit Licht und dem Verstehen der Kausalzusammenhänge. So entdecken die Menschen mit der Verwendung der Elektrizität in mechanischen Situationen leicht Kausalzusammenhänge und Modelle, die beim langsameren Tempo der mechanischen Veränderung einfach nicht beobachtet werden konnten. Wenn wir die lange Entwicklung der Schrift und des Buchdrucks und ihre Auswirkungen auf die Gemeinschaftserfahrung und -gestaltung vor unseren Augen abrollen lassen, sehen wir sofort, wie diese Formen zu einer hochgradigen gesellschaftlichen Gleichförmigkeit und Gleichartigkeit führen, die für die mechanische Industrie unerläßlich ist.

Jeder, der das Modell der Automation zu untersuchen beginnt, stellt fest, daß zur Vervollkommnung der Einzelmaschine durch Automation die Rückkoppelung eine wichtige Rolle spielt. Sie bedeutet das Einführen einer Informations->Schlinge‹ oder eines Kreises dort, wo vorher nur ein Fluß in eine Richtung oder eine mechanische Abfolge gegeben war. Die Rückkoppelung bedeutet das Ende der Linearität, die im

Westen mit dem Alphabet und den kontinuierlichen Formen des euklidischen Raumes aufkam. Die Rückkoppelung als Dialog zwischen dem Mechanismus und seiner Umwelt bezieht ein weiteres System von einzelnen Maschinen in das Großsystem solcher Maschinen einzelner Fabriken ein. Dann werden einzelne Betriebe oder Fabriken in die industrielle Gesamtstruktur von Stoffen und Dienstleistungen einer Zivilisation einbezogen. Natürlich leitet dieses letzte Stadium in den Gesamtbereich der Führung über, da die Manipulation des ganzen Industriekomplexes als organisches Ganzes die Arbeitsbeschaffung, Sicherheit, Erziehung und Politik berührt, was ein volles, vorausschauendes Verständnis kommender Veränderungen in der Struktur verlangt. Für vage Vermutungen und unterschwellige Faktoren ist in solchen elektrischen und instantanen Organisationen kein Platz mehr. Wie Künstler vor einem Jahrhundert begannen, ihre Werke zurückzukonstruieren, indem sie mit der Wirkung begannen, so geschieht das nun auch in Industrie und Planung. Im allgemeinen verlangt die elektrische Beschleunigung die volle Kenntnis der letzten Auswirkungen. Mechanische Beschleunigungen konnten, so umwälzend sie auch das persönliche und gesellschaftliche Leben veränderten, doch nacheinander erfolgen. Die Menschen konnten zum großen Teil auf Grund bestimmter Fachkenntnisse und Fertigkeiten ein ganzes Leben lang durchkommen. Bei der elektrischen Beschleunigung ist das in keiner Weise der Fall. Daß sich Chefs im mittleren Alter erneut Grundkenntnisse und Fähigkeiten aneignen müssen, ist eines der üblichen Erfordernisse und sehr belastenden Gegebenheiten der Technik der Elektrizität.

Es gehört zur Automation oder Logik der Elektrizität, daß die Spezialisierung nicht mehr auf eine Spezialität beschränkt bleibt. Die automatische Maschine kann auf spezielle Weise arbeiten, ist aber nicht auf ein Produkt beschränkt. Wie unsere Hände und Finger, die viele Aufgaben bewältigen können, verkörpert die Automationseinheit ein Anpassungsvermögen, das dem vor-elektrischen und mechanischen Zeitalter völlig fehlte. Das ist die strenge Logik der industriellen Automation. Alles, was wir früher mit großem Aufwand und durch starke Koordination erreichten, bringen wir nun mit der Elektrizität mühelos zustande. Daher die Angst vor dem Gespenst der Arbeits- und Besitzlosigkeit im elektronischen Zeitalter. Reichtum und Arbeit werden zu Faktoren der Information, und es sind völlig neue Strukturen notwendig, um ein Geschäft zu führen oder es mit den Bedürfnissen und Märkten der Gemeinschaft zu koordinieren. Mit der modernen Technik der Elektrizität erfassen die neuen Formen instantaner, gegenseitiger Abhängigkeit und ineinandergreifender Prozesse, die in der Produktion maßgebend sind, auch den Markt und die Gesellschaftsorganisation. Daher genügen Routinearbeit und mechanische Erzeugung nicht mehr. Unsere Erziehung hat schon lange den aufgesplitterten Charakter des Mechanischen angenommen. Die Zeit drängt uns immer mehr zur Gesamtstruktur und zur Herstellung von Querverbindungen, die in der Augenblickswelt der elektrischen Organisation unbedingt notwendig sind.

Die Menschen werden plötzlich nomadische Informationssammler, und zwar so nomadisch wie noch nie, informiert wie noch nie, frei von hemmender Spezialisierung wie noch nie – aber auch wie noch nie in den ganzen Gesellschaftsprozeß einbezogen, da wir ja mit der Elektrizität unser Zentralnervensystem weltumspannend erweitert haben und jede menschliche Erfahrung sinnvoll einordnen können. Da wir an einen solchen Zustand der Börsenberichten oder Schlagzeilen schon lange gewöhnt sind, begreifen wir diese neue Dimension besser, wenn darauf hingewiesen wird, daß es möglich ist, noch nicht gebaute Flugzeuge in Elektronenrechnern ›fliegen zu lassen‹. Die Konstruktionsdaten eines Flugzeugs können programmiert und das Flugzeug den verschiedensten und stärksten Belastungsproben ausgesetzt werden, bevor es vom Reißbrett herunterkommt. Dasselbe gilt für viele Erzeugnisse und Organisationen verschiedener Art. Wir können heute mit dem Computer vielschichtige Bedürfnisse der Gesellschaft mit der gleichen architektonischen Gewißheit behandeln, wie wir das schon bisher beim Hausbau versucht haben. Die Industrie als Ganzes ist zur Kalkulationseinheit geworden, wie auch die Gesellschaft, die Politik und Erziehung als Ganzes.

(1964)

3 Bilderschriften
Das Medium ist Massage

Das Medium ist Massage

»Die Hauptfortschritte der Zivilisation sind Vorgänge, welche die Kulturen, in denen sie stattfinden, fast zugrunde richten.«
A. N. Whitehead

Alle Medien massieren uns gründlich durch. Sie sind dermaßen durchgreifend in ihren persönlichen, politischen, ökonomischen, ästhetischen, psychologischen, moralischen, ethischen und sozialen Auswirkungen, daß sie keinen Teil von uns unberührt, unbeeinflußt, unverändert lassen. Das Medium ist Massage. Jegliches Verständnis sozialer und kultureller Wandlungen ist unmöglich, ohne eine gewisse Kenntnis der Wirkung von Medien als Umwelten.

Das Medium oder der Vorgang unserer Zeit – die elektrische Technik – formt und strukturiert die Muster gesellschaftlicher Beziehungen und alle Aspekte unseres Privatlebens um. Wir werden gezwungen, praktisch jeden Gedanken, jede Handlung und jede Einrichtung, die einst als selbstverständlich galten, neu zu überprüfen und zu bewerten. Alles ist im Wandel begriffen – du selbst, deine Familie, deine nähere Umgebung, deine Bildung, dein Beruf, deine Regierung und deine Beziehung zu ›den anderen‹. Und zwar wandelt sich alles auf dramatische Art.

Umwelten sind keine passiven Hüllen, sondern eher aktive Vorgänge, die unsichtbar bleiben. Die Grundregeln, die durchgängige Struktur und die umfassenden Muster der Umwelten entziehen sich einer oberflächlichen Wahrnehmung. Von Künstlern geschaffene Gegen-Umwelten oder Gegen-Situationen liefern Mittel, die unmittelbar unsere Aufmerksamkeit erregen und es uns ermöglichen, klarzusehen und zu verstehen. Die Wechselwirkung zwischen den alten und den neuen Umwelten schafft manche Probleme und Verwirrungen. Das größte Hindernis, das sich einem klaren Verständnis der Auswirkungen neuer Medien entgegenstellt, ist unsere eingefleischte Angewohnheit, alle Erscheinungen von einem starren Standpunkt aus zu betrachten. So sprechen wir z. B. von einer ›richtigen Perspektive‹. Dieser psychologische Vorgang hat seinen Ursprung in der Technik des Buchdrucks. Die Methode unserer Zeit besteht darin, nicht mehr von einem einzelnen, sondern von mehreren Forschungsmodellen Gebrauch zu machen – die Technik des schwebenden Urteils ist die Entdeckung des Zwanzigsten Jahrhunderts, wie die Technik der Erfindung die Entdeckung des Neunzehnten Jahrhunderts war.

Das Erbe der Renaissance

Der Betrachter von Renaissance-Kunst wird systematisch außerhalb des Erlebnisrahmens gestellt. Eine Piazza für alles, und alles an seiner Piazza.
Die instantane Welt elektrischer Informationsmedien beteiligt uns alle, und zwar alle zugleich. Keine Distanzierung, kein Rahmen ist möglich.

Kunst, oder die bildnerische Übertragung einer Kultur, ist durch die Art bestimmt, wie der Raum wahrgenommen wird. Seit der Renaissance hat der westliche Künstler seine Umwelt hauptsächlich mittels visueller Kategorien wahrgenommen. Dabei beherrschte das Auge des Betrachters alles. Seiner Raumvorstellung entsprach eine Perspektivprojektion auf eine in formale Einheiten der Raummessung unterteilte Ebene. Er akzeptierte die Vorherrschaft der Vertikalen und der Horizontalen – der Symmetrie – als eine unbedingte Voraussetzung jeglicher Gestaltung. Diese Ansicht ist tief im Bewußtsein der westlichen Kunst verwurzelt.

Primitive und voralphabetische Menschen vereinigen Zeit und Raum zu einem Ganzen und leben weniger in einem Sehraum als in einem unbegrenzten, horizontlosen Hör- und Riechraum. Ihre bildnerischen Darstellungen gleichen Röntgenaufnahmen. Sie legen alles, was sie wissen, in sie hinein und nicht so sehr einzig das, was sie sehen. Die Zeichnung eines Mannes, der auf einer Eisscholle einen Seehund jagt, zeigt nicht nur, was auf dem Eise ist, sondern auch, was unter dem Eise liegt. Der primitive Künstler dreht und wendet alle nur möglichen optischen Ansichten, bis sie vollkommen deutlich machen, was er darzustellen wünscht.

Die elektrische Schaltungstechnik schafft uns erneut einen Zugang zur mehrdimensionalen Raumorientierung der ›Primitiven‹.

Die einst anerzogene Fähigkeit distanzierten Beobachtens ist in dieser neuen Zeit völlig belanglos geworden, weil sie psychologische Reaktionen und Begriffe voraussetzt, die einer früheren Technik – der Mechanisierung – entstammen.

Die Xerographie – geistiger Diebstahl für alle – kündigt die Zeiten des Sofortbuches an. Jedermann kann nun Autor und Verleger zugleich werden. Man nehme beliebige Bücher über ein beliebiges Thema und stelle sich dann mittels einer einfachen Vervielfältigung eines Kapitels von diesem, eines andern Kapitels von jenem Buch sein eigenes maßgeschneidertes Buch her – das Sofortplagiat!

Je mehr neue Techniken ins Spiel kommen, desto weniger sind die Leute von der Wichtigkeit des persönlichen Ausdruckes überzeugt. Die Teamarbeit tritt an die Stelle der individuellen Anstrengung.

Das Ende der Geraden

Die Eisenbahn veränderte radikal die persönlichen Anschauungen wie auch die Formen gesellschaftlicher Beziehungen. Sie gebar und nährte den amerikanischen Traum. Sie schuf völlig neue städtische, soziale und familiäre Welten. Neue

Arbeitsformen. Neue Verwaltungstechniken. Eine neue Gesetzgebung.

Die Technik der Eisenbahn schuf den Mythos einer grünen Wiesenwelt der Unschuld. Sie befriedigte den Wunsch des Menschen, sich von der durch die Stadt symbolisierten Gesellschaft zurückzuziehen, um in einer ländlichen Umgebung an Körper und Sinnen wieder zu genesen. Dieses Schäferideal, diese Jeffersonsche Welt einer Agrardemokratie sollte das Leitbild der Sozialpolitik abgeben. Es schenkte uns die trostlosen Vorstädte und ihr bleibendes Symbol: den Rasenmäher.

Die durchelektronisierte Stadt der Zukunft wird nicht ein durch die Eisenbahn geschaffenes Riesengebiet angehäuften Grundbesitzes sein. Unter den Bedingungen sekundenschneller Bewegung wird sie eine völlig neue Bedeutung erhalten. Sie wird eine Informations-Megalopolis sein. Und was von den Formen der ›früheren Städte‹ übrigbleibt, wird große Ähnlichkeit mit Weltausstellungen haben – Orte, an denen gearbeitet oder gewohnt wird. Man wird sie als lebende Monumente der Eisenbahn-Ära wie in einem Museum bewahren. Wenn wir heute die Stadt abschafften, würden zukünftige Kulturen sie im Stile von Williamsburg wieder aufbauen.

Unsere offizielle Kultur will die neuen Medien zwingen, die Aufgaben der alten zu verrichten.

Wir leben in einer schwierigen Zeit, weil wir Zeugen eines verheerenden Zusammenstoßes zwischen zwei hochentwickelten Technologien sind. Wir treten an die neue Technik mit psychischen und sinnlichen Reflexen heran, die von der alten Technik bedingt wurden. Dieser Konflikt ist typisch für Übergangsperioden. In der spätmitteralterlichen Kunst drückte sich z. B. die Furcht vor der neuen Technik des Buchdrucks im Motiv des Totentanzes aus. Heute finden ähnliche Ängste im Theater des Absurden ihren Ausdruck. Beide führen ein allgemeines Versagen vor Augen: den Versuch, eine von der neuen Umwelt geforderten Aufgabe mit den Mitteln der alten zu verrichten.

Das Ohr bevorzugt keinen besonderen ›Gesichtspunkt‹. Wir werden vom Schall *umhüllt*. Er umgibt uns mit seinem nahtlosen Gewebe. Wir sagen: »Musik soll die Luft erfüllen.« Wir sagen nicht: »Musik soll einen *bestimmten* Sektor der Luft erfüllen.«

Wir hören den Schall überall, ohne je unser Ohr auf einen bestimmten Punkt richten zu müssen. Der Schall kommt von, ›oben‹, von ›unten‹, von ›vorn‹, von ›hinten‹, von ›rechts‹ und von ›links‹. Wir können den Schall nicht automatisch ausschalten. Wir sind eben nicht mit Ohrlidern versehen. Während der Sehraum ein organisiertes Kontinuum gleichförmiger, zusammenhängender Art ist, stellt die Ohrenwelt eine Welt gleichzeitiger Beziehungen dar.

Der eigentliche, totale Krieg ist zu einem Informationskrieg geworden. Er wird mittels raffinierter elektrischer Informationsmedien ausgetragen – unter kalten Bedingungen und ohne Unterlaß. Der kalte Krieg ist die eigentliche Kriegsfront – eine Treibjagd, an der alle überall und allezeit beteiligt sind. Wann immer heiße Kriege heutzutage notwendig sind, führen wir sie mit den alten Techniken in den Hinterhöfen der Welt. Diese Kriege sind Happenings, tragische Spiele. Es ist nicht mehr zweckdienlich oder passend, die neuesten Techniken bei unserer Kriegführung zu verwenden, weil die neuesten Techniken den Krieg sinnlos gemacht haben. Die H-Bombe ist das Ausrufezeichen der Geschichte. Es beschließt einen jahrtausendealten Satz handgreiflicher Gewalttätigkeit!

Der Humor als Kommunikationssystem und als Umwelt-Sonde in das, was sich wirklich abspielt, bietet uns eines der reizvollsten Gegen-Umwelt-Werkzeuge. Humor hat nichts mit Theorie, dafür mit unmittelbarer Erfahrung zu tun; und ist oft der beste Anhaltspunkt für sich wandelnde Wahrnehmungen. Ältere Kulturen schwelgten in rein literarischen Fabeln. Sie verlangten Handlungsfäden. Der heutige Humor kennt dagegen keinen Handlungsfaden – keine Abfolge. Er besteht gewöhnlich in einer komprimierten Überlagerung von Geschichten.

Doppelseite aus *Das Medium ist Massage*

»Ich muß einfach irrsinnig gewesen sein, denn es kam so weit, daß ich eine Art amüsanter Kurzweil darin suchte, Spekulationen über die Geschwindigkeiten anzustellen, mit denen sie dem Gischtpfuhl tief dort unten zutrudelten.«

Bei seiner amüsanten Kurzweil, die einer rationalen Distanz zu einer Situation entsprang, wendete Poes Matrose in *Ein Sturz in den Malstrom* eine Katastrophe ab, indem er die Wirkungsweise des Wasserwirbels zu verstehen suchte. Seine Haltung bietet eine mögliche Taktik, wie wir unsere unangenehme Lage, unseren elektrischen strukturierten Wirbel begreifen können.

(1967)

Krieg und Frieden im globalen Dorf

Elektronische Umwelt, Drogen und Computer

Die extreme und allgegenwärtige Taktilität der neuen elektronischen Umwelt resultiert aus einem Netz allgegenwärtiger Energie, die unaufhörlich in unser Nervensystem eindringt. Im mechanischen Zeitalter war der Tastsinn anästhesiert worden, aber heute ist das Fernsehen nur eines der taktilen Agenzien, die das allgemeine Bewußtsein transformieren. Natürlich ist Farbfernsehen weitaus taktiler als Schwarzweiß-Fernsehen. Taktilität ist der integrierende Sinn, der alle anderen miteinander in Beziehung setzt. Dieser Sinn ist durch das polarisierte und rückgekoppelte Modell unserer neuen elektronischen Umgebung in starkem Maße gesteigert worden. Diese Umwelt als Ganzes ist selbst ein innerer Trip ohne die Beihilfe von Drogen. Der Impuls, Halluzinogene zu benutzen, ist eine Art Einfühlungsvermögen in die elektronische Umwelt, stellt aber auch eine Art dar, die alte mechanische Welt abzulehnen. In einem *Times*-Artikel stand ein Interview mit einem Rechtsanwalt, der sagte, er nähme regelmäßig Marihuana und LSD:
»Nach meinem ersten Trip war mir unmißverständlich klar, daß es in meinem Leben nicht darum gehen konnte: Besitzrecht. Andere Menschen, stärkere Menschen vielleicht, könnten ohne Drogen zu dieser Schlußfolgerung kommen. Ich konnte es nicht. Plötzlich spürte ich, daß ich nicht auf diese Welt gekommen war, um die Eigentumssteuern von Hausbesitzern zu verringern.«
Ein Psychologe führte aus, daß diese Drogen eine Art ästhetische Hauptquelle für künstlerisch zu kurz gekommene Erwachsene darstellen: »Der Erwachsene wird neue Einsichten

durch den Gebrauch von Halluzinogenen gewinnen. Sie können auch ein neuentdecktes Interesse an Musik, Kunst und
Natur stimulieren.« Die Künste sind vor allem die Welt des
Audio-Taktilen, sogar in der Malerei. Diese Drogen, die unsere
neue elektronische Umwelt intensiver nachahmen, steigern
deshalb diese Sinne, die für lange Zeit durch die bloß visuelle
Kultur des mechanischen Zeitalters neutralisiert waren.

Vielleicht ist es die verschwenderischste und umfassendste
Auswirkung der Drogen seit je gewesen, daß sie die Sexualität
auf alltäglicher Basis in solchem Grade steigern, daß D. H.
Lawrence dagegen ziemlich alt aussieht. »Als mein Mann zum
ersten Mal LSD nahm, wurde er sehr sinnlich, er wollte mich
dauernd berühren. Jedesmal wenn ich mit ihm oder Freunden
einen Trip mache, sorge ich für guten Wein, guten Käse, guten
Geruch – alles, um unsere Sinne durch Stimulation in die von
uns gewünschte Bahn zu lenken.«

Die *Times*-Serie (über Drogen in den USA) ist typische Rück-
spiegelei. Es sieht auf der Drogen-Szene so aus, als hätten
De Quincey, Poe und Baudelaire ihre ›decadence‹ auf ganz
Amerika ausgedehnt. Tatsächlich aber ist das Aufpulvern nur
nebenbei chemisch und ist in überwältigendem Maße ein
Sachverhalt des *electric engineering*.

Eines der durchgehenden Themen der *Times*-Serie ist der in
hohem Maße stammesmäßige und gruppenorientierte Charakter der Drogen-Benutzer. Das Nehmen von Drogen, zu dem
man heute durch die allgegenwärtige Informationsumgebung
mit ihrem Feedback-Mechanismus des inneren Trips angeregt
wird, bezieht den Menschen ebenso ein wie die elektronische
Welt selbst.

In der *Times*-Serie wird eine Unterhaltungskünstlerin zitiert:
»Ich habe eine Vorstellung in New York hinter mir, und am
nächsten Morgen muß ich Aufnahmen für eine Fernseh-Show
an der Westküste machen. Wenn ich im Flugzeug nicht schlafe,
bin ich erledigt. Die Barbiturate geben mir den Schlaf; und die
Amphetamine halten mich wach. Früher, da bin ich zur 20th
Century Limited gegangen, habe ein Buch gelesen, geschlafen
und mich auf dem Weg nach Hollywood erholt. Heute kann
man das nicht mehr.«

In einer Art zusammenfassender Beobachtung könnte man sagen, der Computer sei das LSD der Geschäftswelt, der ihre Einstellung und ihre Ziele transformiert. Die außerordentliche Dezentralisierungsmacht des Computers bei der Tilgung von Städten und überhaupt bei allen Bevölkerungskonzentrationen ist so gut wie gar nichts, verglichen mit seiner Macht, Hardware in Software zu verwandeln und Investitionsgüter in Information. Es wäre vielleicht am einfachsten, sofort zu sagen, daß der wirkliche Nutzen des Computers nicht darin besteht, Belegschaften oder Kosten zu verringern oder irgend etwas zu beschleunigen oder auszubügeln, was es immer schon gegeben hat. Seine wahre Funktion besteht darin, irdische und galaktische Umweltbedingungen und Energien auf harmonische Weise zu programmieren und zu orchestrieren. Nur auf die Erde bezogen ausgedrückt, bedeutet Programmierung der Umwelt vor allem eine Grundlage für globale Thermostate, um alle Sinneswahrnehmung so zu prägen, daß sie dem Wohlbefinden und dem Glück dient. Bis jetzt war nur dem Künstler die Möglichkeit gegeben, dies in der allerkümmerlichsten Manier aufzuführen.

Krieg als Erziehung

Sobald man sich durch neue, technische Errungenschaften verletzt fühlt, der einzelne oder der Gesellschaftskörper erkennt, daß seine ganze Identität durch physischen oder psychischen Wandel gefährdet wird, schlägt er in wütender Selbstverteidigung zurück.

Ist unsere Identität in Gefahr, fühlen wir uns berechtigt, Krieg zu führen. Die alte Vorstellung muß unbedingt wiederhergestellt werden. Aber wie im Falle des übertragenen Schmerzes ist es ganz gut möglich, daß dieses Symptom, gegen das wir losschlagen, höchstwahrscheinlich durch etwas verursacht ist, das wir gar nicht kennen. Diese verborgenen Faktoren sind die durch technische Neuerungen hervorgebrachten unsichtbaren Umweltbedingungen.

In *Report from Iron Mountain* lesen wir:

»Krieg ist nicht – wie weithin angenommen wird – vor allem ein Instrument der Politik, das von Nationen dazu benutzt wird, ihre ausgesprochenen politischen Wertvorstellungen oder ihre ökonomischen Interessen zu verbreiten oder zu verteidigen. Im Gegenteil, er ist selbst die prinzipielle Organisationsgrundlage, auf der alle modernen Gesellschaften aufgebaut sind. Die übliche unmittelbare Ursache des Krieges ist der offenbare Zusammenstoß eines Staates mit den Bestrebungen eines anderen. Aber an der Wurzel aller scheinbaren Differenzen von nationalem Interesse liegt der dynamische Bedarf an periodischem bewaffnetem Konflikt des Kriegssystems selbst. Kriegsbereitschaft kennzeichnet heutige Gesellschaftssysteme umfassender als ihre ökonomischen und politischen Strukturen, die sie sich unterordnet.«

Wenn man davon spricht, daß »Kriegsbereitschaft heutige Gesellschaftssysteme kennzeichnet«, sagt man nicht mehr, als daß der herkömmliche Händedruck ein Ritual der Stammesfeindschaft ist, um einen diplomatischen Frieden beziehungsweise einen Waffenstillstand zwischen den Wesen aufrechtzuerhalten. Das kollektive Wort von den alten Männern vom *Iron Mountain* lautet, daß der Krieg ein unabtrennbarer Grundzug der Wirtschaftsordnung sei: »Der ›Weltkriegsindustrie‹, wie ein Schriftsteller sie treffend genannt hat, sind annähernd zehn Prozent der Produktion der gesamten Weltwirtschaft zuzuschreiben. Obwohl diese Zahl Schwankungen unterliegt, deren Ursachen selbst regional verschieden sind, hat sie die Tendenz, ziemlich stabil zu bleiben. Die Vereinigten Staaten haben an diesem Aufwand als reichste Nation der Welt nicht nur den größten Einzelanteil, sondern ›haben auch einen größeren Teil ihres Bruttosozialprodukts ihren militärischen Einrichtungen gewidmet als irgendeine andere wichtige Nation der freien Welt. Dies traf sogar vor unseren verstärkten Ausgaben in Südost-Asien zu‹.«

Sie wollen die Kriegsunternehmungen unbedingt in der Sphäre der Wirtschaft unterbringen:

»Wir finden weiterhin, daß die Verwirrung, die mit dem Mythos von der Kriegführung als einem Instrument der Politik verbunden ist, größtenteils von einem allgemeinen Mißverständnis der Funktionen des Krieges herrührt. Im allgemeinen werden die Funktionen folgendermaßen aufgefaßt: einen Staat gegen den Angriff eines anderen verteidigen oder einen solchen Angriff abwehren; wirtschaftliche, politische oder ideologische nationale Interessen verteidigen oder vorantreiben; die Militärmacht einer Nation um ihrer selbst willen aufrechterhalten oder stärken. Dies sind die sichtbaren oder unsichtbaren Funktionen des Krieges. Wenn es keine anderen gäbe, könnte die Bedeutung der militärischen Einrichtungen in jeder Gesellschaft tatsächlich auf das niedrige Niveau absinken, das sie vermeintlich einnehmen. Und die Abschaffung des Krieges wäre in der Tat bloß die Verfahrensangelegenheit, welche die Abrüstungsszenarien suggerieren.

Aber es gibt andere, umfassendere, tiefer empfundene Funktionen des Krieges in modernen Gesellschaften. Es sind diese unsichtbaren oder impliziten Funktionen, welche die Kriegsbereitschaft als beherrschende Kraft in unseren Gesellschaften aufrechterhalten. Und genau der Widerwille oder die Unfähigkeit der Verfasser von Abrüstungsdrehbüchern und Plänen für die Umstellung auf Friedensproduktion, diese Funktionen zu berücksichtigen, haben die Nützlichkeit ihrer Arbeit so vermindert und sie so beziehungslos zu der Welt, die wir kennen, erscheinen lassen.«

Die alten Männer vom *Iron Mountain* haben keinen Anhaltspunkt für die Ursachen oder Beharrlichkeit des Krieges als einer Suche nach jener Identität, die immer durch technologische Neuerungen bedroht wird. Sie sind sich der ungeheuren Forschungs- und Entwicklungsaktivitaten wohl bewußt, die durch den Krieg beschleunigt werden, aber ihnen ist nie der Gedanke gekommen, daß es gerade die Neuerungen sind, die von der Forschung und Entwicklung hervorgebracht werden, die die Identitätsvorstellung zerstören, die für Ruhe und Frieden unter den Staaten unerläßlich ist. Die Atombombe zum Beispiel, die schöne Blüte der wissenschaftlichen Bemühungen, die durch den Zweiten Weltkrieg angeregt wurden, hat das Auftreten von Software und Automation beschleunigt, die geschwind die ganze industrielle Ordnung untergraben, die so lange auf Hardware, also Metallwaren eingestellt war. Software beseitigt die Trennung zwischen Industriearbeiter und Gelehrtem ebenso wie zwischen Zivilist und Soldat.

Die alten Männer vom *Iron Mountain* sind dem ehernen Gesetz von Arbeit und Lohn und all den anderen in Eisen gekleideten Gesetzen herkömmlicher Volkswirtschaftslehren treu, die im Zeitalter der Metallwaren entwickelt wurden.

»Die Beziehung zwischen Krieg und wissenschaftlicher Forschung und Entdeckung ist deutlicher. Krieg ist die hauptsächliche Antriebskraft für die Entwicklung von Wissenschaft auf jeder Stufe – von der abstrakt begrifflichen bis zur bloß technischen. Die moderne Gesellschaft mißt der ›reinen‹ Wissenschaft einen hohen Wert bei, aber es ist historisch zwangsläufig, daß alle bedeutsamen Entdeckungen im Bereich der Naturwissenschaften von den wirklichen oder eingebildeten militärischen Bedürfnissen ihrer Epochen inspiriert worden sind. Die Konsequenzen der Entdeckungen waren tatsächlich weitgreifend, aber der Krieg hatte immer für den ersten grundlegenden Anstoß gesorgt.

Angefangen mit der Entwicklung von Eisen und Stahl und weiter über die Entdeckungen der Gesetze der Bewegung und der Thermodynamik bis ins Zeitalter der Atomspaltung, der künstlichen Molekülverbindung und der Raumkapsel ist jeder wissenschaftliche Fortschritt zumindest indirekt durch ein implizites Bedürfnis der Rüstung eingeleitet worden. Zu den prosaischeren Beispielen gehören das Transistorradio (ein Nebenprodukt des militärischen Kommunikationsbedürfnisses), das Fließband (entstanden auf Grund des Bedarfs an Schußwaffen im amerikanischen Bürgerkrieg), Stahlrahmen-Bau (entwickelt beim Kriegsschiff aus Stahl), die Schleusenkammer usw. Ein typisches Beispiel ist ein so bescheidenes Gerät wie der Rasenmäher; er entstand aus einer rotierenden Sense, die nach den Plänen von Leonardo da Vinci an der Vorderseite eines Pferdewagens gegen die feindlichen Reihen eingesetzt werden sollte.«

Wenn die alten Männer vom *Iron Mountain* sich mehr psychologischen Gesichtspunkten des Krieges zuwenden, so sehen sie ihn als ein Mittel an, das »es der körperlich verfallenden älteren

Generation ermöglicht, ihre Kontrolle über die jüngere aufrechtzuerhalten, wenn nötig, sie zu vernichten«. Es folgt eine
Betrachtung über die von Toynbee so genannte »Verklärung«
des Krieges oder seine philosophischen Funktionen:

»Krieg als ideologische Klärung. Der Dualismus, der die traditionelle Dialektik aller philosophischen Richtungen und stabi-
ler politischer Systeme kennzeichnet, stammt vom Krieg als
dem Prototyp des Konflikts. Um es so einfach wie möglich auszudrücken: außer bei sekundären Erwägungen kann es nicht
mehr als zwei Seiten einer Frage geben, weil es nicht mehr als
zwei Seiten eines Krieges geben kann.

Krieg als die Grundlage internationaler Verständigung. Vor der
Entwicklung der modernen Kommunikationsmittel sorgten
die strategischen Bedürfnisse des Krieges für den einzigen
wesentlichen Anstoß zur Bereicherung einer nationalen Kultur
mit den Errungenschaften einer anderen. Obwohl das noch
auf viele internationale Beziehungen zutrifft, veraltet diese
Funktion.«

Gewalt in ihren vielen Formen als eine unfreiwillige Suche
nach Identität hat in unserer Zeit die Bedeutung des Krieges in
gänzlich neuem Gewand offenbart. Dies ist eine Dimension,
die für die alten Männer vom *Iron Mountain* völlig unsichtbar
ist. Krieg stellt eine ansehnliche Komponente in der Erzie-
hungsindustrie dar, weil er selbst eine Form der Erziehung ist.
In jedem Krieg studiert der Gegner die Ressourcen und charakteristischen Merkmale seines Angreifers ebenso ernsthaft,
wie der Angreifer den Gegner gründlich zu verstehen versucht.
Die Generäle und ihre Stäbe diskutieren und erwägen jeden
Aspekt der Psychologie ihrer Feinde, indem sie die Geschichte
ihrer Kultur, ihre Mittel und ihre Technologie erforschen, so
daß der Krieg heute gleichsam das kleine rote Schulhaus des
globalen Dorfes geworden ist. Obendrein ist es ein blutbefleck-
tes kleines Schulhaus. Scharen von Gelehrten und Sprachfor-
schern begleiteten Alexander den Großen, Cäsar und Napoleon auf ihren Feldzügen, um sie über jeden Aspekt der Kultur
des Feindes zu beraten und selbstverständllch, um die Kultur-
schätze des Feindes zu plündern, die man sich leicht aneignen
konnte. Heutzutage, im Lichte unserer in die Feind-Psyche ein-

dringenden Informationssysteme erinnern die Arrangements dieser historischen Eroberer sozusagen nur an irgendeine Zusammenkunft von Gelehrten in einem kosmopolitischen Hotel.

In diesem Abschnitt geht es darum, daß eine neue Technologie sowohl die persönliche als auch die kollektive Vorstellungswelt einer jeden Gesellschaft in so hohem Maße zerstört, daß Furcht und Angst sich daraus ergeben und eine neue Identitätssuche beginnen muß. Niemand hat je untersucht, welcher Grad an Erneuerung nötig ist, um das Bild zu zerschlagen, das ein Mensch oder eine Gesellschaft von sich selbst haben. Zumindest in unserer Zeit übertrifft die Menge der Neuheiten bei weitem all die Auswirkungen des Neuen aller vergangenen Kulturen der Welt. Wir sind krampfhafter dabei, die Stücke des zerschlagenen Bildes zurückzugewinnen und zusammenzusetzen als irgendeine vergangene Gesellschaft. Dieser Impuls ist es, der die Orgie der Rückspiegelei motiviert, von der gelehrten Rekonstruktion entlegener und unbedeutender Kulturen bis zu *Vom Winde verweht*.

Wenn eine neue Technologie in eine Gesellschaft einbricht, ist es die natürlichste Reaktion, sich wegen der vertrauten und tröstlichen Vorstellungen an die unmittelbar vorhergegangene Periode zu klammern. Dies ist die Welt von *Die Leute von der Shiloh Ranch* und *Bonanza* und der Wildwest-Unterhaltungssendungen.

Was den Krieg selbst, als eine Suche nach der Rückgewinnung von Identität und Achtung betrifft, so ist dieselbe Rückspiegelung immer gegenwärtig. 1914 beschwerte sich der Kaiser, daß Deutschland infolge des industriellen Fortschritts der slawischen Völker eingekreist worden sei. Die industrielle Entwicklung zurückgebliebener Länder wie Ungarn und Polen störte das seelische Gleichgewicht und die Identitätsvorstellung der Deutschen.

Der amerikanische Bürgerkrieg war der erste Eisenbahn-Krieg. Die Mobilisierung von Menschen und Materialien nahm einen völlig neuen Charakter an, den die Generalstäbe der europäischen Länder sorgfältig studierten. Eisenbahnen waren eine Begleiterscheinung der Industrialisierung sowohl bei der Suche nach Rohmaterialien als auch nach Märkten. All die Eigenschaften der Industrialisierung wurden damals auf den Krieg ausgedehnt, und ebenso wie jeder Bürger ein Arbeiter gewesen war, so wurde jeder Bürger ein Soldat. Frühere Kriege hatten nicht ein solches Ausmaß angenommen. Der Erste Weltkrieg war auch ein Eisenbahn-Krieg, riesig vergrößert in Umfang und Zerstörung durch die Ausdehnung der Industrialisierung und die Vergrößerung der Städte. Es war ein Krieg der geballten Streitkräfte, der geballten Waffen. Bei der Somme-Schlacht brachten die Deutschen gleichzeitig 6 000 Kanonen in Stellung.

Der Zweite Weltkrieg war gleichermaßen ein Radio-Krieg wie ein Krieg der Industrien. Die Radio-Phase der Elektronik hatte die Stammesenergien und Phantasien der europäischen Völker aufgeweckt, wie es heute durch das Fernsehen in Amerika der Fall ist. Anders als Europa hat Amerika keine Stammesvergangenheit. Folglich rief das Radio in keiner Weise Vorstellungen von Stammeseinheit und Stärke hervor. Es erweckte die Energien des Schwarzen und ermöglichte ihm, die Kultur der zwanziger Jahre in den Vereinigten Staaten durch seine Stammesgesänge und Tänze zu beherrschen. Als die Babies der Kriegszeit und der Jazz-Zeit Ende der zwanziger Jahre das Berufsalter erreichten, widersetzten sie sich den Zielen und Leitbildern der älteren Generation in ausreichendem Maße, um eine Wirtschaftskrise herbeizuführen. Im Vergleich zu der jetzt mit Hilfe des Fernsehens einsetzenden Wirtschaftskrise war das selbstverständlich gar nichts. Die Radio-Krise oder Depression von 1929 bis 1939 war das Resultat der Umstellung einer ganzen Bevölkerung von visuell begriffenen Zielvorstellungen auf ein totales Feld polarisierter Energien, das automatisch mit dem Radio und dem auditiven Raum einhergeht.

Die Vereinigten Staaten sind das bei weitem am stärksten visuell organisierte Land der Weltgeschichte. Sie stellen das einzige Land dar, das jemals auf der Basis des phonetischen Alphabetismus für alle gegründet worden ist. Alle Institutionen seines politischen und geschäftlichen Lebens setzen als Grundstruktur diesen Alphabetismus voraus. Alle seine Produktions- und Konsumtionstechniken sind Ausdruck ein und desselben

Alphabetismus: Etikette und Klassifikation für alles und jeden. Das Radio war eine Katastrophe für ein auf ein Ziel hin ausgerichtetes Amerika. Es inspirierte vielfältige Ziele und eine Mannigfaltigkeit neuer Vorstellungen, die dem Land ein einfaches visuelles Bewußtsein raubten, das in der politischen Geschichte ohne Vorbild ist. Der Krieg von 1939 bedeutete ein Wiedererlangen einiger der Pläne und des visuellen Bewußtseins, die das Radio verschleiert hatte. Gerade vor Beginn des Krieges hatte Roosevelt das Mittel entdeckt, die Radio-Plauderei am Kamin zu einer Art Kampflinie zu machen, einer neuen Art politischer Gewalt, um das Gefühl der Identität zurückzuerlangen. Der Krieg von 1939 bis 1945 zog uns aus der Depression heraus, die das durch das Radio geschaffene Wahrnehmungsvermögen totaler Felder hervorgerufen hatte, aber er erzeugte auch viele neue Verbindungen zwischen den alten mechanischen Industrien und den neuen elektronischen Technologien, die für das amerikanische Identitätsgefühl ebenso destruktiv waren wie für das Radio selbst. Das Flugzeug ist ein Beispiel für eine solche Verbindung, und seine Auswirkungen auf das Reisen mit der Eisenbahn werden als Hinweis auf die Formen psychischer Wandlungen dienen, die mit solchen Neuerungen einhergehen.

Jetzt befinden wir uns mitten im ersten Fernseh-Krieg. Die ersten Erfahrungen mit dem Fernsehen im gewöhnlichen Haushalt machte man nach 1946. Typischerweise suchten FBI und CIA im Rückspiegel nach den revolutionären Agenten, die die Identität des Landes bedrohten. Die Fernseh-Umwelt war total und deshalb unsichtbar. Zusammen mit dem Computer hat es jeden Bereich der amerikanischen Vision und Identität verändert. Der Fernsehkrieg bedeutete das Ende des Zwiespalts zwischen Zivil und Militär. Die Öffentlichkeit nimmt jetzt an jeder Phase des Krieges teil, und die Hauptkriegshandlungen werden jetzt im amerikanischen Heim selbst ausgetragen.

(1968)

Formen der Wahrnehmung

Indem die westliche Welt jeden Winkel ihres Wachbewußtseins mit einer visuellen Ordnung und uniformen, kontinuierlichen und miteinander verknüpften Prozeduren und Räumen versehen hat, hat sie sich fortschreitend der notwendigen Teilhabe an ihrem unbewußten Leben entfremdet.

Die Art und Weise, wie wir ein Gedicht und ein Bild einander gegenüberstellen, dient der Erhellung der Welt des Verbalraums durch ein Verständnis der Räume, wie sie von der bildenden Kunst definiert und erkundet worden sind. Das verbale Medium ist so allgegenwärtig, daß es jedem Studium der Wahrnehmung entgeht, das sich der Ausdrucksform seiner plastischen Werte bedient. Jeder kann sprechen, aber wenige können malen. Ein Dialog zwischen den unterschiedlichen Formen und Eigenschaften der Geschwisterkünste Lyrik und Malerei bedarf keiner Verteidigung, aber er ist bisher wenig praktiziert worden, und wenn, dann meist ohne konkreten Bezug. Abgesehen von einigen Spekulationen über die Bedeutung von *ut pictura poesis*. Der Vorteil, sich zweier Künste, Dichtung und Malerei, gleichzeitig zu bedienen, besteht darin, daß die eine eine Reise ins Innere und die andere eine Reise nach außen zu den Erscheinungen der Dinge erlaubt. Die Kontinuität des Berührungsfelds und des Dialogs zwischen den Geschwisterkünsten sollte reichlich Möglichkeit bieten, Wahrnehmung und Sensibilität zu schulen. Wir hoffen, daß die schartigen Kanten unserer ikonologischen Vorstöße und Fragen eher dazu dienen werden, das Bilderspektrum der Wahrnehmung zu erweitern als einzuengen.

In vielen Kapiteln des Buchs wird der Leser einer Unterscheidung zwischen ikonischen und illustrativen Erscheinungsformen von Kunst und Dichtung begegnen. Es ist unsere Absicht, einem zeitgenössischen Publikum die Werkzeuge zur Entdeckung des gemeinsamen Grundes der Spielarten der Kunst in der Welt zu liefern. Obwohl die künstlerischen Absichten des primitiven Künstlers und die des Renaissancekünstlers Welten trennen mögen, schafft in beiden Fällen die Kunst eine Situation, die der Wahrnehmungssteigerung dient. Man kann davon ausgehen, daß alle Künste als Gegenumwelten oder Gegengradienten fungieren. Jede beliebige Form von Umwelt sättigt die Wahrnehmung, so daß der Charakter der Umwelt selber nicht wahrnehmbar ist; die Umwelt hat die Macht, das menschliche Bewußtsein zu verzerren oder abzulenken. Selbst die populärsten Künste können dazu dienen, den Grad des Bewußtseins zu erhöhen, zumindest bis sie vollständig in der Umwelt aufgehen und sich der Wahrnehmung entziehen.

Die Rückkehr des polyformen Raums

Unser neues Bewußtsein von Territorialität: die Rückkehr des polyformen Raums.

In der Ausgabe vom 26. August 1966 berichete das *Life*-Magazin über die Studien von Robert Ardrey. Territorialität wurde von Ardrey zuerst in *African Genesis* angesprochen, als er erklärte, wie der Zoo des 19. Jahrhunderts die Aufmerksamkeit von einem Hauptmerkmal tierischen Verhaltens abgelenkt hatte – nämlich dem Bedürfnis des Tiers, einen eigenen Raum zu definieren und zu überwachen. Dieser Raum wird durch Laute, Gerüche, Farben – kurz durch die Orchestrierung der dem gesamten Leben der Spezies zugehörigen Sinne – ins Leben gerufen.

Der konventionelle Zoo, ein rational und visuell erdachter Raum, bestätigt nicht nur ein unbewußtes bildhaftes Vorurteil von Wissenschaftlern und Zuschauern, sondern eliminierte auch die komplexen Räume, die von den Tieren in ihrer normalen Umgebung erzeugt werden. Die gegenwärtige Wiederentdeckung des territorialen Raums weist dramatisch auf die sich verändernde Empfänglichkeit und räumliche Orientierung der Bevölkerung im elektronischen Zeitalter hin. Visuelle Werte haben ihre Macht verloren, die unseren Sinnen eigenen Grenzlinien und Formen des Raums auszulöschen.

Eine der besten Fährten zu unseren sich verändernden Raumkonzepten kann wahrscheinlich durch das Studium der Moralvorstellungen und Verhaltensmuster unserer Kinder aufgenommen werden.

Das Fehlen menschlicher Raumrezeptoren

Obwohl *Die Entwicklung des räumlichen Denkens beim Kinde* von Piaget und Inhelder die sich verändernde räumliche Erfahrung von Kindern erforscht, gibt es bisher noch keinen Führer durch die Veränderungen der Raumerfahrung, denen Erwachsene gewöhnlich in Dichtung und Malerei begegnen. Dies wird verständlich, wenn wir bedenken, daß für den heutigen Menschen Raum ein Klischee ist, eine ungeprüfte Annahme. Weil der Raum zur Umwelt gehört, ist sich der moderne Mensch seiner nicht bewußt. Das Interesse am Raum in der Malerei hat sich hauptsächlich auf das Gebiet der dreidimensionalen Illusion beschränkt. Die Arbeit von Edward T. Hall in *The Silent Language* erinnert uns daran, daß die räumlichen Beziehungen zwischen Gestalten in Leben und Kunst ziemlich unerforscht bleiben. Hall entwickelt in *Die Sprache des Raums* dieses Thema weiter: »Menschen, die in verschiedenen Kulturen aufwachsen, lernen schon als Kinder, ohne jemals davon zu wissen, eine Art von Information abzuschirmen und einer anderen eingehende Beachtung zu schenken. Einmal fixiert, bleiben diese Perzeptionsmuster augenscheinlich während des ganzen Lebens ziemlich stabil. Die Japaner zum Beispiel kennen eine Vielfalt visueller Abschirmungen, sind aber vollkommen zufrieden mit Papierwänden als akustischen Abschirmungen. Eine Nacht in einem japanischen Hotel zuzubringen, während nebenan eine Party abgehalten wird, bedeutet für den westlichen Menschen eine neue sensorische Erfahrung. Im Gegensatz dazu vertrauen die Deutschen und Holländer auf dicke Wände und Doppeltüren, um Lärm zu dämpfen, und haben Schwierigkeiten, wenn sie sich auf ihre eigene Konzentration verlassen müssen, um Lärm abzuschirmen. Wenn von zwei großen Räumen der eine schalldicht ist und der andere nicht, fühlt sich der empfindsame Deutsche beim Versuch, sich zu konzentrieren, in dem ersteren weniger beengt, weil er sich weniger gestört fühlt.

Hinsichtlich der Anwendung des Geruchsapparates sind die Amerikaner kulturell unterentwickelt. Die weit verbreitete Verwendung von Deodorants und die Unterdrückung von Geruch in der Öffentlichkeit haben ein Land der geruchlichen Milde und Eintönigkeit hervorgebracht, was anderswo auf der Welt nur schwierig zu wiederholen wäre. Diese Milde bewirkt undifferenzierte Räume und bringt uns um Reichtum und Abwechselung im Leben. Sie trübt auch Erinnerungen, weil ein Geruch viel tiefere Erinnerungen hervorruft als das Sehvermögen oder der Schall.«

In *Psychopathology and Education of the Brain-Injured Child* stellt Strauss fest:

»Im menschlichen Nervensystem findet sich nichts Angeborenes, was uns direkte Informationen über den Raum gibt. Es gibt keinen speziellen Raumrezeptor. Bildprojektionen in eine räumliche Welt sind das Ergebnis sorgfältiger Fokussierung und bestimmter äußerst subtiler Hinweise und als solche ein erlerntes Phänomen. Weiterhin scheint es, daß keiner der vielen Hinweise, die wir benutzen, um uns im Raum zu verorten, allein ausreichend ist. Jeder einzelne Hinweis ist abhängig von den Wirkungen bestimmter Überlagerungstypen, die uns, wenn wir von einem Hinweis allein abhingen, ein unvollständiges Bild liefern würden. Erst das Zusammenspiel vieler Hinweise gibt uns eine klare und gut strukturierte räumliche Welt.« Tatsächlich überschreitet dieses Zusammenspiel selten einen bestimmten Wirkungsgrad, was Eric Bentley in *Das lebendige Drama* folgendermaßen begründet:

»Wahrnehmung ist an Bedürfnisse gekoppelt. Sind unsere tatsächlichen Bedürfnisse relativ gering, sind auch unsere Wahrnehmungen relativ gering. Außerdem sind sie relativ undeutlich, unvollständig und unpräzise.«

Bentley bemerkt weiter: »Viel zu oft sehen wir einfach nicht;

wir schauen nicht hin; wir haben vorgefaßte Vorstellungen. Wir versichern uns einfach mit einem flüchtigen, unruhigen Blick nach vorn, daß wir nicht doch mit irgend etwas zusammenstoßen und vermengen das, was wir halb sehen, mit dem, was wir zu wissen glauben.«

In F.C. Bartletts *Remembering* findet sich eine ausführliche Veranschaulichung des Prinzips, daß Wahrnehmung selbst eine Art Erinnern ist. Im Moment der Wahrnehmung erscheint nahezu simultan ein Nachbild bzw. ein Eindruck im Unbewußten. Jeder Sinneseindruck, hat Dallas Smyth (in *The Problem of Perception*) ausgeführt, ist immer hundertprozentig. Aber das Nachbild, das wir produzieren, um so einen Sinneseindruck zu ergänzen, ist eine ganz andere Sache. Nur der Künstler hat die Macht, es ins Bewußtsein zu heben. Unsere Reaktion auf Erfahrung ist in der Regel so unangemessen und verworren, daß ohne die künstlerische Konfrontation mit dem unbewußten Bild die Lage des Menschen wirklich sehr konfus wird.

Die Gleichgültigkeit der Natur gegenüber dem schöpferischen Leben

Hildebrands *Problem der Form in der bildenden Kunst* (1893) hatte großen Anteil daran, die Aufmerksamkeit auf die Tätigkeit der Vervollständigung des Sinneseindrucks als Begleiterscheinung jeglicher Wahrnehmung zu lenken. Gerade diese notwendige ›Schließung‹ oder Wahrnehmungsvervollständigung brachte die ›signifikante Form‹ im Vergleich zur gewöhnlichen unvollständigen Form hervor.

Der große Vorteil bei der Untersuchung des Raums in den Künsten liegt in der außerordentlichen Bandbreite von Sinneseindrücken, die die Künste bieten, um die Wahrnehmung zu schulen. Zum Beispiel ist es nicht selbstverständlich, daß der Gesichtssinn der einzige Sinn ist, der die Illusion gleichförmiger, zusammenhängender Räume erzeugt. Der Bewohner der auditiven Welt lebt im Mittelpunkt einer Kommunikationskugel und wird gleichzeitig von allen Seiten mit Sinnesdaten bombardiert. Die durch das Gehör strukturierte Kultur kennt nicht die Flächen des visuellen Raums, die von Schriftkulturen lange Zeit als ›normal‹ und ›natürlich‹ angesehen wurden. Der Maler, der innerhalb der Grenzen einer visuellen, alphabetisierten Kultur arbeitet, muß sich in einem Milieu zurechtfinden, in dem tendenziell alle Räume miteinander verknüpft werden. Es ist eine Welt der Logik und der stringenten Handlung.

In *Kunst und Illusion* merkt Gombrich an: »Über das Problem des Räumlichen in der bildenden Kunst sind dicke Bände geschrieben worden. Steinbergs witzige, ja geistvolle Zeichnungen sind demgegenüber eine willkommene Demonstration der Tatsache, daß es ja nicht der Raum ist, der dargestellt wird, sondern bekannte Dinge in bekannten Situationen.«

Für den Gelegenheitsleser mag es so aussehen, als ob Gombrich annimmt, daß der einzige reale Raum auf dem Sehvermögen beruht. Damit wird behauptet, daß Raum ein Behälter für Dinge ist. Wie Maler sehr gut wissen, wird Raum jedoch von allen möglichen Verknüpfungen zwischen Farben, Texturen, Klängen und deren Intervalle erzeugt bzw. hervorgerufen. Die Arbeiten von Malern wie etwa Jackson Pollock zeigen Räume, die sowohl über Tiefensensibilität und Bewegung als auch andere Sinnesbeziehungen erzeugt werden.

Warum die Balinesen sagen: »Wir haben keine Kunst«

Indem wir mit unseren Sondierungen der verschiedenen Spielarten von Raum bei den Höhlenmalereien beginnen, läßt sich die Vorstellung, daß es eine Parallele zwischen prä- und postliteralen Kulturen gibt, leichter erhellen. Der Primitive lebte in einer Welt, in der alles Wissen und jegliche Fertigkeit gleichzeitig für alle Mitglieder der Gruppe zugänglich waren; der zeitgenössische Mensch hat sich eine Informationsumwelt geschaffen, die alle Technologien und Kulturen in eine allumfassende Erfahrung einbezieht.

Die Balinesen, die kein Wort für Kunst besitzen, sagen: »Wir machen alles so gut wie möglich.« Diese reizende Bemerkung lenkt die Aufmerksamkeit auf die Tatsache, daß die primitive Kunst einem ganz anderen Zweck dient als die westliche Kunst. Gleichwohl nähert sich der elektronische Mensch ähnlich den Balinesen dem Zustand, in dem es möglich ist, die gesamte Umwelt als Kunstwerk zu behandeln. Das ist keine Lösung für das frühere Problem der Ausschmückung der Umwelt. Ganz im Gegenteil. Diese neue Möglichkeit erfordert ein totales Verständnis für die Funktion der Kunst in der Gesellschaft. Es wird nicht länger möglich sein, Kunst der Umwelt bloß hinzuzufügen.

Diese Untersuchung beabsichtigt, den Leser durch die Wahrnehmungslabyrinthe zu führen, die von alten wie neuen Technologien angelegt wurden, und zu erklären, warum in den Begriffen der Raumgestaltung in Dichtung und Malerei die mittelalterliche und die primitive Welt soviel mit der modernen Erfahrung gemeinsam haben.

Die Entdeckung der Diskontinuität in Kunst und Briefen des Mittelalters. Die überlegene Raffinesse des mittelalterlichen Herausgebers

A Preface to Chaucer von D. W. Robertson erläutert ausführlich, inwiefern die Raum- und Zeitvorstellungen in Chaucers Kunst diskontinuierlich und vielschichtig sind. Den modernen Gelehrten erschreckt die Entdeckung von Diskontinuität, weil sie seine üblichen Methoden und Klassifikationen in Frage stellt. Robertson behauptet zum Beispiel, daß die Prinzipien der konventionellen Philologie für die Aufgabe ziemlich ungeeignet sind, die mittelalterliche Praxis der vielschichtigen Exegese kennenzulernen:

»Die momentane Hilflosigkeit der wissenschaftlichen Philologie gegenüber der Allegorie läßt sich leicht illustrieren, selbst wo sie sich mit der simpelsten Form der Allegorie beschäftigen, dem bildlichen Ausdruck der mittelalterlichen Grammatiker. Diese Trope besteht nach der Beschreibung von Isidor von Sevilla aus »alieniloquium«. Die Worte drücken die eine Sache aus, aber verstanden wird etwas anderes. Es gibt, sagt er, zahlreiche Formen, die diese rhetorische Figur annehmen kann, von denen jedoch sieben als besonders wichtig hervorgehoben werden sollen. Es sind Ironie (durch Lob verspotten), Antiphrase, Änigma, Charientismus, Parömie (sprichwörtlicher Ausdruck), Sarkasmus, Astysmus (Sarkasmus ohne Bitterkeit). Eigentlich sollten diese Tropen für die moderne Gelehrsamkeit klarer sein als für unsere schwerfälligen mittelalterlichen Vorfahren. Aber das sind sie nicht. Zum Beispiel betrachten moderne Lukan-Interpreten die Anrufung Neros in *Pharsalia* fast ausnahmslos als Lobrede, wohingegen die mittelalterlichen Kommentatoren vom zehnten Jahrhundert bis zur Renaissance diese Widmung als Ironie abhandeln.«

Robertson macht die Feststellung, daß die darstellenden Aspekte einer Begräbnisurne insofern irrelevant sind, als daß eher von einer Idee als der Interaktion der dargestellten Figuren erwartet wird, eine Reaktion auszulösen. Bei einer etruskischen Urne wird vom Betrachter nicht erwartet, daß er auf die dargestellten Räume achtet. Robertson möchte, daß wir erkennen, daß die Einfühlung oder Einbeziehung des Betrachters eher über viele Sinne oder über Begriffe als fragmentiert und visuell abläuft. Nur über die Phantasie einer Geschichte wie *Alice im Wunderland* konnte der Mensch des 19. Jahrhunderts in solch andersartige Räume eintreten. Eine moderne Kunstgalerie lädt die Besucher ein, bei der Erkundung neuer Raumkonzepte so abenteurlich und wagemutig wie ein Astronaut zu sein. Selbst die Virtuosität eines aus vielen Ebenen zusammengesetzten Raumes kann den heutigen Betrachter nicht schrekken. Vor kurzem wurde darauf hingewiesen, daß die Gemini V-Astronauten sich über Überarbeitung beklagten. Der Betrachter zeitgenössischer Kunst befindet sich in einer ähnlichen Lage. Verzerrungen wie bei El Greco werden durch den Gebrauch vielfältiger visueller Räume zur Darstellung derselben Situation erzeugt. Dagegen nutzt ein Wasserspeier Räume, die durch das Zusammenspiel aller Sinne generiert werden.

Georges Poulet diskutiert in *Studies in Human Time* die großen Unterschiede zwischen den Reaktionen des Mittelalters und der Renaissance auf die Erfahrung von Zeit: »Für den mittelalterlichen Menschen gab es nicht nur eine einzige Zeitdauer. Es gab mehrere übereinandergestapelte Formen von *Dauer* und zwar nicht nur in der Universalität der äußeren Welt, sondern auch in ihm selbst, in seiner eigenen Natur, in seiner eigenen Existenz.«

Bezeichnenderweise setzt Poulet voraus, daß die Welt des Raums einheitlich sei, als ob sie eine einheitliche und kontinuierliche Gestalt für alle Menschen habe. Es ist jedoch zentral für das Verständnis von Raum in Dichtung und Malerei, daß wir beim Raum dieselbe kulturelle Vielfalt erkennen wie bei der Zeit. Obwohl Poulet sehr wohl zwischen zeitlichen Phasen zu unterscheiden weiß, ist es ihm offensichtlich noch nicht in den Sinn gekommen, daß eine ähnliche Unterscheidung für unseren Zugang zur räumlichen Erfahrung vonnöten ist.

Ob nun das Huhn die Idee des Eis gewesen ist, mehr Eier zu bekommen, oder nicht, man sollte auf jeden Fall einsehen, daß diskontinuierliche Räume und Zeiten immer zusammen existieren. Eines ist ohne das andere unmöglich, genauso wie kontinuierliche Zeit und kontinuierlicher Raum immer Hand in Hand gehen. Unsere Wahrnehmung von Zeit und Raum ist erlernt. Eine Kultur wird all ihren Mitgliedern eine bestimmte Weise aufzwingen, Zeit und Raum zu erzeugen.

Der visuelle Gradient und der Aufstieg der Fragmentierung

Es ist wiederum Poulet, der beobachtet, daß im 17. Jahrhundert »das menschliche Denken sich nicht länger als Teil der Dinge fühlt«. Das ständige Anwachsen der visuellen Kultur trug direkt zu diesem Gefühl der Entfremdung bei. Das Denken scheidet sich selbst von den Dingen, um über sie nachzudenken. Hamlet und Bosch sind nur zwei der zahlreichen Renaissance-Gestalten, die ihr Gefühl der Entfremdung in der neuen Welt intensiver visueller Überanspruchung und Fragmentierung verkünden. Fragmentierung ist eine paradoxe Folge der intensiven Betonung visueller Erfahrung. Paradox deshalb, weil der herausgelöste visuelle Modus selbst einen Raum erzeugt, der einheitlich, stetig und zusammenhängend ist. Der Grund, daß hohe visuelle Beanspruchung zur Fragmentierung der Erfahrung führt, scheint darin zu liegen, daß allein das Sehen das Vermögen hat, einzelne Aspekte des Raums in kurzen Zeitmomenten herauszulösen und einzufangen. Die anderen Sinne können dieses Kunststück nicht kopieren. Andrew Marvell spielt in *To His Coy Mistress* (An seine spröde Gebieterin) auf die divergierende Beschaffenheit von Zeit und Raum an:

> Hinter mir, ich hör es immer, nicht mehr weit,
> Eilt herbei auf Flügeln der Streitwagen der Zeit;
> Und dort vor uns sich weiten
> Die Wüsten ungeheurer Ewigkeiten.

Zeit kann er hören, und Raum kann er sehen; aber das ganze Gedicht entwickelt diese widerstreitenden Ordnungen des akustischen und des visuellen Raums. Ein Haupttrend der Wissenschaft des 17. Jahrhunderts war die Beschäftigung mit Messen und Beobachten durch Analyse und Zerlegung.

Shakespeares Strategie

Die Querverbindungen zwischen den verschiedenen Ebenen der Wirklichkeit im 17. Jahrhundert schienen mit der neuen Wissenschaft jener Zeit nicht mehr vereinbar zu sein. Bischof Sprat vermerkt in seiner *History of the Royal Society* das verzweifelte Bedürfnis nach einem Heilmittel für Sprache und Ausdruck:

»Sie waren daher rigoros darauf bedacht, das einzige Heilmittel anzuwenden, das gegen diese Überspanntheit gefunden werden konnte; und das war die dauerhafte Entschlossenheit, all die stilistischen Erweiterungen, Abschweifungen und Schwülstigkeiten zurückzuweisen; zurückzukehren zu der primitiven Reinheit und Kürze, als der Mensch so viele Dinge in einer fast genauso hohen Anzahl von Worten überbrachte. Sie verlangten von allen ihren Mitgliedern eine genaue, unverhüllte und natürliche Art des Sprechens, präzise Ausdrucksweise und eindeutigen Sinn; eine natürliche Ungezwungenheit; größtmögliche Annäherung aller Dinge an mathematische Klarheit; und eine Bevorzugung der Sprache der Handwerker, Bauern und Kaufleute vor Esprit und Gelehrsamkeit.« In einer ganz ähnlichen Weise, in der ein perspektivischer Maler einen bestimmten Moment oder einen bestimmten Raum zu isolieren versuchte, träumte Bischof Sprat davon, daß die Mitglieder der Royal Society eine ähnlich spezialisierte Virtuosität erreichen könnten, wenn sie diese Tugenden einer einfachen und klaren Prosa beherzigen würden.

Patrick Cruttwell hat in *The Shakespearean Moment* den Verlauf der Fragmentierung in der Renaissancekultur untersucht: »Die Sonette liefern uns den perfekten Text, anhand dessen wir erkennen können, was wirklich in den Köpfen der Menschen während dieses entscheidenden Jahrzehnts vorging und besonders was mit der Dichtung geschah, die diese Vorgänge ausdrückte.« Es handelt sich um die 1590er Jahre, »als Spensers und Botticellis blauäugige Dame, die imaginäre Dame imaginärer Nächte, deren Verhalten so vorhersehbar war wie ihr Aussehen«, samt einem ganzen Sack voll Mittelalter und Renaissance über Bord geworfen wurde.

Wenn Hamlet ein seiner Gesellschaft entfremdeter Mensch ist, den Blick starr auf den Rückspiegel geheftet, erscheint der Held, Fortinbras – der entschlußfreudige Mann der Tat, der wohlangepaßte Mann –, den Hamlets als ein Lebewesen, das bereit ist, sein ganzes Menschsein aus den kurzlebigsten und nichtigsten Gründen und Ursachen wegzuwerfen. Der Mann der Tat hängt seine Ehre »an einen Strohhalm«; er stirbt »für ein Hirngespinst, einen trügerischen Ruhm«. Cruttwell sieht in Shakespeare den einzigen Dichter, der an zentraler Stelle mit diesem Problem der Auflösung gerungen hat und sich ihm nicht nur gestellt, sondern es auch gelöst hat.

In *Elizabethan Poetry* beschreibt Hallett Smith die Technik, mit der Shakespeare die Einheit inmitten der Auflösung erreichte: »…Shakespeare bediente sich der Sonettform, weil sie ihm vielleicht unmittelbarer als das Drama die Gelegenheit bot, aus der Vielfalt, der emotionalen Analyse und der Leidenschaft des Petrarkismus einen ernsthafteren und grundlegenderen Gebrauch der Metapher hervorgehen zu lassen. In seiner Leistung

liegt die genaueste und wertvollste Antwort auf diese exotische
Form des elisabethanischen Problems; wie man Erfahrung
und gleichzeitig ihre Analyse wiedergibt; wie man eine Kombination von Wahrscheinlichkeit und Fremdartigkeit erreicht;
wie man dem Sonettzyklus den Anschein gibt, das reale Leben
widerzuspiegeln statt der steifen und abgetragenen Szene der
distanzierten Dame und des verzagten Freiers, aber das Leben
nicht so sehr in seinen äußeren Bedingungen als vielmehr in
seinem inneren Sinn und Zweck widerzuspiegeln.«
Die Auffassungsgabe eines Menschen muß seine Begriffe über-
steigen, oder was ist eine Metapher?
Die Renaissance war unbewußt damit befaßt, einen durch-
dringenden visuellen Raum zu schaffen, der einheitlich, stetig
und zusammenhängend war. Das Mittelalter hatte eine ganz
andere Art von Raum als psychische und soziale Umwelt. Einer
der Gründe dafür war die ›Idee‹ hinter der mittelalterlichen
Repräsentation. Es war eher die Idee als die psychologisch-
erzählerische Bindung zwischen den Figuren, die für die mittelalterliche Kommunikation zentral war. Daher gab es kein
Verlangen nach einem ›rationalen‹ bzw. stetigen Raum, in dem
die Figuren psychologisch interagieren konnten. Am Höhepunkt der Renaissance findet es der Betrachter leicht, sich
selbst in das Bild zu versetzen, als ob sein Raum und der des
Gemäldes eins wären. Dies wurde möglich, nachdem der
›Fluchtpunkt‹ sich ›im‹ Bild etabliert hatte. Mit dem Fluchtpunkt ging die Illusion einher, daß der Raum des Beobachters
und der des Kunstwerks ein Kontinuum bilden. Der Beobachter wird Teil der Kraftlinien, die ihren Brennpunkt im Fluchtpunkt finden. In der mittelalterlichen Malerei liegen dagegen
der Brenn- und der Fluchtpunkt im Betrachter. Im Kontrast
dazu erzeugt im 17. Jahrhundert ein Porträt, das sein Auge auf
den Betrachter richtet, einen Dualismus, der als solcher auch
bemerkt werden soll. Tatsächlich wird das Porträt zum Selbst-
porträt, in dem das Sujet gleichzeitig der Beobachter des
Gemäldes ist. Das Bild wird zu einem Spiegel mit einem sozusagen psychologischen Fluchtpunkt im Betrachter. Hier
stoßen wir auf die Welt von Descartes und Hamlet. Dieser
Gebrauch der Kunst als Spiegel hat sich als originäre Methode

der Renaissance herausgestellt, Publikumsreaktionen einzubeziehen und es zum Schauspieler zu machen. Zum ersten Mal in der Geschichte der Kunst teilt der Zuschauer den Blickwinkel des Künstlers. Ein wenig scheint hier die Vorwegnahme der modernen Malerei durchzuschimmern: die Anteilnahme des Zuschauers am Schaffensprozeß.

Perspektive selbst ist eine Form der Wahrnehmung, die ihrer Natur nach auf Spezialisierung und Fragmentierung hinausläuft. Sie besteht auf einem einzigen Standpunkt (zumindest in dieser klassischen Phase) und zieht uns automatisch in einen einzigen Raum. Sofern der dreidimensionale Raum von eindimensionaler Zeit flankiert wird, entwickelt sich die Fragmentierung in Zeit und Raum, in Dichtung und Malerei. Die Möglichkeit des ›Selbstausdrucks‹ erwächst aus dem Bestehen auf Einheit der Zeit und Einheit des Raums. Im Manierismus manifestiert sich diese Möglichkeit in einer unbekümmerten Verletzung des Proportions- und Farbkanons und in der Realisierung der Möglichkeiten, die in der Vielfalt visueller Räume stecken, in einem einzigen visuellen Raum – Fragmentierung innerhalb der gewählten Parameter. Der Manierismus kann als vorherwissende Einsicht verstanden werden, die analytische Beobachtung schon im 17. Jahrhundert erlaubt.

Der Barock kann als Gegengradient oder Gegenschub oder als Rückkehr zu einer Balance und klassischen Ausgewogenheit nach dem Angriff visueller Spezialisierung und manieristischer Fragmentierung verstanden werden. Wenn das ganze Aufkommen der Perspektive als stetiger Entwicklungsgradient oder als umweltmäßige Überanspruchung der westlichen Welt betrachtet werden kann, können die virtuosen Leistungen der Manieristen in Literatur und Malerei als Gestammel dieses Gradienten gesehen werden. Für uns ist es schwer nachvollziehbar, daß die Perspektive zunächst den gleichen Schock des Neuen und Ekligen hervorrief wie der Kubismus und die abstrakte Kunst zu Beginn des 20. Jahrhunderts oder wie ihn heute die Perspektive in der arabischen und hinduistischen Welt hervorruft. Wie komisch und abstoßend Perspektive erlebt wurde zeigt die Passage in *König Lear*, in der Edgar versucht, Gloucester zu retten:

EDGAR: Kommt Herr, hier ist's: Steht still. Wie fürchterlich,
Schwindelig, den Blick so tief hinabzuwerfen!
Die Krähn und Dohlen, die in halber Höhe fliegen,
Sind kaum wie Käfer groß. Halbwegs hinab hängt
Einer, der Fenchel pflückt. Gräßliches Handwerk! –
Nicht größer als sein Kopf kommt er mir vor.
Die Fischer, dort am Strand, sehn aus wie Mäuse,
Und dort, vor Anker, diese große Barke,
Klein wie ihr Boot, ihr Boot wie eine Boje,
Fast nicht zu sehn mehr. Und die rauschende Brandung,
Die rasselt nutzlos mit unzähligen Kieseln,
Hört man so hoch hier nicht. – Ich schau nicht länger,
Sonst dreht mein Hirn sich, und der schiefe Anblick
Stürzt mich kopfüber.

GLOUCESTER: Stell mich hin, wo du stehst.

EDGAR: Gebt mir die Hand: Ihr seid nun ein Fußbreit
Vom äußern Rand: Um alles unterm Mond nicht
Wollt ich hier hochhüpfen.

Der kurz zuvor geblendete Gloucester versucht, in dem
Wunsch sich selbst zu vernichten, sich von der Klippe zu stür-
zen. Edgar rettet ihn durch Täuschung, indem er diese Szenerie
aus klassischer Perspektive beschreibt. Die Tatsache, daß für
einen blinden Mann eine hypothetische Szenerie beschrieben
wird, schafft ideale Bedingungen für poetische Virtuosität. Für
einen Blinden bietet der visuelle Raum eine ideale Ergänzung
oder Schließung seines Wahrnehmungsverfahrens. Shakespeare spürte die Notwendigkeit und Bedeutung der Illusion,
und er scheint durchaus verstanden zu haben, daß Perspektive
die Kunst der Illusion war. Doch eine visuelle Illusion durch
Worte zu erzeugen, war eine besondere Ochsentour, für die es
keinen Präzedenzfall gibt. Die Eingangsworte von Edgar an
Gloucester: »Kommt Herr, hier ist's. Steht still«, belegen, daß
sich Shakespeare der Kunst der Perspektive bewußt war.

Der Augapfel als Sendestudio

»In alten Schriften über das Sehvermögen überwogen zwei genau entgegengesetzte Standpunkte. Auf der einen Seite betrachteten die Emissionstheoretiker das Auge selbst als Quelle der Strahlen, die die Welt erforschen – ein wenig wie Finger Gegenstände abtasten. Auf der anderen Seite verstanden die Rezeptionstheoretiker das Auge als einen Empfänger von Informationen, die von äußeren Objekten stammen. Die klassische Rezeptionstheorie nahm an, daß viele *eidola* (Abbilder) von den Objekten abgelöst werden, um sich den Augen des Beobachters zu nähern und schließlich in sie einzutreten. Auf diese Art gewinnen das Auge und das Sensorium (Wahrnehmungsapparat) hinter dem Auge Wissen von dem Objekt.« (Gyorgy Kepes, *Structure in Art and in Science*)

Emissions-Theorien waren viele Jahrhunderte vorherrschend. Mit dem Erscheinen von Newtons Optik wichen sie den Rezeptions-Theorien. Heute haben Revisionisten noch einmal für eine ernsthafte Beschäftigung mit der Emissions-Theorie den Weg frei gemacht.

Vor solch avancierter Theorie erlebte das späte 19. Jahrhundert jedoch einen bemerkenswerten Vormarsch Newtonscher Ideen mit besonderem Schwerpunkt auf dem Nachbild und dem Simultankontrast. Während diese Theorie Kunstmalern grundsätzlich bekannt ist, sind ihre weiteren soziologischen Implikationen nie untersucht worden. Einfach erklärt besteht das Nachbild im Farbbereich aus einem physiologischen Ausgleichen in einem integrierenden Weiß. Eine kurze Formel könnte lauten: Sinneseinwirkung plus Sinnesvervollständigung gleich Weiß ($SE + SV = W$). Zum Beispiel wird jeder Farbton bei längerer Betrachtung blasser. Dieser Prozeß beginnt tatsächlich unverzüglich. Man setzt voraus, daß der Tastsinn genauso das Resultat des Zusammentretens aller Sinne in einem bestimmten Verhältnis ist, wie Weiß die Summe der Primärfarben in einem bestimmten Verhältnis. Schwarz ist demgemäß das Nachbild des Tastsinns. Natürlich werden die Modalitäten des Tastsinnes auf ein Mindestmaß reduziert, wenn der visuelle Gradient einer Kultur steigt. Dies wird in der

Sinnesevolution der Künste besonders deutlich. Von der Höhlenmalerei zu den Romantikern gibt es einen stetigen Anstieg der Visualität. Es könnte gut sein, daß wir uns seit dem Aufkommen der Synästhesie in den Künsten und den nonvisuellen elektronischen Phänomenen in den Wissenschaften auf eine Art Null-Gradienten-Kultur zubewegen, in der allen Erfahrungsweisen gleichzeitig Aufmerksamkeit zukommt.

Die Notwendigkeit einer physiologischen oder psychologischen Balance bedeutet, daß jede *neue* Sinneseinwirkung eine bekannte Sinnesvervollständigung finden muß, genau wie ein Mensch auf dem Mond alle lunaren Erfahrungen in bekannte irdische Begriffe übersetzen müßte.

Die Learsche Landschaft bei Shakespeare bietet ein genaues Gegenstück zu dem Dürer-Bild, das zeigt, wie eine perspektivische Zeichnung durch ein Gitter hindurch angefertigt wird. Der Künstler fixiert sich in einer Position und erlaubt weder sich noch seinem Modell, sich zu bewegen. Dann geht er so vor, daß er Punkte auf der Bildebene mit entsprechenden Punkten auf dem Sinnesbild abgleicht, eine etwas bizarre Vorwegnahme der Kopfklemmen von Daguerre. Dies ist die Art von ›eindimensionalem Blick‹, den William Blake später als ›eindimensionalen Blick und Newtons Schlaf‹ verurteilte. Er besteht grundsätzlich in einem Angleichungsvorgang von äußerer und innerer Repräsentation. Was gewissenhaft wiedergegeben oder wiederholt wurde, ist seitdem für das wahre Kriterium von Rationalität und Wirklichkeit gehalten worden. Wenn es in solch einer Korrespondenz eine Störung gibt, glaubt man von der betroffenen Person, daß sie entweder halluziniert oder in einer Welt des Selbstbetrugs lebt. Heute jedoch bricht sogar die Fließbandtechnik der Herstellung identischer Gegenstände unter dem Einfluß der unendlichen Vielfalt zusammen, die den automatisierten Techniken innewohnt.

Die barocke Suche nach einer »olten HennWeise«

Während der Manierismus flüchtig und gleichsam mit gehetzter Geschwindigkeit auf einzelne Augenblicke und Aspekte blickte, versuchten barocke Kunst und Dichtung unvereinbare Facetten und Erfahrungen dadurch zu vereinigen, daß sie ihre Aufmerksamkeit auf den Moment der Verwandlung richteten. »Der Augenblick der Verwandlung war ein Lieblingsthema des Barock. Bernini stellt Anchises und Proserpina im Moment ihres Fortgetragenwerdens dar, Daphne, während die Rinde ihren Körper umschließt und ihren Fingern Blätter entwachsen. Der Vorgang deutet in beide Richtungen und wir wissen aus der extremen und subtilen Expressivität von Berninis Modellierung (die ängstlichen alten Augen von Anchises, die nach Proserpina greifenden Finger Plutos) sowohl was die Figuren waren, als auch was sie sein werden. Ähnlich zeigt uns Milton – anders als Dante und Spenser – den Moment der Verwandlung – bei Satan den Moment, in dem die Verwirklichung der Hölle über ihn, der nichts anderes als ein gefallener Erzengel ist, hereinbricht; bei Eva, wenn wir sorgfältig darauf vorbereitet werden, den Moment, in dem sie den Apfel ißt, als einen in Vergangenheit und Zukunft gerichteten Hinweis.« (Roy Daniells, *Milton, Mannerism and Baroque*)

Physiologisch betrachtet ist das Zentrum des Auges für Farbe und Struktur empfänglich. Die Peripherie des Auges hingegen ist außerordentlich sensibel für den Hell-Dunkel-Gegensatz und für Bewegung. Im Mittelalter und in der Vorzeit leitete sich die Art des Sehens vom Gebrauch des Augenzentrums her. In Renaissance und Barock gewann die Peripherie die Oberhand. In *Finnegans Wake* bezieht Joyce diese Themen in sein Kapitel über das freundliche Huhn Belinda und ihrer »olten HennWeise« ein. Vergangenzeit ist Zeitvertreib.

Als wäre jeder Moment sein letzter

In der Malerei des 18. Jahrhunderts war die abgebildete Zeit normalerweise begrenzt und der Handlungsdruck der Figuren suggerierte bevorstehende Bewegung. Die Chinesen sagen, daß sich die Abendländer immer zum Leben fertigmachen – »lebend, als wäre jeder Moment sein letzter« (*Finnegans Wake*). Im Gegensatz dazu umfaßt in präliteralen Kunstformen die dargestellte Zeit alle möglichen Momente der Existenz eines Dinges in einem ikonischen Entwurf. Die Haltung der Figuren suggeriert nicht irgendeine zukünftige Bewegung, sondern zeichnet eher das signifikante Profil eines zeitlosen Handelns, das alle möglichen Zeiten und Handlungen in allen möglichen Räumen miteinbezieht.

Die romantischen Dichter versuchten, einzelne Emotionen zu isolieren, und fanden es deshalb notwendig, die Perspektive zu benutzen. Wenn der Inhalt eines solchen Werks aus elenden Verhältnissen stammt, nennt man das Ergebnis »Sensationsmache«. Irgendein Teil aus der Umgebung in einen privilegierten Bereich zu bringen, sei es auf eine Zeitungsseite oder auf eine Leinwand, bedeutet, die Wirkung einer Reportage zu erzeugen. Dies ist gleichbedeutend mit der Aussage, daß die Zeitung selbst eine romantische Kunstform ist. Gemessen an unseren Maßstäben von Journalismus sind Goyas *Schrecken des Krieges* eigentlich Reportagen.

Der Neoklassizismus in der Malerei bedeutete oft den Gebrauch von klassischen Themen als Inhalt für romantische Formen – zum Beispiel in Davids Gemälde *Der Schwur der Horatier*. Auf gleiche Weise adaptierten die Präraffaeliten mittelalterliche Inhalte für romantische Bearbeitungsformen. Und die romantischen Dichter stürzten sich, von der neuen industriellen Umgebung abgestoßen, auf die vorangegangenen Milieus der Bauern und Handwerker.

Einer der interessanten Züge der Kunstgeschichte ist die Antipathie gegen barocke Formen in einigen nördlichen Gebieten Europas einschließlich Deutschlands. Die Gegenreformation im 17. Jahrhundert war nicht völlig von dem Trend zu unterscheiden, der sich gegen die Barockkunst wandte. Die Doppelperspektive und das dynamische Wechselspiel des Barock fehlen in der neoklassizistischen Renaissance des 18. Jahrhunderts. Während die Romantiker sich in ihrer Dichtung und Malerei auf jeweils ein Gefühl oder eine Leidenschaft konzentrierten, gelang es Historikern wie Gibbon, klassisch zu wirken, indem sie sich jeweils auf eine Perspektive beschränkten. Wie die neoklassischen Maler benutzte Gibbon eine einzige Perspektive und einen antiken Inhalt für seine Kunst. Tatsächlich ist es schwierig, sich vorzustellen, wie die Romantiker ihrer Vorliebe für entfernte Räume und Zeiten nachgegangen wären, wenn nicht durch eine einzige Perspektive. Das ist es, was Byron, Delacroix, Gibbon, Scott und Géricault zu eng verwandten Charakteren macht.

Die Welt im ästhetischen Augenblick anhalten

Newtons *Optik* hatte einen außerordentlichen Einfluß auf Dichtung und Malerei des 18. und 19. Jahrhunderts. Seine Enthüllung des natürlichen Vermögens des Auges, die Strahlen der sichtbaren Welt zu brechen, ermutigte Künstler, äußere Landschaften auszuwählen, die eine besondere Stimmung oder Empfindung des emotionalen Spektrums isolierten. War die große Entdeckung der Barockkünstler der Augenblick der Verwandlung, so begeisterte sich das 18. Jahrhundert für den ästhetischen Augenblick, den Moment gebannter Aufmerksamkeit, als einen Augenblick künstlerisch erzeugten Gefühls. Die Brechung wurde mit einem Male auf das Geistes- und Gefühlsleben des Menschen ausgedehnt. Die Außenwelt wurde auf ihre Fähigkeiten hin untersucht, besondere Erfahrungsqualitäten auszuwählen und zu brechen. Wordsworths Notiz über Lucy »Ein Veilchen neben einem bemoosten Stein / dem Auge halb versteckt« ist ein treffendes Beispiel für die Isolierung feiner Eigenschaften durch das Nebeneinanderstellen von Naturgegenständen. Marjorie Nicolsons Buch *Newton Demands the Muse* bietet eine faszinierende Darstellung der dichterischen Erwiderung auf Newtons *Optik*. Insofern Newton zu einer größeren Betonung des sichtbaren und gleichförmigen Raums ermutigte, trug er zu dem bei, was I. A. Richards die »Neutralisierung der Natur« nennt, die bei den Impressionisten des 19. Jahrhunderts offenbar wird. Es war die Isolierung von einzelnen Erfahrungsmomenten und -qualitäten, die dazu beitrug, das Interesse des 18. Jahrhunderts an ästhetischem Stillstand und Weltentrücktheit auszubilden. In der Kunst des 19. Jahrhunderts wurde Emotion mehr und mehr mit weltabgewandten und weltfernen Haltungen verbunden. In seiner *Welt als Wille und Vorstellung* erhob Schopenhauer den ästhetischen Augenblick des Stillstands zum bevorzugten Mittel, mit dem man die Welt sozusagen anhalten und aussteigen kann.

Das Romantische Interesse an Kunst- und Wachstumsprozessen

Es ist beinahe wie eine Reaktion auf die Betonung des ästhetischen Augenblicks, daß die Romantiker ein gleichermaßen tiefes Interesse für den Schöpfungsprozeß in Kunst und Leben entwickelten. Die Idee eines Kunstwerks als eine direkte Manifestation des kreativen Prozesses selbst übte einen weitreichenden Einfluß unter den Symbolisten aus. Blieb nur noch, Mittel zu ersinnen, das Publikum in diesen Schöpfungsprozeß einzubeziehen, um jene Phase der Ästhetik zu erreichen, die aus dem Expressionismus und im Denken des 20. Jahrhunderts bekannt ist.

Das Interesse am schmalen Zeitausschnitt

Delacroix war von den *plein air*-Skizzen von Constable so fasziniert, daß er dazu neigte, der Romantik die Unmittelbarkeit der späteren impressionistischen Methode einzuflößen. Constable rückte die Malerei weg von einem Chardin-ähnlichen Interesse am Objekt an sich, indem er der Wirkung, die Licht auf natürliche Farben hat, große Aufmerksamkeit zollte. Eine Parallele zu Constable kann man bei Turner finden, wo der Gegenstand fast vollständig zugunsten der fließenden Kraftlinien des übergreifenden Umfeldes eliminiert wurde: Sturm, Dampf, Nebel, Wasser, Licht etc. spielen in Turners Gemälden eine Hauptrolle.

Whistler ist Turner nicht unverwandt – er zeigt ebenfalls eine Vorliebe für die Kraftlinien, die die äußere Szene formen, wenn auch mit einem feinerem Geschmack. Sobald die Konzentration auf Kraftlinien durch eine sehr subtile Sensibilität gefiltert war, richteten die Maler ihr Interesse auf orientalische Modelle mit ihrem gleichzeitigen Akzent auf formalen und strukturellen Faktoren. Als das Interesse an formalen Faktoren stieg, fiel das Interesse am Gegenstand bis auf den Punkt, an dem Whistler das Portrait seiner Mutter *Arrangement in Schwarz und Grau* nennen konnte.

Seurat und der Aufstieg des polyformen Raums oder das Ende des neutralen Newtonschen Raumes

Auf einem vollkommen anderen Weg gelangte Seurat zu einer ähnlichen Akzentuierung. Indem er die Newtonsche Analyse der Lichtbrechung nutzte, gelangte er zur Technik des Divisionismus, in der jeder Farbpunkt einer tatsächlichen Lichtquelle entspricht, einer Sonne sozusagen. Dieser Kunstgriff kehrte die traditionelle Perspektive um, indem sie den Betrachter zum Fluchtpunkt machte. C. S. Lewis macht in *The Discarded Image* eine ähnliche Beobachtung, wenn er den modernen mit dem mittelalterlichen Menschen vergleicht. Er erklärt, daß das Modell des Raumes, das vom Menschen des Mittelalters nach und nach geschaffen wurde, dem Betrachter das Gefühl des Hineinblickens vermittelte. Im Gegensatz dazu, so führt er aus, hat der moderne Mensch das Gefühl hinauszublicken. »Als ob man vom Eingang des Salons auf den dunklen Atlantik oder vom beleuchteten Portal aus über die dunklen und einsamen Moore blickte.« Diese Umkehrung der räumlichen Perspektive findet sich auch in den Gedichten Hopkins, dessen Lieblingsausdruck »innere« (statt äußere) »Landschaften« die Aufmerksamkeit auf denselben Wechsel der Perspektive lenkt, den schon Seurat herbeigeführt hatte. Seurat kehrte zum parataktischen ägyptischen Bild zurück. Indem er die Sichtweisen in ihr Extrem trieb, kehrte Seurat zu den altertümlichsten Formen von Raum, Zeit und Gestalt zurück. Die Impressionisten malten Auflicht. Seurat malte Durchlicht, indem er die Farbe selbst zur Lichtquelle machte und Rouaults Wiederentdeckung des Durchlichteffekts von bemalten Glasfenstern vorwegnahm. Heute blickt das Gemälde einmal mehr auf das Publikum – im

Gegensatz zum Porträt des 17. Jahrhunderts, in dem das Modell , aber nicht das Gemälde die Betrachter ansah. Wir befinden uns plötzlich in der Welt des »angsterfüllten Objekts«, das geeignet ist, das Publikum in den Malprozeß selbst hineinzuversetzen. Das Ziel der Expressionisten, das Publikum in den Prozeß der Kunstproduktion einzubeziehen, schien vielen Leuten den gleichen Grad ekelerregender Häßlichkeit in die Kunstwelt zu bringen wie die Psychiatrie in die psychologische Welt. Das ist vielleicht eine Gelegenheit, uns daran zu erinnern, daß der perspektivische Raum für Gloucester und Edgar in *König Lear* und für den Liebhaber in »An seine spröde Gebieterin« anstoßend und unerfreulich erschien.

Seit Seurat ist der Raum nicht länger neutral. Heute sind wir geneigt, Gemälde auf die Art der orientalischen Welt als strahlende Energieformen zu betrachten. Vielleicht findet sich das augenfälligste Beispiel dafür, wie der Raum aufhörte, im alten visuellen und Newtonschen Sinne neutral zu sein, in der Welt des Astronauten. Die vollständig durchgeplante Umgebung, die zum Leben in der Weltraumkapsel notwendig ist, lenkt die Aufmerksamkeit auf die Tatsache, daß der Astronaut die Räume erschafft, die er braucht und denen er begegnet. Jenseits des Milieus dieses Planeten gibt es nach unserem planetarischen oder ›Container‹-Verständnis keinen Raum. Hat man den Raum der Schwerkraft einmal verlassen, muß der Astronaut sozusagen sein eigenes Milieu dabeihaben. In der Eskimokunst oder in der Raumkapsel gibt es weder ein Oben und Unten noch eine Perspektive oder Verkürzung (Gewicht oder Schwerkraft rückten mit der Perspektive ins Bewußtsein). Den Astronauten weist alles massiv darauf hin, daß Gegenstände und Menschen ihre eigenen Räume schaffen. Der Welt-Raum ist ebensowenig ein Behälter, wie er visualisierbar ist.

Die Öffentlichkeit als dithyrambischer Zuschauer

Als der visuelle Gradient in der Kultur des sechzehnten Jahrhunderts merklich an Bedeutung gewann, entwickelte sich eine immer größere Distanz zwischen Kunst und Publikum. Als die Öffentlichkeit über den Markt zum Förderer der Künste wurde, erweiterte sich diese Kluft zwischen Publikum und Kunst. Die schöne Kunst blieb ab nun Eliten und Kennern vorbehalten. Heute stellt Pop-art eine extreme Entwicklung dar, die die letzte Banalität und Gewöhnlichkeit des Environments quasi als Kunstform akzeptiert. Diese Art von Kunst schenkt einer elektronischen Welt Aufmerksamkeit, in der die Programmierung ganzer Umwelten durch Information genauso durchführbar ist wie die frühere Programmierung von Klassenräumen. Kunst hört auf, eine besondere Art von Gegenstand zu sein, um in eine besonderen Art von Raum eingefügt zu werden. Das Gefühl der Teilhabe am Kunstprozeß hat in den sogenannten ›Happenings‹, die glaubwürdige Simulationen von Umweltkontrolle darstellen, ein Extrem erreicht. Aber im Gegensatz zu Jackson Pollock mag die Pop-art viele Leute bei dem Versuch in die Irre geführt haben, sich selbst in den neuen Räumen unserer Welt zu orientieren. Pop-art tendiert dazu, die neue Raumkonzeption, die durch unsere Erforschung des Welt-Raums erzeugt wurde, durch greifbare Objekte zu füllen. Wenn Gottes ›Kopernikanischer Schrottplatz‹ keine Parallele besitzt zu ›Gottes kleinem Acker‹, der ständig verpflanzt wurde, kann eine solche Darstellung nur zu Verwirrung führen.

Action Painting scheint danach zu streben, den psychischen Prozeß der Herstellung nach außen zu wenden als etwas, das an Stelle der alten Welt der Gegenstände betrachtet werden soll. Parallel zum Happening ist das absurde Theater ein weiteres Mittel, um das Publikum als Teil des Kunstprozesses in Bewegung zu versetzen. Wie in den Werken Kafkas oder Hieronymus Boschs bringt das absurde Theater kontrastierende räumliche und kulturelle Umwelten in direkte Berührung. Ganze Kulturen werden sozusagen Charaktere in einem Theaterstück. Das Ergebnis ist, daß keiner den anderen begreift. Die Charaktere sprechen lediglich abwechselnd der Reihe nach wie die unverbundenen Neuigkeiten in der Tageszeitung. Ihre einzige Kohärenz besteht in ihrem Erscheinungsdatum oder ihrer Gleichzeitigkeit. Heute werden Räume und Umwelten mit der gleichen Freiheit und Geschwindigkeit hochgezogen wie Kulissen in Filmstudios. Die menschliche Erwiderung auf diesen Wandel der Umwelt ist das Gefühl der Absurdität. Das Happening ist das Absurde in Aktion. Einige Veranstalter bestehen darauf, daß die Organisation eines Happenings die Präzision erfordert, die nötig ist, um einen Menschen in den Raum zu schießen. Sie könnten noch hinzufügen, daß das eine nicht weniger absurd ist als das andere.

Der Mensch im Welt-Raum hat bisher kein Mittel, um sich die Natur seiner eigenen Raumerfahrung vorzustellen. Bis Künstler ihn mit adäquaten Ausdrucksformen für seine Gefühle im Raum ausgestattet haben, wird er die Bedeutung dieser Erfahrung nicht kennen. Das Werk von Jackson Pollock mag in dieser Hinsicht einige Verwandtschaft mit der Musik von John Cage haben. Beide tasten in ihren Werken möglicherweise nach einem objektiven formalen Mittel zur Definition von neuen Erfahrungsdimensionen, die überhaupt keine Beziehung zu vorherigen Räumen oder Modalitäten der Sinneswahrnehmung haben. Der Künstler könnte heute wohl fragen, ob er Zeit hat, einen Raum herzustellen, um die Räume kennenzulernen, auf die er treffen wird. »Paul Klee erklärt: ›Ich will wie das Neugeborene sein, nichts wissend, absolut nichts über Europa … um nahezu ursprünglich zu sein‹« (Harold Rosenberg, *The Tradition of the New*).

(1968)

Marshall McLuhan und Buckminster Fuller

4 Rückkopplungen
Das globale Dorf

Vom Klischee zum Archetyp

Archetyp und Klischee

Das Wort ›Klischee‹ leitet sich von den mechanischen Verfahren des Druckens ab. Gutenbergs Technologie des Setzens und Druckens getrennter und wiederholbarer Typen wurde in dem Maße, in dem verschiedene Technologien auf den Druck folgten, selbst mehr und mehr zur Heimat des Archetyps.

Alle Kommunikationsmedien sind Klischees, die dazu dienen, den Spielraum der menschlichen Handlungen, seine Assoziations- und Wahrnehmungsmuster zu erweitern. Diese Medien schaffen Umwelten, die unsere Aufmerksamkeit durch ihre Allgegenwart betäuben. Die Wahrnehmung dieser Formen ist bei uns begrenzt, nicht aber deren Einfluß auf unser Empfindungsvermögen. So wie die Rotation des Planeten Hoch- und Tiefdruckgebiete bestimmt, so schaffen die Umwelten, die durch sprachliche und andere Ausweitungen unserer Fähigkeiten erzeugt werden, andauernd neue klimatische Verhältnisse des Denkens und Fühlens. Die sich daraus ergebenden zahlreichen symbolischen Systeme befinden sich in fortwährendem Wechselspiel und schaffen dabei eine Art von Sound-and-Light-Show von immer größer werdendem Ausmaß.

Die Funktion eines zeitlich beschränkten Klischees ist es, ein Bauteil oder ein Merkmal aus dem riesigen Misthaufen mythologischen Materials für den Gebrauch auszuwählen. Das Stichwort für die Auswahl fällt möglicherweise, sobald wir, von der rationalen Grundlage eines vorherrschenden Klischee-Komplexes ausgehend, eine ablehnende Einstellung gegenüber dem Unbewußten oder dem Irrationalen einnehmen, das durch die Handlung jenes Klischees unterdrückt wird – z. B. Gesundheit! Die Funktion eines zeitlich beschränkten Klischees ist auf die Unterdrückung ungeheurer Mengen an unbewußtem archetypischen Material angewiesen. In derselben Weise lebt eine Nachrichten-›Geschichte‹ von der bewußten Unterdrückung beinahe allen zugänglichen Materials. Ein Verstand hat viele rationale Grundlagen; die Sonde eines Klischees betont nur jeweils eine von ihnen. Die anderen werden ins Unbewußte verwiesen.

Man mag fragen, warum das Wort ›Archetyp‹ sich so ausschließlich auf Literatur beziehen soll. Dieselbe Frage kann man bei ›Klischee‹ stellen: Warum richten sich die Assoziationen dazu fast ausschließlich auf Worte? Als I. A. Richards seine Vorlesungen an der Universität von Wisconsin hielt, hatte er einen Unfall beim Kanufahren und ging in dem eiskalten Wasser des Lake Mendota unter. Er war bewußtlos, als man ihn rettete, klammerte sich aber noch an die hölzerne Bank des Kanus. Die Studentenzeitung *The Cardinal* formulierte in einer Karikatur die Überschrift: »Gerettet durch einen Reflex des Stammes.«
Die meisten von uns werden durch solch ein Reflexrepertoire in allen nonverbalen Situationen unseres Lebens gerettet. Was beim Thema Klischee – Archetyp geschieht, muß man in seinen nonverbalen Formen betrachten. Die Sprache als Gebärde, Tonfall und Rhythmus, als Metapher und Bild, ruft unzählbare Gegenstände und Situationen hervor, die in sich selbst nonverbal sind. Der Umfang, in dem die Sprache an der nonverbalen Welt beteiligt ist, bleibt im Dunkeln, aber nicht mehr als die Wirkung menschlicher Artefakte und technologischer Umwelten auf die Sprache. Wir gehen davon aus, daß es zu allen Zeiten ein Wechselspiel zwischen diesen Welten der Wahrnehmung und des Begriffs, des Verbalen und des Nonverbalen gibt. Alle Verhaltensweisen, die man bei sprachlichen Klischees oder Archetypen beobachten kann, sind in der nichtsprachlichen Welt reichlich zu finden.

Those masterful images because complete
Grew in pure mind, but out of what began?
A mound of refuse or the sweepings of a street,
Old kettles, old bottles, and a broken can,
Old iron, old bones, old rags, that raving slut
Who keeps the till. Now that my ladder's gone,
I must lie down where all the ladders start,
In the foul rag-and-bone shop of the heart.

Diese Bilder, meisterhaft weil vollendet,
Wuchsen in reinem Geist, aber woraus entstanden sie?
Ein Haufen Unrat oder der Kehricht einer Straße,
Alte Kessel, alte Flaschen und eine kaputte Dose,
Altes Eisen, alte Knochen, Lumpen, die faselnde Schlampe
An der Kasse. Jetzt, da meine Leiter verschwunden
Muß ich mich dort niederlegen, wo alle Leitern beginnen,
In der stinkenden Schrotthandlung des Herzens.

W. B. Yeats, *The Circus Animals' Desertion*

Die menschliche Stadt ist in all ihrer funktionellen Komplexität »ein Zentrum der Lähmung«, ein brachliegendes Land abgelegter Bilder. Der Schlüssel, den Yeats für die Beziehung zwischen der verbalen und dem nonverbalen Form von Klischee und Archetyp anbietet, ist, in einem Wort, »vollendet«. Meisterhafte Bilder werden, sobald sie vollendet sind, beiseite geworfen, und der Prozeß beginnt von neuem. Sprache ist eine Technologie, die alle menschlichen Sinne gleichzeitig ausweitet. Alle anderen menschlichen Artefakte sind im Vergleich dazu spezialisierte Ausweitungen unserer körperlichen und geistigen Fähigkeiten. Geschriebene Sprache ist eine unmittelbare Spezialisierung des Sprechens durch die Eingrenzung der Wörter auf einen einzigen Sinn. Niedergeschriebenes Sprechen ist ein Beispiel solcher Spezialisierung, während das gesprochene Wort voller Anklänge steckt und alle Sinne miteinbezieht. Das alte Sprichwort »Sprich, damit ich dich sehen kann« war eine beliebte Art, sich auf diese ganzheitliche und umfassende Beschaffenheit des gesprochenen Wortes zu berufen.

Wenn die Welt der Kessel, Flaschen und kaputten Dosen und die Welt des Handels und des Geldes in der Kasse fragmentierte Spezialisierungen der menschlichen Kräfte sind, wird es leichter, die Verbindung zu erkennen, die zwischen der verbalen und der nonverbalen Form von Klischee und Archetyp bestehenbleibt. Die Form des spezialisierten Artefakts hat gegenüber der Sprache den Vorteil der Intensivierung und Ausweitung weit jenseits der Grenzen des Worts oder der Redewendung. Der Archetyp ist eine wiedergewonnene Form der Wahrnehmung oder des Bewußtseins. Er ist folglich ein wiedergewonnenes Klischee – ein altes Klischee wiedergewonnen durch ein neues Klischee. Ein Klischee faßt Ausweitungen des Menschen zu einer neuen Einheit zusammen. Der Archetyp ist ein darin enthaltenes Zitat einer Ausweitung, eines Mediums, einer Technologie oder Umwelt.

Es folgen Beispiele von einzelnen Archetypen, die ausgewählt wurden, um die normale Tendenz eines Klischees zu betonen, kreuz und quer zwischen ihnen, von einer Technologie zur anderen herumzuzitieren:

ein Fahnenmast mit wehender Flagge
eine durch ein buntes Kirchenfenster geschmückte Kathedrale
Pipeline für Öl
Karikatur mit Überschrift
Geschichte mit illustrierender Radierung
Parfumwerbung mit einer Duftprobe
elektrischer Stromkreis, der ein elektrisches Lagerfeuer speist
Schiff mit Galionsfigur
eine Gußform und ihr Guß

Ein Fahnenmast, mit wehender Fahne kann zu einem komplexen System der Wiedergewinnung werden. Die Fahne könnte die russische Fahne sein, mit Hammer und Sichel. Als Fahnentuch könnte die Fahne an eine ganze Textilindustrie erinnern. Aufgrund der Tatsache, daß die Fahne eine Nationalflagge ist, kann sie die Fahnen anderer Nationen ins Gedächtnis rufen. Das Klischee ist, mit anderen Worten, unvereinbar mit anderen Klischees, der Archetyp jedoch sorgt für extremen Zusammenhalt; die Reste anderer Archetypen hängen sich an ihn an.

Sobald wir bewußt anfangen, einen einzigen Archetyp wieder-zubeleben, beleben wir unbewußt andere; und diese Wieder-gewinnung stellt sich in einer unbegrenzten Rückwärtsbewe-gung immer wieder ein. Tatsächlich ›zitieren‹ wir, wann immer wir einen Bewußtseinszustand ›zitieren‹, auch die Archetypen, die wir ausschließen; und dieses Zitieren ausgeschlossener Archetypen ist von Freud, Jung und anderen ›das archetypi-sche Unbewußte‹ genannt worden.

Anästhesie

»Das Kino raubt dem Wachtraum nicht nur seine verworrene, flüchtige Aura und vertreibt dabei das Nebulöse, um ganz scharf umrissene Geister sichtbar zu machen, die den lebenden Menschen ähnlich, jedoch von größerem Format sind. Es bringt nicht nur die Stimme der Realität zum Schweigen, in-dem es sagt »Ich schaff's auch ohne dich«, sondern auch die Gesellschaft wird allmählich unfähig nachzuweisen, daß der Schlafwandler in die Irre geht. Einst hätte man über einen jun-gen Mann, der mit schwingenden Hüften im Zickzack die Straße herunterkommt und »Biboh, boh, boh, bi bi boh boh« murmelt oder mit zusammengebissenen Zähnen und verknif-fenen Augen Grimassen schneidet, gelacht und ihn dadurch aufgeweckt. Heute trifft er auf keinen Widerstand, keine Kritik; jeder respektiert und versteht den Traum, in den er versunken ist, den Traum, der durch die Industrie zu Ansehen gekommen ist.«

Elémire Zolla, *The Eclipse of the Intellectual*

Seit der Sputnik den Globus auf die Vorbühne brachte und das globale Dorf in ein globales Theater verwandelt wurde, ist das buchstäbliche Resultat die Nutzung des öffentlichen Raums für ›die eigene Show‹. Ein Planet, der durch eine vom Men-schen geschaffene Umwelt in Parenthese gesetzt wird, bietet für eine Nation oder ein Individuum keine Richtlinien oder Ziele mehr. Die Welt selbst ist zur (Raum-)Sonde geworden. »Herumspionieren um sich einzuschleichen« oder »im Laden der anderen herumschnüffeln« ist zu einer vorrangigen Beschäftigung geworden. In der Weise wie Spionage zum größten Geschäft der Welt wird, wird Geheimhaltung, mit der in einer Stammesgesellschaft wirkenden Zauberkraft, zur Basis des Reichtums. Das ist vielleicht nicht die einzige, aber einfach die bedeutendste und auffälligste neueste Form eines sondierenden Klischees.

Genau dann, wenn alle Menschen damit beschäftigt sind, an sich und aneinander herumzuschnüffeln, werden sie für die Vorgänge insgesamt anästhesiert. Tranquilizer und Anästhetika, für den einzelnen und die Gesellschaft, werden zum größten Geschäft der Welt, gerade als diese versucht, jede Form der Wachsamkeit bis aufs äußerste zu steigern. Sound-and-Light-Shows sind, als neues Klischee, in Wirklichkeit Zusammenschlüsse, Wiederbeleber von Stammesverhältnissen. In dieser Situation ist das Privatunternehmen bereits überholt, da einzelne Geschäfte sich zu geballten Konglomeraten umformen. Weil Information selbst zum größten Geschäft der Welt wird, wissen die Datenbanken mehr über einzelne Menschen als sie selbst. Je mehr die Datenbanken über jeden einzelnen von uns aufzeichnen, desto weniger existieren wir.

Die alte, überfüllte und verschmutzte Stadt der Hardware, der Metallwaren, wirkt auf viele wie eine psychedelische Erfahrung. Die Erneuerung der Städte ist eine Form der Chirurgie in großem Rahmen, ermöglicht durch die Anästhesie der Stadtplaner und das Sperrfeuer der Werbung, die jede Wahrnehmungsfähigkeit der Öffentlichkeit betäuben. Die negativen Klischees der öffentlichen Anästhesie bereiten den Patienten auf die chirurgische Operation der Abbrucharbeiter und Bauingenieure vor. Die Genesungszeit, oder die wirkliche Krankheit, kommt nach der Sondierung, nach den Schnitten der Stadtautobahnen und der Verpflanzung in Hochhäuser.

Die von den öffentlichen Medien vorgeführten negativen Klischees der Anästhesie erlauben den Abbruch, die Räumung und die Verpflanzung von Psyche und Bevölkerung in ein neues wüstes Land, in eine neue Stadt. »Ich sah die besten Köpfe meiner Generation ... auf der Suche nach einer wütenden Spritze« (Allen Ginsberg).

J. Alfred Prufrocks Liebesgesang beginnt mit dem archetypischen Anästhetikum der romantischen Landschaft: »Laß uns gehen, du und ich, Wenn der Abend dehnt bis an den Himmel sich.« Das zweite Bild ist das des positiven Klischees oder der Sonde: »Vom Äther taub wie ein Patient auf einem Tisch.«

Die orientalische Welt hat, alles in allem, aufgrund ihres tausende Jahre alten Wissens über die erfahrungsgemäßen Wirkungen solcher Inputs versucht, sich gegen die Zufuhr von Sinneswahrnehmungen zu anästhesieren. Im Gegensatz dazu hat der Westen versucht, die Zufuhr von Sinneswahrnehmungen zu maximieren und die erfahrungsgemäßen Wirkungen zu minimieren. Es ist sinnvoll, für dieses Muster von Einwirkung und Reaktion eine Abkürzung einzuführen: SE/SV – die Sinneseinwirkung bzw. der Einfluß und das Verschließen bzw. Miteinbeziehen der Sinne. Heute scheinen sich die Rollen des Ostens und des Westens zu verschieben. Der Orient neigt heute mehr dazu, die SE-Seite der Dinge zum Zug kommen zu lassen, während der Westen, der die Umwandlung zurück in eine Stammesgesellschaft erlebt, vielleicht bereits vom Miteinbeziehen und Anteilnehmen der SV genug zu haben scheint.

Die Reise in die Außenwelt war spezialisiert und westlich. Die Reise in die Innenwelt war echologisch und orientalisch. Beide Arten der Reise sind Klischee-Sondierungen. Jede hat ihre eigenen Methoden und Vorlieben bei der Wiederbelebung der Schrotthandlung vergangener Erfahrungen. Die Reise in die Außenwelt läßt bevorzugt Altertümer oder Archetypen wiedererstehen. Die Reise nach innen zieht die sondierende Klischee-Welt des Moduls vor.

Die herkömmliche Vorstellung vom Klischee als anästhesierend sollte mit der vom Archetyp als Ursache der Schlafwandlerei verglichen werden. Lehrbuchartige Klischees (»so grün wie Gras«, »schnell wie der Wind«) können zu jedem Zeitpunkt zu einer Sonde zugespitzt werden, etwa: »Weiden sehen aus großer Entfernung grün aus«, »das Gras ist immer beim anderen grüner«, oder: »verrückt wie der Wind«. Die Definition des Archetyps von Northrop Frye lautet dagegen: »Ein Symbol, gewöhnlich ein Bild, das in der Literatur oft genug wiederkehrt, um erkennbar zu sein als ein Element einer literarischen Erfahrung in ihrer Gesamtheit.« Es macht nichts, daß Frye mit der Phrase »in ihrer Gesamtheit« ein lehrbuchartiges Klischee benutzt, da er ja nachdrücklich betont, daß die archetypische Erfahrung eine angenehme Form der Schlafwandlerei ist.

B. M. Hinkle beschreibt in ihrer Einleitung zur englischen Ausgabe von Jungs *Wandlungen und Symbole der Libido* die Etappen, über die Freud durch die Hypnose zur Entdeckung des Unbewußten geführt wurde. Sie versäumt zu erwähnen, daß die Hypnose von Freud zuerst als medizinisches Anästhesieverfahren für die Chirurgie benutzt wurde – Operation Archetyp.

Jürgen Thorwald liefert weiteres Material über Freuds Experimente mit Drogen – von der Unempfindlichkeit bis zum psychedelischen Glückszustand.

»Freud gab ein paar Tropfen Kokainlösung auf sein Zahnfleisch, ohne die Natur seines Allheilmittels zu erklären. Am nächsten Tag traf er Koller wieder, der nach der Beschaffenheit der Medizin fragte. Freud erklärte sie ihm und lud ihn ein, wie er das auch bei anderen getan hatte, an den Experimenten teilzunehmen. Koller sagte sofort zu und einige Woche lang nahm er zusammen mit Freud Kokain. Beide Männer loteten ihre körperliche Stärke aus und wie weit sie durch Kokain gesteigert würde. Sie beobachteten, daß Kokain Wärme, tiefere Atmung und erhöhten Blutdruck hervorrief. Während dieser Zeit äußerte sich jedoch keiner von ihnen über die lokalanästhesierende Wirkung von Kokain im Mund.«

Die Folgen dieser Abenteuer werden in einem Brief von Freud an Martha geschildert.

»Wehe, Prinzeßchen, wenn ich komme. Ich küsse Dich ganz rot u. füttere Dich ganz dick, u. wenn Du unartig bist, wirst Du sehen, wer stärker ist, ein kleines sanftes Mädchen, das nicht ißt, oder ein großer wilder Mann, der Cocain im Leib hat. In meiner letzten schweren Verstimmung habe ich wieder Coca genommen u. mich mit einer Kleinigkeit wunderbar auf die Höhe gehoben. Ich bin eben beschäftigt, für das Loblied auf dieses Zaubermittel Literatur zu sammeln.«

Umwelt (als Klischee)

> Jene, die von einer ernsten Krankheit heimgesucht werden
> und keine Schmerzen fühlen, sind geistig krank.
>
> *Hippocrates*
>
> Das ist der Schlaf des Gerechten.
>
> *James Joyce, Finnegans Wake*
>
> Die Stadt ist das Zentrum der Lähmung.
>
> *James Joyce*

Sigfried Giedion widmet einen großen Teil seiner Einleitung
zu *Raum, Zeit, Architektur* dem Thema der »anonymen
Geschichte«, so wie Hans Selye die »Pharmakologie des
Schmutzes« in Angriff nahm oder die gesamte Umwelt in *The
Stress of Life*. Giedion erkundet die gesamte vom Menschen
produzierte Umwelt als Architektur. Das meiste in dieser
Umwelt ist unbeabsichtigt und ungeplant, oder einfach übrig-
gebliebenes Gerümpel aus anderen Perioden. Diese anonyme
Geschichte neigt dazu, »unsichtbar« zu sein, so wie *Silence* von
John Cage aus all dem unbeabsichtigten Lärm der Umwelt
besteht, oder so wie die meisten Gedichte aus all den »unbeab-
sichtigten Bedeutungen« oder Mehrdeutigkeiten bestehen.
In *Propaganda* behauptet Jacques Ellul, daß die gerade aktuelle
Kultur in ihrer Totalität Propaganda oder Erziehung sei. Echte
Propaganda wirkt also über die Umwelt und unsichtbar, wie
die Voreingenommenheit der Wahrnehmung durch die eigene
Muttersprache. Die vom Künstler geschaffenen Gegenumwelten dienen dazu, diese versteckten Umwelten auf die Ebene
einer bewußten Würdigung zu heben.
Versorgungsumwelten, die von Klischees oder neuen Technologien der Wiedergewinnung abhängen und die Menschen in
ihren kleinen oder globalen Lebensbereichen vollständig
umfassen, werden zu Misthaufen, brachliegenden Landschaften oder Schrottplätzen. Eines der Charakteristika von Versorgungsumwelten ist, daß zwei eine weniger vollständige Versorgung schaffen als eine, oder in anderen Worten, ein Zuwachs
an Serviceumwelten sorgt nicht für mehr, sondern für weniger
Service. Man kann sich überlegen, inwiefern menschliche

Siedlungen oder Städte von einer Vielzahl von Versorgungsumwelten abhängen. Eine sehr frühe Kultur, die vor kurzem in
Anatolien entdeckt wurde, hing beinahe vollständig, soweit
wir das anhand der vorliegenden Zeugnisse zur Zeit erkennen
können, von einem einzigen Getreide (z. B. Gerste) ab, und das
gleiche gilt in gewissem Umfang auch für historische Städte
etwa in Zentralamerika. Gewöhnlich reduzieren Städte bei
einem Zuwachs an Versorgungsumwelten die Versorgung, bis
es zu einer drastischen Unterversorgung kommt. Zusätzliche
Versorgungsformen stören alle bereits existierenden und erzeugen akutes Unbehagen und Unterversorgung.

Es ist bezeichnend, daß sich die großen Epen von Homers *Ilias*
bis zu James Joyces *Ulysses* mit der Zerstörung einer Stadt oder
mit der Zerstörung, die eine Stadt mit sich gebracht hat,
beschäftigen. In Eliots *Das wüste Land* wird die Stadt zur Wildnis, und das nicht so sehr bildlich als wörtlich. Die Anpassung
der Bürger des *Wüsten Landes* an ihre Versorgungsumwelt
hatte sie zu Robotern gemacht: »Ich hätte nicht gedacht, daß
der Tod so viele vernichtet hatte.«

Wir reihen in einer Stadt, das heißt auf einem Schrottplatz,
Serviceumwelt an Serviceumwelt, und wir enden schließlich
bei der wildesten Form einer Dschungelumwelt, die wir uns
nur vorstellen können. Ein professioneller Dschungelforscher,
dessen Aufgabe es war, gefährliche Säugetiere und Reptilien zu
fangen, wurde gefragt, ob ein dreijähriges Kind sich im gefähr-
lichsten Dschungel der Welt oder beim Spielen auf einem städ-
tischen Gehweg in größerer Lebensgefahr befände. Er sagte:
»Das Stadtkind wäre auf einer Straße in viel größerer Gefahr.
Im Dschungel würde es vielleicht Hunger bekommen, aber
kein Lebewesen würde ihm etwas antun.« Man beginnt an den
Stadtplanern zu zweifeln, sobald sie versuchen, den Dschungel
der Stadt mit Superversorgungsumwelten zu umgeben oder
die Versorgungsumwelten, die zusammen die Stadt geschaffen
haben, wiederherzustellen. Eine Versorgungsumwelt tötet
oder betäubt durch die Bereitstellung mehr oder weniger
unpersönlicher, automatischer Dienstleistungen die natürlichen sondierenden und erkundenden Instinkte des Menschen.
Die Stadt wird zum Superdschungel.

Eine vergleichbare Situation zu der der Stadtplaner und der idealen Stadt ist die der Erfinder von idealen Sprachen für eine internationale Anwendung. Sie beseitigen allen überflüssigen Schrott und schenken uns eine sterile Schale. Es ist so, als ob die herkulische Anstrengung, »die Augiasställe der Sprache zu reinigen« sich auch die »Schrotthandlung des Herzens« vom Hals geschafft hätte, die für den Künstler als Ausgangspunkt seines Schaffens so unverzichtbar ist.

Schrotthandlung

»Helfen Sie mit den Schrottplatz zu verschönern. Werfen Sie heute etwas Hübsches weg.«

Schild vor einem Schrottplatz in Toronto

Das berühmte Gedicht von Emma Lazarus auf der Freiheitsstatue endet mit:

> … Give me your tired, your poor,
> Your huddled masses yearning to breathe free,
> The wretched refuse of your teeming shore.
> Send these, the homeless, tempest-tossed to me:
> I lift my lamp beside the golden door.

> Bringt mir eure müden, eure armen,
> Eure beengten Massen, die sich frei zu atmen sehnen
> Den elenden Abfall, von dem es auf eurem Land wimmelt.
> Schickt diese Heimatlosen, Sturmgepeitschten zu mir:
> Ich halte mein Licht am goldenen Tor.

Eine Schlagzeile im *Toronto Telegram* vom 5. März 1969:
STÄDTISCHER MÜLL WIRD VIELLEICHT MAL ALS BAUM-ATERIAL VERWENDET

Das gleiche Prinzip, angewandt auf den Bereich der Erziehung, zeigt sich im *Toronto Daily Star* vom 15. März 1969:
SCHULE IN PHILADELPHIA NUTZT DIE GANZE STADT ALS KLASSENZIMMER

Als Stratton Holland eines der bedeutsamsten Experimente in Nordamerika beschrieb, bemerkte er boshaft (lüstern und laut): »Man spart sich das Schulhaus.«

Die Skandinavier entdeckten vor langer Zeit, daß der ideale Spielplatz für Kinder ein Berg alter Autos und ausrangierter Geräte ist. Die Stadt als vollständige Umwelt ist die ohne Noten und Fächer auskommende Schule *in excelsis*. Kein Wunder, daß die Kinder von Watts meinten: »Warum sollen wir zur Schule gehen und unsere Erziehung unterbrechen?«

Heute kommt das Kind auf dem viel größeren Schrottplatz der Unterhaltung und Werbung, die in Radio und Fernsehen gezeigt wird, in alle Winkel von Kulturen aus vergangener und gegenwärtiger Welt. Wenn es diesen riesigen Dschungel als ›Jäger‹ durchstreift, fühlt sich das Kind wie ein primitiver Eingeborener einer vollständig neuen Umwelt. Wenn es auf ältere erzieherische Hardware (Schulen und strukturierten Unterricht) trifft, reagiert es genauso, wie Eingeborene immer auf kolonialistische und imperiale Ausbeuter ihres unstrukturierten ›Dings‹ reagiert haben. Auf die vom Satelliten geschaffene Vorbühne schielend, sagt er: »Die Erde ist mein Theater. Es mangelt mir weder an Rollen noch an Weideland.«

Neue archäologische Entdeckungen zeigen, daß Trojaner, die in den über dem homerischen Troja erbauten Städten lebten, gewohnt waren, ihren Müll, meist Knochen, in ihrem Haus wegzuwerfen. Wenn der Schutthaufen unangenehm hoch wurde, stampften sie ihn einfach ein und setzten das Dach des Wohnhauses höher. Es gibt einige Anzeichen dafür, daß auch das Homerische Troja der *Ilias* auf diese barbarische Weise mit seinem Müll verfuhr.

Joyces *Wake* arbeitet an diesen Mustern von »einer Welt, die sich auf eine andere eingräbt«: »Abgraben, umgraben, begraben! Das ist unser grobes, haariges und immergrimmiges Leben, bis schließlich, fatale Geschichte, der scheußliche Rausschmeißer die Glocke mit einem Knochen schlägt und seine widerlichen Stinker kahl hinter ihm stehen mit Zepter und Stundenglas.«

Die Klassifikation von ›Müll‹ (garbage) berührt eine Reihe von Mißverständnissen. Der Ausdruck selbst bedeutet wörtlich

›Kleidung‹. Die Kulturen der Welt wurden eingekleidet und gegründet auf wiedergewonnenem Abfall: »Mit diesen Bruchstücken habe ich mich gegen meinen Untergang gestemmt.« Alle epischen Gedichte der Welt sind geschickt zusammengebaute Bruchstücke von Manuskriptkulturen.

Das *Random House Dictionary of the English Language* (1966) notiert als fünfte Bedeutung von ›garbage‹ jene neue globale Umwelt aus weggeworfenen Raketennasen, Hilfsmotoren und anderem Strandgut der Fliegerei.

Das *New York Magazine* vom 10. März 1969 widmet sich der »Müllexplosion«. »Dein Müll sind meine Millionen«, darauf weist ein Geschäft in Greenwich Village mit dem Namen »Bridgewater! Müll und Millionen.« Der Leitartikel stammt von Paul Wilkes: *Die Müll-Apokalypse.* »Angesichts unseres Müllaufkommens rückt der Tag rasch näher, an dem es kein Land mehr geben wird, das wir noch bearbeiten können. Die offizielle Version lautet, daß wir noch acht Jahre haben. Nach der inoffiziellen vier.«

Wilkes fügt hinzu: »Die Konservenindustrie wird weiterhin Kommissionen einsetzen, die gegen das Problem vorgehen sollen, während sie Millionen von Einweg-Dosen fabriziert.« Es ist, als ob die Umwelt zur Dosen-Leiche Amerika geworden wäre (die Dosen-Revolution – die Welt eines neuen Klischees, um die Gourmet-Leckereien vieler Kulturen wiederzugewinnen). Das Dosen-Klischee löschte den Lebensmittelhändler mit seiner Waagschale, seinen Meßgeräten und seinem Packpapier aus. Indem wir das ›Verpackungs‹-Klischee zu einem *point of no return* getrieben haben, haben wir uns darangemacht, die ganze Welt einzupacken. Die Dosen-›Leiche‹ kann auf Eis gelegt und für künftige Generationen aufgehoben werden.

Die Erfindung Gutenbergs löschte die mittelalterliche Welt aus und kippte die klassische Antike in den Schoß der Renaissance. Heute löscht das elektrische Wiederbelebungssystem die Mechanisierung des 19. Jahrhunderts aus und kippt die ganze Sammlung archaischer und vorschriftlicher Kulturen vor die Tür des Westens. Die elektronische Kultur hat die Vielfachsonde erfunden, und diese Sonde führt zu riesigen Mengen an

Müll. Die neue Informationsumwelt löscht die Universität aus und führt sie gewissermaßen auf ihren ursprünglichen Status zurück. Die großen Handelsgesellschaften lösen sich in Firmenpartnerschaften und Konsortien auf; in gleicher Weise werden große Reiche zu einem ungeordneten Haufen von Kleinstaaten. Die Anti-Raketen-Raketen sind dazu bestimmt, die von anderen Kräften angetriebenen Interkontinentalraketen zu Schrott zu machen. Dieses Muster, bei dem eine Klischee-Sonde zeitgenössische Umwelten ausrangiert, ist auch in anderen Gebieten der modernen Kultur zu erkennen. In der Literatur befassen sich Werke wie Eliots *Das wüste Land*, Joyces *Finnegans Wake* und Becketts *Warten auf Godot* mit den destruktiven Aspekten der enormen Kreativität des elektronischen Zeitalters. Alle Pop-Art, Funk-Art, Op-Art und verschiedene andere Kunstformen wiederholen den Prozeß, durch den die Klischee-Sonde zerstört und erfindet. Am Schluß von *The Circus Animals' Desertion* schlägt Yeats vielleicht eine Erneuerung vor, die er im einzelnen nicht wirklich ausführt:

> I must lie down where all the ladders start,
> In the foul rag-and-bone shop of the heart.

> Muß ich mich dort niederlegen, wo alle Leitern beginnen,
> In der stinkenden Schrotthandlung des Herzens.

Wie man aus diesen Misthaufen Kreativität herausholt, ist das Problem der modernen Kultur geworden.

Vielleicht zeigt sich einer der Wege zu seiner Lösung auf dem Gebiet der Kleidung. Die ›Blumenkinder‹ haben eine neue Mode eingeführt, die ein Musterbeispiel für die ganze globale Kultur sein mag. Sie haben Kleider durch Kostüme, Berufe durch Rollen ersetzt. Der Mini-Rock ist keine Mode, und ›unisex‹ ist nicht homosexuell. Die Rückverwandlung in eine Stammesgesellschaft ist die universale Methode in jeder Form von Organisation, ohne Rücksicht auf Geografie oder Ideologie.

Die Ursache liegt darin, daß die Informationsübertragung bis auf ein Niveau der Instantaneität beschleunigt wurde. Die daraus resultierende ›Inflation‹ kultureller Währungen sorgt für einen entsprechenden Verfall in allen übriggebliebenen Gebieten des Establishment. Ferienkurse, zum Beispiel, oder ein drittes Semester, beschleunigen die Fluktuation der Studenten und senken das Niveau des Dialogs für Lehrer und Studenten. Die Bürokratie wächst in solchen Schulen rasch. Und so werden die ›Blumenkinder‹ auch bald die bürokratischen Funktionen in Staat und Armee einnehmen, zur Verbreitung von Frieden und Peter Pan.

(1970)

Die Gewalt der Medien

»Dem himmlischen Königreich wird Gewalt angetan.« Gewalt gegen das himmlische Königreich entwickelt sich aus Gebet und Fürbitte, denn das Gebet ist eine der extremeren Formen der Gewalt, da es von übermenschlicher Kraft geleitet ist. Es sollte daher nicht überraschen, daß die Zeiten der extremsten physischen Gewalt auch die bedeutendsten Beispiele heroischer Heiligkeit hervorgebracht haben, wie das im 16. Jahrhundert ebenso wie heute der Fall war. Gewalt bedeutet Verletzung von Territorien, seien es politische oder psychische, physische oder ethische. *The Listener* (Dezember 75 / Januar 76) brachte eine Diskussion über Pornographie und Gewalt unter dem Titel: *Kein Opfer, keine Pornographie:*

»Wie kommt es, daß wir im Zeitalter des Marxismus, des Sozialismus und der Befreiung allesamt mit de Sade konfrontiert werden? Hier ist eine weitere wichtige Feststellung angebracht. Für dich und mich liegt die Bedeutung des Geschlechtlichen im Zusammenkommen und im Eindringen in den Leib eines anderen in engster schöpferischer Intimität. Der Pervertierte – der Mensch, dem dies nichts bedeutet und der daher Pornographie braucht – versteht die Bedeutung des Geschlechtlichen nicht. Er hat das Bedürfnis, in den Leib einer anderen Person einzudringen, um herauszufinden, ob dort irgendeine Bedeutung zu finden sei, so wie ein Kind mit einer Nadel in einen Teddybären sticht.«

Ob man in eine Privatperson eindringt oder ob man mit Lehren, Doktrinen oder mit Unterhaltung in eine Gruppe eindringt, dies alles sind ähnliche Formen der Gewalt. Die Anmaßung des Rechts, die Gefühle, Gedanken oder die Phantasie von Individuen oder Gruppen zu programmieren, ist lange Zeit hindurch als eine selbstverständliche Form persönlichen oder gesellschaftlichen Handelns betrachtet worden. Der einzelne Pädagoge ebenso wie die Kongregation zur Verbreitung des Glaubens in Rom nimmt sich zu allen Zeiten das Recht heraus, den einzelnen und die Gesellschaft zu formen.

Heute erhalten jedoch alle diese Tätigkeiten eine neue Dimension. Die elektrischen Medien beeinflussen Informationen und Menschen mit der Geschwindigkeit des Lichts. Diese sofort wirkende und totale Qualität ist es, die den Zustand des Massenmenschen und der Massengesellschaft charakterisiert, eine Wirkung, die nicht so sehr durch die Größe als vielmehr durch die Schnelligkeit der Erfassung und Umfassung eintritt. Ferner besteht die verborgene Dimension aller elektrischen Medien, ob Telefon, Fernsehen oder Rundfunk, darin, daß der *Sendende gesendet wird*. Wenn man am Telefon ist oder in einer Sendung auftritt, dann kann man zur gleichen Zeit irgendwo und überall sein.

Die Gewalt, die alle elektrischen Medien ihren Benützern zufügen, besteht darin, daß diese, augenblicklich überfallen und ihres physischen Körpers beraubt, in ein Netz von Extensionen ihrer eigenen Nervensysteme verstrickt werden. Und als ob dies noch nicht genügend Vergewaltigung oder Verletzung individueller Rechte darstellen würde, beraubt die Ausschaltung der physischen Körper der Benützer elektrischer Medien sie auch noch der Möglichkeit, das erlebte Programm von der Warte des eigenen privaten Selbst zu sehen, da die augenblickliche Einbeziehung die private Identität unterdrückt.

Der Verlust der individuellen und persönlichen Bedeutung durch die elektronischen Medien bewirkt eine dementsprechende und reziproke Form der Gewalt auf seiten jener, die ihrer Identität beraubt wurden: Denn Gewalt, ob geistiger oder physischer Art, ist eine Suche nach Identität und Bedeutung. Je weniger Identität, um so mehr Gewalt. Von Einzelpersonen ausgeübte Gewalt tendiert zu begrenzten Folgen, während die von Gruppen ausgeübte Gewalt keine Grenzen kennt. Medien sind stets und notwendigerweise kollektive oder Gruppenaktivitäten, ob es sich um die Muttersprache handelt oder die Vaterbilder der Großkonzerne. Angesichts der Ausbreitung der

Multimedien in unserer Zeit ist man sich darüber einig, daß eine Art von Medienökologie und Medienkontrolle eingeführt werden müßte, doch steht diesem Vorschlag in der westlichen Welt ein negativer und verborgener Faktor entgegen. Der Anthropologe Edward Hall hat neuerdings in einer Untersuchung über *Die vierte Dimension in der Architektur: Der Einfluß des Bauens auf das Verhalten der Menschen* auf diese negative Einstellung in der westlichen Welt hingewiesen:

»Eine alles durchdringende und wichtige Annahme, ein Grundstein im Gebäude des westlichen Denkens, ist unserem Bewußtsein verborgen und hat mit den Beziehungen des Menschen zu seiner Umwelt zu tun. Einfach gesagt, der Westen vermeint, das Tun des Menschen, vor allem sein Verhalten, seien unabhängig von Umwelteinflüssen und Kontrollen.«

Die zwangshafte Beschäftigung des westlichen Menschen mit ›Inhalt‹ und die damit verbundene Indifferenz gegenüber verborgenen Umweltfolgen oder Nebenwirkungen entspringt dem Wesen des westlichen Buchwissens. Dies ist leicht festzustellen, wenn man unsere Skepsis in bezug auf allgemeine oder Umweltwirkungen mit den Einstellungen vorliterarischer oder nichtliterarischer Gesellschaften der Dritten Welt vergleicht. In seinem Werk *Das wilde Denken* bespricht Lévi-Strauss das alles umfassende Gefühl der nichtvisuellen Kulturen, wonach jegliche Art von Veränderung alles andere beeinflusse, und fügt hinzu, diese Bewußtseinsform sei die reine Paranoia. Im Gegensatz dazu muß dem schriftkundigen oder visuellen Menschen jegliche Art von Beziehung *gezeigt* werden. Das Visuelle bevorzugt die Quantifizierung und das genaue Maß und ist nicht geneigt, auf Proteste der Chinesen zu hören, die behaupten, daß Telefonmasten ihr seelisches Gleichgewicht zutiefst beeinträchtigen. Es trifft zu, daß Plato am Ende des *Staates* darauf hinweist, daß jegliche Änderung musikalischer Rhythmen eine politische Revolution verursachen könnte: Jazz und Rock und Düsenflugzeuge werden indessen als nationale Phänomene akzeptiert, die die Psyche oder geistige Gesundheit des schriftkundigen Menschen nicht beeinträchtigen würden. Der ›Inhalt‹ jeglicher Arbeit, sei sie philosophischer oder physischer Art, ist in der Situation die *effiziente*

Ursache. Die *formale* Ursache betrifft die Wirkungen, die sich aus der Gesamtstruktur der Situation ergeben, welche das Publikum und die Konsumenten umfaßt. Es ist die *formale* Ursache, die die Gewaltanwendung gegenüber der Umwelt, die Nebenwirkungen der Medien, darstellt.

In *Identity, Youth and Crisis* stellt Erik H. Erikson fest: »In Jungs ›Persona‹ scheint sich ein schwaches Ego einem überwältigenden gesellschaftlichen Prototyp zu unterwerfen. Es wird ein Pseudo-Ego errichtet, das jene Erfahrungen und Funktionen, welche die ›Außenfront‹ gefährden, eher unterdrückt als integriert.«

In dem Buch *The Nuremberg Mind*, in dem sich die Autoren F. R. Miale und Michael Selzer herauszufinden bemühten, wieso die Naziführer als ganz gewöhnlich wohlmeinende Menschen erscheinen konnten, stießen sie auf die Tatsache, daß »Werte und Verhalten von Individuen häufig von gesellschaftlichen Kräften geformt werden, die außerhalb unseres Einflußvermögens – und häufig auch außerhalb unserer Wahrnehmung – liegen«.

Die typischen Kräfte, die »außerhalb unserer Wahrnehmung« liegen, sind die umweltbedingten oder diffusen Kräfte, die wir gewöhnlich als die selbstverständlich vorhandenen gesellschaftlichen Dienstleistungen der Medien ansehen, ob es sich um Autostraßen oder Fluglinien handelt. Da der visuell eingestellte, rationale Mensch keinen ›Zusammenhang‹ zwischen derartigen Kräften und ihren Opfern wahrnehmen kann, wirft er verwundert die Arme in die Luft. Der Rundfunk zeigte in den zwanziger und dreißiger Jahren eine phantastische und tiefgehende Wirkung, indem er das gewöhnliche Stammesbewußtsein Deutschlands an die Oberfläche brachte. Das Fernsehen, das (unabhängig von der Art des Programms) einem süchtig machenden Trip ins Innere gleichkommt, schickte die amerikanische Jugend auf die Suche nach dem Okkulten und dem Gruppenbewußtsein. Da es zwischen Rundfunk und Fernsehen und ihren Auswirkungen keinen sichtbaren und quantifizierbaren *Zusammenhang* gibt, unterwirft sich der westliche Mensch still und stumm ihrem Zauber. Was Miale und Selzer im Zusammenhang mit dem ungeheuerlichen Verhalten der Naziführer auf analoge Weise entdeckten, gilt auch für die von Stanley Milgram in Yale durchgeführten psychologischen Untersuchungen: »Milgram versuchte festzustellen, wie weit Menschen bereit sind, Befehle auszuführen, die in zunehmendem Maße ihrem Gewissen widersprechen.«

Die für diese Aufgabe ausgewählten Lehrer gingen daran, den Versuchspersonen Elektroschocks zuzufügen, die als Teil eines Erinnerungstests deklariert wurden:»Obwohl sie schwitzten, zitterten und auf andere Weise ihre äußerste Abneigung gegen eine weitere Anwendung der Strafe zeigten, gehorchten dennoch 65 Prozent der Lehrer den Befehlen bis zur äußersten Grenze der Skala des Schockgenerators! Nicht ein einziger Lehrer verweigerte die Ausführung des Befehls des Versuchsleiters vor dem Erreichen von 300 Volt – die als INTENSIVER SCHOCK gekennzeichnet waren – und nur 12,5 Prozent hörten an diesem Punkt auf.«

Milgram kam zu dem Schluß: »Wenn das Individuum *auf sich allein gestellt* ist, dann wird das Gewissen wirksam. Aber wenn es in einem organisatorischen Rahmen funktioniert, dann werden von oben kommende Anweisungen nicht an den eigenen moralischen Maßstäben gemessen ... Die Psychologie des Gehorsams ist nicht abhängig von der Stellung innerhalb der größeren Hierarchie ... Die Sozialpsychologie unseres Jahrhunderts liefert uns diese wichtige Lehre: Häufig hängt es nicht so sehr von der Persönlichkeit eines Menschen ab, wie er sich verhält, sondern von der Situation, in der er sich befindet.«

Da die Situationen, in denen sich der Mensch des 20. Jahrhunderts findet, fast ausschließlich Produkte der Massenmedien sind, müssen wir der weiteren Tatsache ins Auge sehen, daß diese Situationen außerhalb des Bereiches der Einsicht des westlichen Menschen liegen. Der schriftkundige Mensch des Westens neigt leicht zu moralischen Protesten, ist aber offenbar unfähig, die *formale* oder ›akustische‹ Struktur jener Situationen zu erkennen, die ihn beunruhigen und vernichten.

Die Gruppe oder Masse weist eine minimale Identität auf und befindet sich im Zustand paranoider Angst vor jeglicher Bedrohung ihrer gefährdeten Struktur. In seinem klassischen Werk *Masse und Macht* weist Elias Canetti darauf hin, daß alle

Arten von Massen einen Drang zur Ausweitung verspüren und gleichzeitig ihre Verkleinerung fürchten. Diese Leidenschaftlichkeit kann sich auf Geld (eine Art von Masse) ebenso erstrecken wie auf die gedankenlose Gruppe. Die formalen Effekte der elektrischen Medien bei der Einwirkung auf Individuen und Gruppen sind keineswegs durch den Inhalt oder die dargebotenen Programme beschränkt. Die Auswirkungen des Automobils werden auf den Autobahnen, in den Fabriken und bei den Ölgesellschaften verspürt, also im Dienstleistungsmilieu. Das durch elektrische Kommunikationsnetze gebildete Dienstleistungsmilieu wirkt als eine Art *formale* Ursache oder verborgener *Hintergrund*. Das, was erscheint oder bemerkt wird, ist nur die effiziente Ursache. Die Griechen kümmerten sich nicht um die Auswirkungen des phonetischen Alphabets, das ihr inneres und äußeres Leben verwandelte und den Sängerkollegien ein Ende setzte, die lange Zeit hindurch als ihr pädagogisches Establishment gedient hatten. So wie wir hatten auch die Griechen eine stark visuell betonte Neigung zur effizienten Kausalität, Ethik und angewandten Wissenschaft. Die effiziente Kausalität ist die Welt der Logik und des Zusammenhangs, der spezifischen Ziele und Richtungen. Sie ist, mit einem Wort, der Bereich des visuellen Menschen. Bis zum Heraufkommen des visuellen oder alphabetisierten Menschen lebten und dachten die Vorsokratiker in einer akustischen oder multidirektionalen Welt.

Die Dritte Welt, die heute darauf brennt, der Ersten Welt ähnlich zu sein und sie noch zu übertreffen, befindet sich immer noch im alten Bereich der intuitiven Erfahrung, die der Ankunft des phonetisch- schriftkundigen oder visuell orientierten Menschen vorausgeht. Von Anfang an glaubte der phonetisch-schriftkundige Mensch, er habe das Recht, in andere Kulturen einzudringen und ihnen womöglich seine Entdeckungen aufzudrängen. Während die durch das phonetische Alphabet und durch Methoden des visuell angewandten Wissens geprägte griechisch-römische Welt sich die Aufgabe anmaßte, sich selbst und ihre Institutionen auf die ›niedrigeren Völkerschaften‹ auszudehnen, ist andererseits der elektronische Mensch wiederum in die Welt der akustischen Erfahrung eingetreten, wodurch er alles Vertrauen in sein Recht verlor, die alte visuelle Kultur des Westens Völkern aufzudrängen, in die das phonetische Alphabet noch nicht eingedrungen ist. Von allem Anfang an hat sich das Christentum mit der griechisch-römischen Kultur identifiziert und zur gleichen Zeit das verborgene Wort und die neue visuelle Kultur den ›niedrigeren Völkerschaften‹ gebracht. Angesichts der Möglichkeit, das verborgene Wort direkt und ohne Zuhilfenahme des geschriebenen Wortes oder der griechisch-römischen Kultur zu verbreiten, kommt es heute im Christentum zu einer Krise. Die Grundmuster der westlichen Zivilisation sind mit einer simultanen oder akustischen Kultur ebenso unvereinbar wie der vorsokratische Logos mit der Einführung des Alphabets.

Die Gewaltanwendung der vorherrschenden Kultur besteht in der Anmaßung des Rechts, Gruppen und Individuen die eigenen Normen aufzuzwingen. In der elektronischen Welt halten wir die Koexistenz aller Kulturen und den sofortigen Zugang zu allen für selbstverständlich, während die schiere Vielfalt und Bandbreite der kulturellen Wahlmöglichkeiten Tag für Tag daran zweifeln läßt, daß irgendeine Kultur das Recht hat, sich einer anderen aufzudrängen. Wir haben begonnen, an unserem Recht zu zweifeln, die eigenen Kinder zu beeinflussen und zu formen. Die Emanzipationsbewegung der Frauen ist vergleichsweise eine Nebenfrage, allerdings eine, die insofern im wesentlichen elektronisch geprägt ist, als sie allen Beteiligten Macht verspricht.

Repräsentative Regierung hatte in die Zeit der Eisenbahnverbindung gehört, als sich die Repräsentanten in großer Entfernung von ihrem Wahlkreis befanden. Indessen haben Rundfunk und Fernsehen zu einer Wiederbelebung des Stammeshäuptlings geführt:

»Während das Fernsehen dem Präsidenten ungeheure, fast unangefochtene Macht verschaffte, gab es gleichzeitig allen anderen, vor allem seinen eigenen Leuten, immer weniger Macht. Die Rolle des Reporters und des Kommentators wurde immer kleiner. Es gab weniger Zeit für ernsthafte Analysen und weniger Erläuterungen komplizierter Entwicklungen. Während die Rolle des Reporters sank, wuchs die Rolle der Technik.«

Wenn der Primat des Images zunimmt, wird die Rolle der Parteien und der Politik geringer, wie dies bei allen Medien-›Inhalten‹ der Fall ist. Das soll nicht besagen, daß Inhalt und Programm beim Fernsehen keine Funktion hätten. Ihre Funktion besteht in der Tat darin, sicherzustellen, daß der Fernsehapparat eingeschaltet wird, damit er seine Tätigkeit der Auslöschung aller Individualität und alles Privaten vollführen kann. T. S. Eliot hat vor langer Zeit bemerkt, der Hauptzweck des Inhalts eines Gedichts bestehe darin, eine Gewohnheit des Lesers zu befriedigen, seinen Geist abzulenken und ruhig zu halten, während das Gedicht seine Wirkung auf ihn ausübt, etwa so wie der imaginäre Einbrecher stets mit einem Bissen saftigen Fleisches für den Wachhund ausgestattet ist. In ähnlicher Weise ist es die Aufgabe des Programms, den Konsumenten mit einer Ablenkung zu beschäftigen, während das Medium als solches seine Wirkung auf ihn ausübt.

(1978)

The Global Village

Das resonierende Intervall

Alle Kommunikationsmodelle der westlichen Wissenschaften sind – wie das Modell Sender – Kanal – Empfänger von Shannon und Weaver – linear, sequentiell und logisch. Diese Denkweise reflektiert die Betonung eines Denkens in Kausalitäten, welches das Spätmittelalter der griechischen Gedankenwelt entliehen hatte. Moderne wissenschaftliche Theorien abstrahieren die Figur vom Grund. Für den Gebrauch im elektrischen Zeitalter ist aber ein an der rechten Hemisphäre des Großhirns orientiertes Kommunikationsmodell erforderlich, um den ›Schlagartig-alles-auf-einmal‹ Charakter der Informationen darzustellen, die sich mit Lichtgeschwindigkeit bewegen. Da Stimme, gedrucktes Wort, Bild und Sinneseindrücke simultan geschehen, stehen Figur und Grund oftmals eher nebeneinander als in einer Sequenz. Zum Beispiel befindet sich das Bewußtsein des Datenbankbenutzers an zwei Orten zur gleichen Zeit: am Terminal und im Zentrum des Systems. Ist die Entwicklung eines Artefakts weit genug vorangetrieben, neigt es dazu, seinen Nutzer erneut einzuverleiben. Die Hunnen lebten Tag und Nacht zu Pferde. Technologie beansprucht nur eine einzelne Funktion der menschlichen Sinne. Sie hebt diese Sinnesfunktionen prägend hervor; gleichzeitig werden die anderen Sinne gedimmt und abgeblendet, oder sie veralten zeitweise. Dieser Prozeß gewinnt den Hang des Menschen zurück, seine eigenen Ausdehnungen als Formen des Göttlichen zu verehren. Ist die Entwicklung weit genug vorangetrieben, wird der Mensch in der Folge zum ›Geschöpf seiner eigenen Maschine‹.

Das Kunststück besteht nun darin, das vierfältige Modell dieser Transformation zu erkennen, ehe es vollendet ist. In ihrer vollen Reife enthüllt die Tetrade die metaphorische Struktur des Artefakts, das zwei Figuren und zwei Gründe umfaßt, welche in einem dynamischen wie in einem analogen Verhältnis zueinander stehen. Das resonierende Intervall bestimmt die Beziehung zwischen Figur und Grund und strukturiert die Konfiguration des Grundes. Durch umfassende Bewußtheit mag es sein, daß wir gleichzeitig sowohl die Vergangenheit wie auch die Zukunft erkennen. Eine ausschließliche linkshemisphärische Denkweise oder ›Angelismus‹ erlaubt es der Technologie, als blinde Kraft voranzuschreiten. Denn ohne die Abläufe und Geschehnisse aller vielfältigen Prozesse wahrzunehmen, sind wir nicht in der Lage, ein Bewußtsein für ihre überall wirkenden Folgen zu entwickeln.

Nachdem die Apollo-Astronauten im Dezember 1968 die Mondoberfläche umkreist hatten, montierten sie auf ihr eine Fernsehkamera und richteten sie auf die Erde. Alle, die wir damals zuschauten, erlebten eine gewaltige reflexive Resonanz. Wir ›entäußerten‹ und ›verinnerlichten‹ zur gleichen Zeit. Wir waren gleichzeitig auf der Erde und auf dem Mond. Und es war unsere je individuelle Wahrnehmung, welche jenem Ereignis seine Bedeutung gab.

Ein resonierendes Intervall hatte sich gebildet. Die eigentliche Handlung des Geschehens spielte weder auf der Erde noch auf dem Mond, sondern sie fand in der luftlosen Leere dazwischen statt, sozusagen im Spielraum zwischen Achse und Rad. Erneut nahmen wir die jeweilige physikalische Grundlage dieser zwei verschiedenen Welten wahr und waren dann – nach einem anfänglichen Schock – auch bereit, beide als eine Umwelt für den Menschen zu akzeptieren.

Gleiches mag von der linken und der rechten Hemisphäre des Großhirns gesagt werden. Erneut mußten wir anerkennen und in Einklang bringen, daß sich beide Großhirnhälften in der Wahrnehmung unterschiedlich ausrichten. Weiter hatten wir zu verstehen, daß die linke Hemisphäre das qualitative Urteilsvermögen der rechten durch die Jahrtausende unterdrückt hatte und daß die menschliche Persönlichkeit dafür gelitten hat. Es reicht nicht länger hin, nur einen Sinn, nämlich den visuellen, zu isolieren und hervorzuheben, um mit den akustischen Bedingungen auf und unter der Oberfläche unseres Planeten fertig zu werden.

Das Buch der Natur birgt unzählige Grenzlinien und Zwischenflächen (*interfaces*). Das resonierende Intervall darf als eine unsichtbare Grenzlinie zwischen visuellem und akustischem Raum betrachtet werden. Wie wir alle wissen, ist ein Grenzbereich oder eine Grenzzone ein Raum zwischen zwei Welten, der eine Art doppeltes Land oder eine Parallele erzeugt, welche die Assoziation der Unstrukturiertheit oder der Universalität auslöst. Wann immer zwei Kulturen, Ereignisse oder Ideen sich sehr nahe kommen, findet ein Wechselspiel statt, das den Charakter einer magischen Veränderung hat. Je gegensätzlicher die Zwischenfläche ist, desto größer ist die Spannung im Austausch.

Die Tetrade – und hierin gleicht sie der Metapher – erfüllt die gleiche Funktion wie die Kamera in der Apollo 8-Mission: Sie enthüllte im gleichen Moment Figur (Mond) und Grund (Erde). Das linke Gehirn, mit seiner Neigung, sequentiell und linear zu arbeiten, verdeckt den Grund der meisten Situationen, verdrängt ihn damit und macht ihn vorbewußt. Die Denkbewegungen der linken Hemisphäre als das vorherrschende Verfahren sind linear und neigen dazu, die Betonung auf logische Zusammenhänge zu legen. Es ist ein Denken, das von einer unbedingten Vorstellung von Ordnung durchdrungen ist und dabei verdeckt, daß die Arbeitsweisen des rechten und des linken Hirns sich vollkommen ergänzen.

Die Begriffe *Figur* und *Grund* wurden der Gestaltpsychologie des dänischen Kunstkritikers Edgar Rubin entliehen, der sie prägte, als er etwa um das Jahr 1915 herum damit begann, die Bedingungen visueller Wahrnehmung zu untersuchen. Am *Center for Culture and Technology* erweiterten wir die Reichweite des Rubinschen Begriffes, indem wir die Gesamtheit der Wahrnehmung und des Bewußtseins einbezogen. Alle kulturellen Situationen setzen sich aus einem Bereich der Aufmerksamkeit (der Figur) und einem viel größeren Bereich, der der

Aufmerksamkeit entgeht, zusammen (dem Grund). Beide stehen in einem unablässigen Wechselspiel, in dem sie sich gegenseitig abschleifen. Zwischen beiden – Figur und Grund – liegt ein Umriß, ein Grenzbereich oder ein Intervall, was beide gleichzeitig begrifflich zu bestimmen hilft. Wie in den Gemälden von Van Gogh oder der Kunst des Cloisonné (Goldemailarbeit) treten die Figuren aus dem Grund hervor und tauchen wieder in ihn ein. Damit erscheint die Konfiguration und jede (verfügbare) Figur in einem Moment. Nehmen wir ein anderes Beispiel: In einer Vorlesung wendet sich die Aufmerksamkeit von den Worten des Redners zu seinen Gesten, zum Summen der Beleuchtungsanlage oder zum Straßenlärm, schweift weiter und bleibt am Stuhl oder einer Erinnerung hängen, folgt einer Assoziation, einem Geruch; und jede Figur versetzt die anderen abwechselnd in den Grund.

An dieser Stelle kann man einen Vergleich mit E.H. Gombrichs Beschreibung der Synästhesie heranziehen. In seinem Werk *Art and Illusion* beschreibt Gombrich die Wechselwirkung von sinnlichem Wahrnehmen und Erkennen als eine Art Mosaik, als eine Konfiguration:

»Was als *Synästhesie* bezeichnet wird, der Übergang der Eindrücke von einer Sinnesmodalität in eine andere, ist ein Faktum, wovon alle Sprachen Zeugnis ablegen. Er funktioniert in beiden Richtungen – vom Sehen zum Klang und vom Klang zum Sehen. Wir reden von ›knalligen Farben‹ oder von ›hellen‹ Tönen; und jeder versteht, was wir damit meinen. Das Ohr und das Auge sind auch nicht die einzigen Sinnesorgane. die damit auf einen gemeinsamen Mittelpunkt hin konvergieren. Den Tastsinn findet man in solchen Ausdrücken wie ›Stimme aus Samt‹ und ›kaltes Licht‹ wieder, der Geschmackssinn schwingt in ›süßen Harmonien‹ von Farben und Tönen.«

Der gewöhnliche Sinnesapparat, für den Goethes Wort *Weltinnenraum* der angemessene Ausdruck ist, umschließt alle potentiellen Figuren, die den Sinnen latent zugleich zugänglich sind. In diesem Sinne liefert der Grund die Struktur oder das Wie der Bewußtheit und damit die Sichtweise oder die Bedingungen, unter welchen eine Figur wahrgenommen wird. Das Studium des Grundes unter den ihm eigenen Bedingungen ist faktisch (*virtually*) unmöglich, da er – seiner eigenen Definition entsprechend – jederzeit sowohl Teil der Umwelt als auch unterbewußt ist. Die einzig mögliche Strategie besteht darin, eine Gegenwelt zu konstruieren; hierin liegt die alltägliche Tätigkeit des Künstlers, der die einzige Person in der Kultur ist, dessen einzige Aufgabe darin besteht, die Empfindungsfähigkeit immer wieder zu aktivieren und auf den neuesten Stand zu bringen.

In der Ordnung der Dinge kommt der Grund an erster Stelle. Die Figuren treten erst später in Erscheinung. Künftige Ereignisse werfen ihre Schatten voraus. Der Grund jeder Technologie liegt sowohl in dem Umstand, der ihre Entstehung veranlaßt, als auch in dem gesamten Umfeld (Medium) von Vor- und Nachteilen, die diese Technologie mit sich bringt. Das sind die Nebenwirkungen, die sich selbst, ohne einem Plan zu folgen, als neue Form der Kultur durchsetzen. *The medium is the message – Das Medium ist die Botschaft.* In dem Moment, wenn alter Grund verlagert wird, indem er neue Zustände aufnimmt, kann auch die gewöhnliche Aufmerksamkeit ihn als Figur erfassen. Gleichzeitig wird eine neue Nostalgie geboren. Die Aufgabe des Künstlers bestand darin, über das Wesen des Grundes zu berichten, indem er die Formen der Empfindungen erforschte, die jeder neue Grund oder jede neue kulturelle Form zugänglich gemacht hatte, lange bevor der Durchschnittsbürger auch nur ahnte, daß sich irgend etwas verändert hatte.

Auditiver (akustischer) und taktiler (visueller) Raum, *Hör-Raum* und *SehRaum*, sind in Wirklichkeit untrennbar. Aber in den Zwischenflächen, die von diesen Sinnen erzeugt werden, befinden sich Figur und Grund in einem dynamischen Gleichgewicht, in dem jeder auf den anderen über den Zwischenraum, der sie voneinander trennt, hinweg Druck ausübt. Die Zwischenfläche ist also nicht statisch, sondern sie resoniert. Jener Druck führt zu einem Prozeß unablässigen Wandels; diesen Prozeß kontinuierlichen und latenten Wandels nennen wir *Chiasmus*. Resonanz ist der Zustand des akustischen Raums; Taktilität ist der Raum, der über eine erkennbare Grenzlinie verfügt, sowie des Intervalls.

Die Tetrade als Ganzes ist eine Manifestation der menschlichen Denkprozesse. Tetraden beruhen als Untersuchungen ohne Vorannahmen nicht auf einer Theorie, sondern auf einem Fragenkomplex. Tetraden stützen sich auf empirische Beobachtung, und sie sind daher überprüfbar. Wenn sie auf neue Technologien oder Artefakte angewendet werden, geben sie ihrem Nutzer die Macht, Entwicklungen und Verläufe in ihren Trends zu erkennen. Auch in diesem Sinne dürfen sie als wissenschaftliches Instrument betrachtet werden. In dem Maße, wie die Tetraden ein Mittel darstellen, das Bewußtsein auf verborgene oder unbeobachtete Qualitäten in unserer Kultur und ihren Technologien zu richten, handeln sie phänomenologisch. Von Hegel bis Heidegger sind Phänomenologen in einem Versuch begriffen gewesen, die verborgenen Eigenschaften oder versteckten Auswirkungen von Sprache und Technologie zu ergründen. Zu diesem Zweck sind diese Denker ein rechtshemisphärisches Problem angegangen, indem sie sich linkshemisphärischer Techniken und Kognitionsmodelle bedient haben: Man kann diese Versuche mit Steptänzen vergleichen, die in Ketten getanzt werden! Die Tetrade bietet einen Ausweg aus diesem Dilemma.

Jede konventionelle Form einer Analyse oder einer Umsetzung erfolgte bis heute in drei Schritten und logisch wie im Syllogismus. Dieses ist das Sprachschema der linken Hemisphäre, die rigide und kausal verknüpft in den Mustern von Ursache und Wirkung denkt. Ob sie hegelianisch-dialektisch oder syllogistisch gebraucht wird, die Triade eliminiert aus einer noch nicht näher bestimmten inhärenten Ursache den Grund. Wenn eine vierte Bedingung hinzugefügt wird, schwingt die Struktur – sie wird in ihren nebeneinander stehenden Teilen resonant und metaphorisch: Gleichnis, Metonymie, Synekdoche weichen der Metapher.

Die tetradische Darstellung von Prozessen hatte uns klar gemacht, daß alle unsere Artefakte in Wirklichkeit Worte sind. Alle diese Dinge sind Veräußerlichungen und Hervorbringungen des Menschen. In Douglas Frasers *African Art as Philosophy* wird es als Charakteristikum einiger traditioneller Gesellschaften erwähnt, daß in ihnen Sprache und Webkunst synonym sind: »Unter den Bambara und den Dogon wird die Gabe der Webkunst mit derjenigen der Sprache eng verknüpft. ›Soy‹, das Dogon-Wort für Stoff, heißt: ›Es ist das gesprochene Wort‹. Die Webkunst, gemeinsam mit der Sprache, war eine Gabe des Schöpfers, um dem Menschen zu helfen ...«

Jede Tetrade ist das Wort oder der *Logos* seines Subjektes, und alle diese Worte sind eigentümlich menschlich; sie schließen den als Etymologie ein, der die Worte in die Welt brachte. Die Tetraden konstituieren eine rechtshemisphärische Kommunikationstheorie, da sie sowohl Etymologie als auch Exegese einer (rhetorischen) Äußerung freilegen. Diese Kommunikationstheorie steht im Gegensatz zum Kommunikationsmodell von Shannon und Weaver. Sie dient dazu, die antiken und mittelalterlichen Traditionen auf den neuesten Stand zu bringen, welche die Grammatik mit der Rhetorik verknüpften. Das tut sie in Einklang mit den Formen der Wahrnehmung, die dem 20. Jahrhundert von der elektronischen Technologie aufgezwungen wurde.

Tetraden sind auf das ganze Spektrum menschlicher Artefakte gleichmäßig anwendbar, ob es nun Hardware (Objekte) oder Software (Ideen) betrifft, obwohl unsere linkshemisphärische Ausbildung uns eher dahin führt, sie auf Objekte als auf Ideen anzuwenden. Sie ermöglichen eine Analyse ihrer Gegenstände aus dem Blickwinkel von Logos und formaler Ursache. Im gleichen Maße wie alle Artefakte Worte sind, sind alle Worte und Sprachen Artefakte. Jedes manifestiert sich in einer vierfältigen Struktur in Form eines in sich gewundenen endlosen Bandes. Es scheint, als gäbe es keine Ausnahmen. Dies ist der rechtshemisphärische Aspekt der Sprache. Alle nichtverbalen Objekte, ob nun Sicherheitsnadeln oder Politik, inbegriffen die Gesetze der Wissenschaft und der Institutionen, teilen diese gleiche vierfältige Logos-Struktur in ihrer Erscheinung und ihren Auswirkungen.

Die tetradische Metapher eröffnet uns das Wesen der Grammatik und der Syntax eines jeden Objekts. Anscheinend gibt es lediglich vier Merkmale; und sie stehen in einem analogen Verhältnis zueinander. Die Aufgabe der Metapher ist es, das Objekt aus dem verborgenen Grund herauszulösen und es der

Empfindung zugänglich zu machen. Nehmen wir zum Beispiel »hearts of oak-Herzen aus Eiche«. In dieser Metapher ist der verborgene Grund »Herzen unseres Volkes«. Es wird ein doppeltes Figur-Grund-Verhältnis etabliert, so daß gilt: »Gewöhnliche Herzen verhalten sich zu diesen Herzen wie gewöhnliches Holz sich zu Eiche verhält.« Und die komplementäre Struktur ist gleichermaßen zutreffend: »Gewöhnliche Herzen verhalten sich zu gewöhnlichem Holz, wie diese Herzen sich zu Eiche verhalten.«

Wie oben schon ausgeführt, sind Technologien wie auch Worte Metaphern. Sie lösen insofern eine Veränderung beim Nutzer aus, als sie neue Beziehungen zwischen ihm und seinen Umwelten herstellen. Damit kommt eine doppelte Figur-Grund-Beziehung ins Spiel: »Der Naturmensch verhält sich zum Menschen mit Artefakten, wie die natürliche Umwelt sich zur künstlich geschaffenen verhält.« Und komplementär: »Der Naturmensch verhält sich zur natürlichen Umwelt, wie der Mensch mit Technologie sich zur künstlichen verhält.«

Wir haben die vier Teile der Tetrade eingeführt: Wiedergewinnung, Veralten, Erhöhung (Erhabenheit) und Umkehr. Alle Teile der Tetrade stehen in einem komplementären Verhältnis zueinander:

Wiedergewinnung verhält sich zu Veralten wie
Erhöhung (Erhabenheit) zu Umkehr

– und –

Wiedergewinnung verhält sich zu Erhöhung
(Erhabenheit) wie Veralten zu Umkehr.

Die in dieser Metapher widergespiegelten Beziehungen der einzelnen Bestandteile zeigen auf eine weitere Weise, daß die linke und die rechte Gehirnhemisphäre in einem beständigen Austausch begriffen, letztendlich aber nicht austauschbar sind. Die linke Hemisphäre ordnet Informationen strukturell in den visuellen Raum, in dem die Dinge in zeitlicher Folge miteinander verbunden sind, das heißt, sie haben je getrennte Zentren mit festen Abgrenzungen. Auf der anderen Seite befindet sich die akustische Raumstruktur, welche eine Funktion des rechten Gehirns ist. In diesem Hirnteil werden Geschehnisse und

Prozesse in gleichzeitige Beziehungen gesetzt, das heißt, es existieren überall Zentren, die nirgends Abgrenzungen besitzen. Die linke ist mit einem perspektivischen Gemälde oder einer Photographie zu vergleichen. Die rechte Hemisphäre kann mit der Klangwelt einer Symphonie verglichen werden.

Das linke und das rechte Gehirn sind verwandt, doch mangelt es an einer gemeinsamen Basis, um sie zu vergleichen. Simultane Wechselwirkung kann nicht auf lineare (sequentielle) Darstellung reduziert werden, in derselben Weise wie ein synchronischer Akkord nicht als diachronische Melodie erlebt werden kann. Es ist offenkundig, daß das ganze Gehirn eher einem Hologramm als einem Computer zu vergleichen ist, der immer nur eines zugleich bearbeitet. Im gleichen Sinne ist jedes menschliche Artefakt ein Kommunikationsmittel (medium), dessen Botschaft (message) man als die Gesamtheit der erzeugten unterschiedlichen Befriedigungen und Unzufriedenheiten beschreiben kann, die mit Lichtgeschwindigkeit gleichzeitige Prozeßmuster offenbaren.

A. Verstärkung
Erhabenheit
(FIGUR)

D. Umschlag
Umkehr
(GRUND)

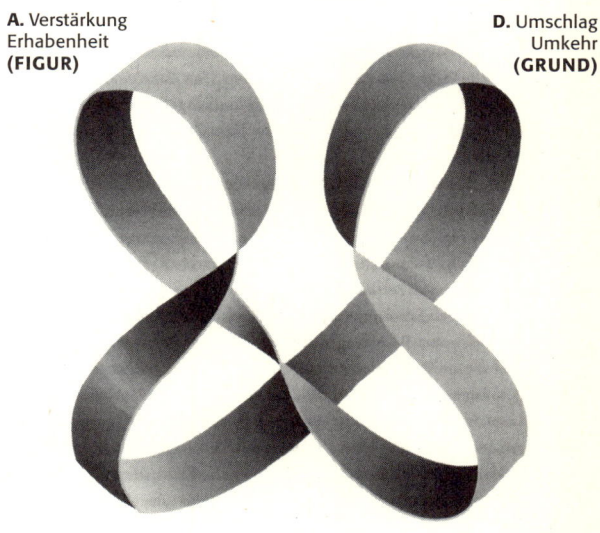

C. Wiedergewinnung
(FIGUR)

B. Veralten
Obsolent werden
(GRUND)

Um zu diesen Prozeßmustern zu gelangen, werden wir folgende Fragen untersuchen:

1. Was wird von jedem Artefakt erweitert, gesteigert oder erhoben?
2. Was wird von ihm erodiert oder veraltet?
3. Was wird von ihm wiedergewonnen, das früher veraltet war?
4. Was wird von ihm umgekehrt oder verändert, wenn es bis zu den Grenzen seiner Möglichkeiten getrieben wird (Chiasmus)?

Wie wir damit umrissen haben, erweitert die tetradische Metapher das mögliche Gleichgewicht der Beziehungen, welche untersucht werden; sie läßt Gleichnis, Metonymie und Logik, die miteinander verbunden sind, veralten; sie gewinnt Verstehen oder Bedeutung aufgrund einer Wiederholung in einem anderen Modus wieder. Weiterhin wechselt sie in Allegorie oder Parallelismus.

Die Tetrade ist ein Bild, das den Gesetzen der rechten Hemisphäre folgt. Sie hilft uns, sowohl Figur als auch Grund in einer Zeit zugleich zu sehen, die als Folge der unterschwelligen Auswirkungen des mechanischen Zeitalters dazu führt, den Grund unbewußt zu verhängen. Ihr Hauptnutzen liegt darin, daß sie den verborgenen Grund wieder in das Blickfeld hebt, was den Analytiker befähigt, die Doppelaktion des Visuellen (linke Hemisphäre) und des Akustischen (rechte Hemisphäre) im Leben des Artefaktes oder der Idee wahrzunehmen. Die Tetrade schlüpft in die Rolle des Mythos, indem sie Vergangenheit, Gegenwart und Zukunft durch die Macht der Gleichzeitigkeit zusammendrängt. Die Tetrade durchleuchtet den Grenzbereich zwischen akustischem und visuellem Raum und zeigt ihn als eine Manege im Zentrum eines implodierten Kreises von Wiedergeburt und Metamorphose. Von spiralförmigen Wiederholungen und Wiederaufführungen, sowohl Input wie Feedback gebend-nehmend, interface und interlace – Verflechtung und Zwischenfläche aufbauend und vergehend.

Die Bewegung und die Arbeitsweise eines jeden Artefakts (oder der ihm entsprechenden Idee) ist einerseits diachronisch: Es zeigt, wie das Artefakt in seiner Geschichte und Entwicklung voranschreitet und den Prozeß von der Erhöhung –

die als eine Form der Ausweitung betrachtet werden sollte – bis zum Veralten durchläuft (A zu B zu D zu C). Andererseits ist sie synchronisch, wenn man das Artefakt mythisch als eine Gestalt oder Struktur betrachtet (A/D = C/B und B/D = C/A). Wenn dann das Artefakt sich einem Halbrelief gleich aus dem Grund erhebt, bedeutet dieses, seine Entwicklung ist soweit vorange-schritten, daß es sich der Bezeichnung (nomen) offenbart. In diesem Moment kann man die Prozeßmuster als simultan bezeichnen, so wie in einem elektrischen Stromkreis. Die aus-gewogene Tetrade besitzt zwei Gründe und zwei Figuren, die in direktem Verhältnis zueinander stehen.

Die Griechen und die Römer erfanden das historische Ver-ständnis (das Diachronische) und ermöglichten so, die Zeit einzuteilen und sie als rationales Kontrollinstrument einzuset-zen. Figur unter dem faktischen Ausschluß von Grund zu beto-nen, ist eine jüngere Innovation des Abendlandes; sie entfaltete sich hauptsächlich im neunzehnten Jahrhundert. Immer noch betrachten Kulturen in weiten Bereichen unseres Planeten die Zeit als zyklisch oder synchronisch und bezeugen damit, daß es möglich ist, daß menschliches Erleben sich zu keinem andern Zeitpunkt als der Gegenwart ereignet. Diese Dualität im Ver-haltensspektrum ließ T. S. Eliot zu dem Schluß kommen, daß Vergangenheit, Gegenwart und Zukunft als Einheit existieren: Die als sequentiell angesehene Zeit (linke Hemisphäre) ist Figur; und die als simultan erfahrene Zeit (rechte Hemisphäre) ist Grund.

Die Tetrade offenbart nicht nur den Konfigurationscharakter der Zeit, sie zeigt auch, daß das Artefakt (oder die Grundidee) immer der Mentalität des Nutzers entspringt. Sie umfaßt den Grund des Nutzers, wenn er sich äußert. Und sie schließt para-doxerweise den Nutzer als Grund ein. Wir erschaffen uns selbst, und das von uns Geschaffene wird als Wirklichkeit betrachtet. Zum Beispiel erzeugt eine Analyse über die Wir-kungen des gedruckten Wortes auf andere Umwelten gewöhn-lich ganz unterschiedliche Ergebnisse. Die Tetrade für das Drucken in den Vereinigten Staaten, in China oder in Afrika hätte drei verschiedene Gründe.

Die Tetrade hilft uns, ›und – beides zugleich‹ zu sehen: die positiven wie auch die negativen Auswirkungen des Artefakts. Zum Beispiel erweitert das Automobil unsere Fähigkeiten, Entfernungen schneller zu überwinden sowie in gewissem Umfang Fracht zu transportieren. Jedoch beeinflußte diese Erfindung die Beziehung des Menschen zu Zeit und Raum fast von Anbeginn an. Sie ließ die Formen gesellschaftlicher Organisation veralten, die ihre Wurzeln in den Traditionen des Laufens und Reitens hatten. Dorf- und Stadtteilstrukturen brachen zusammen. Die Innenstädte fielen einer unmenschlichen Entwicklung zum Opfer, während der städtische Raum, der einem Leben nach menschlichem Maß vorbehalten war, in die Vorstädte verlagert wurde.

Das benzingetriebene Automobil bedeutete eine Wiedergewinnung: Es brachte ein Stück des Gefühls privater Identität und Unabhängigkeit zurück, die sich zuerst im amerikanischen Grenzland entwickelt hatte, und in geringerem Umfang – wie es in den Erzählungen von Mark Twain aufscheint – auch im Sozialgefüge des Bauernhofes und des Dorfes bestand. Bis zum Äußersten getrieben – der Wucherung der Städte, Staus und Abgase –, kehrt sich das Auto in den elektrischen Kleinwagen um und erzeugt damit eine Wiedergewinnung: Es fördert erneuerte Aktivitäten in Form von Jogging und Radfahren sowie Reservate städtischer Natur.

Noch bevor in den siebziger Jahren die OPEC (Organisation der erdölexportierenden Länder) Druck auf den Ölpreis auszuüben begann, hatte die ungeheure Zunahme an Individualverkehr das Auto bereits zu einem Ungeheuer gemacht. Wenn die Figur (das Auto) im Begriff ist, den Grund (die Umwelt) zu verschlingen, wird das Verhältnis grotesk. Die Stammesgesellschaft als der Grund der präliteralen Menschheit war, wie Nevitt es formuliert, in der Zeit vor den griechischen Stadtstaaten ein Wunder von »Sinn (oder Klang) ohne Vernunft – *rhyme without reason*«, in dem keinerlei private Identität gestattet war. Die Zivilisation, das Artefakt des literalisierten Menschen, verkündet, wenn sie zum Äußersten getrieben wird, »Vernunft ohne Sinn (Klang) – *reason without rhyme*«, und richtet damit die ganze Menschheit zugrunde. Die Tetrade kann uns zu Diensten sein, indem sie das allumfassende

System offenbart – ob es sich nun um einen monolithischen Staat oder um ein wohlmeinendes Unternehmensmonopol handelt –, bevor die Zwischenfläche zwischen Figur und Grund geschlossen ist.

Die neuen Bildschirmtechnologien verheißen einen erneuten Umschlag: Der Grund allein wird erneut die Figur beherrschen. Was auch immer von den Werten des mechanischen Zeitalters übrigbleiben mag, es wird vom Übermaß an Informationen aufgesogen. Ob man will oder nicht, geht ein Druck von den Aktionen neuer Technologien auf neue kulturelle Gründe aus. Dieser Einfluß von Medien kann nur dann wirken, wenn die Nutzer gut darauf vorbereitet sind – das heißt, wenn sie sich im Tiefschlaf befinden. Den Wirbelstrom der Nebenwirkungen faßte James Joyce in die Worte: »willed without witting, whorled without aimed« (»willig wenig wissend, wirbelnd wohin ziellos«). Es geschieht nichts zwangsläufig, wo eine Bereitschaft besteht, wachsam zu sein.

Die Ausdehnung der technologischen Einflüsse ist eine Bewegung in Richtung des exzessiven Übermaßes. Als Teil seiner spirituellen Gesundung sollte der Mensch zu seiner ersten Aufgabe das Erkennen von Strukturen machen. Auf diese Weise besäße er ein Mittel, Überfluß zu vermeiden und Gleichgewicht zu erlangen. Dies entspricht der Auffassung, die Aristoteles in *De Anima* wiedergibt: Das Gleichgewicht ist innerer Bestandteil der psychologischen Struktur des Artefakts. Erreicht wird es allein durch bewußte Wahl.

Der Angelismus, den man manchmal Discarnatismus (Körperlosigkeit) nennt, gestattet es der Technologie, als blinde Kraft voranzuschreiten. Denn wenn wir nicht die gesamten vierfältigen Prozesse wahrnehmen, bleiben uns ihre Wirkungen unbewußt. Der Discarnatismus schwebt in den Wolken der Abstraktion, ohne jede Beziehung zum Grund oder zur Umwelt – die unausrottbare Sünde akademischer Hypothesenbildung.

(1989)

Nachweise

Die mechanische Braut Volkskultur des industriellen Menschen. Amsterdam: Verlag der Kunst 1996, S. 7-9, 13-15, 49-53, 126-131, 140-143, 199-203. Gekürzte Fassung.

Kultur ohne Schrift (Culture without Literacy). In: Explorations vol. 1, Dec. 1953. Toronto: Univ. Press, S. 117-127. Gekürzte Fassung. Erstübersetzung.

Medien und kultureller Wandel (Media and Cultural Change). Vorwort zu: Harold Innis, Bias of Communication. Neuausgabe 1964, Toronto: Univ. Press. Gekürzte Fassung. Erstübersetzung.

Die Gutenberg-Galaxis Das Ende des Buchzeitalters. Düsseldorf/Wien, 1968, S. 172 - 217. Gekürzte Fassung.

Die magischen Kanäle »Understanding Media«. Düsseldorf/Wien, 1968, S. 13-98, 267 - 280, 324 - 366, 375 - 389. Gekürzte und überarbeitete Fassung.

Das Medium ist Massage Frankfurt/M.-Berlin-Wien: Ullstein 1969 u. 1984. Schnittfassung.

Krieg und Frieden im globalen Dorf Düsseldorf-Wien: Econ 1971, S. 86-101, 107-149. Gekürzte und überarbeitete Übersetzung.

Formen der Wahrnehmung (Sensory Modes) In: Through the Vanishing Point: Space in Poetry and Painting. New York, 1968. S. 1 - 31. Gekürzte Fassung. Erstübersetzung.

Vom Klischee zum Archetyp (From Cliché to Archetype). New York: Viking Press 1970, S. 18-22 u. S. 39 u. *57* (Schnittfassung), 11-16, *76-79, 180-184*. Gekürzte Fassung. Erstübersetzung

Die Gewalt der Medien In: Wohin steuert die Welt? Massenmedien und Gesellschaftsstruktur. Wien-München-Zürich: Europaverlag 1978, S. 135-143. Gekürzte Fassung.

Das resonierende Intervall In: The Global Village. Der Weg der Mediengesellschaft in das 21. Jahrhundert. Paderborn: Junfermann 1995, S. *25-35*. Überarbeitete Übersetzung.

Erstübersetzungen, Überarbeitungen von Übersetzungen und Kürzungen durch die Herausgeber Martin Baltes, Fritz Böhler, Rainer Höltschl und Jürgen Reuss.

Biographie

21. Juli 1911 in Edmonton, Alberta, Kanada geboren

1928 Beginn des Studiums an der University of Manitoba in Winnipeg, zunächst Technik, dann Literatur

1934-36 Studienabschluß in Cambridge, Begegnung mit F. R. und Q. E. Leavis, I. R. Richards und G. K. Chesterton, Konvertierung zum katholischen Glauben

1936-37 Dozent an der Universität Wisconsin-Madison

1937-44 Dozent für Englisch an der St. Louis Universität, Missouri

4. 8.1939 Ehe mit Corinne Keller Lewis, aus der sechs Kinder hervorgingen

1943 Beginn der Bekanntschaft mit Wyndham Lewis

1944-46 außerordentlicher Professor für Englisch an der Assumption Universität, Windsor, Ontario

1946-80 außerordentlicher, ab 1952 ordentlicher Professor am St. Michael's College der Universität von Toronto, Ontario

1948 Beginn der Bekanntschaft mit Ezra Pound

1949/50 Beginn der Bekanntschaft mit Harold Innis

1951 Erste Buchveröffentlichung: *Die mechanische Braut. Volkskultur des industriellen Menschen* (dt. 1996)

1963-80 Gründer und Leiter des Center for Culture and Technology

November 1967 Entfernung eines tennisballgroßen Hirntumors

1967 Carl-Einstein-Preis des Deutschen Kritikerverbandes

1967-68 Albert Schweizer Professor für Humanwissenschaften an der Fordham Universität, New York

1968 Umzug nach Wychwood Park in Toronto, wo er bis zu seinem Tod 1980 wohnt

1966-80 Reger Kontakt mit z. B. Cage, Trudeau, Gould. Berater der Werbeagentur Johnson, McCormick & Johnson Ltd.

1977 Auftritt in Woody Allens *Annie Hall* (*Der Stadtneurotiker*)

31.12. 1980 an den Folgen eines Schlaganfalls gestorben

Bibliographie/Buchveröffentlichungen

1951 The Mechanical Bride. Folklore of Industrial Man. New York: Vanguard Press (dt. Die mechanische Braut. Volkskultur des industriellen Menschen. Amsterdam: Verlag der Kunst 1996)

1954 Selected Poetry of Tennyson. Edited by M. M. New York: Rinehart

1960 Report on Project in Understanding New Media. National Association of Educational Broadcasters

1960 (Ed.) with Edmund S. Carpenter: Explorations in Communications. Boston: Beacon Press

1962 The Gutenberg Galaxy. The Making of Typographic Man. Toronto: University Press (dt. Die Gutenberg-Galaxis. Das Ende des Buchzeitalters. Düsseldorf-Wien: Econ 1968)

1964 Understanding Media: The Extensions of Man. New York: McGraw-Hill (dt. Die magischen Kanäle. »Understanding Media«. Düsseldorf-Wien: Econ 1968)

1964, 1965 Voices of Literature; Sounds, Masks, Roles. Vol. 1 & 2. Compiled with Notes and Commentary by M.M. and Richard J. Schoeck. New York: Holt, Rinehart and Winston

1967 M.M. / Fiore, Quentin: The Medium Is the Massage. An Inventory of Effects. New York: Bantam Books (dt. Das Medium ist Massage. Frankfurt/M.-Berlin-Wien: Ullstein 1969 u. 1984)

1967 Verbi-voco-visual Explorations. New York: Something Else Press

1968 M.M. and Harley Parker: Through the Vanishing Point: Space in Poetry and Painting. New York: Harper & Row

1968 M.M. / Fiore, Quentin: War and Peace in the Global Village. New York: Bantam Books (dt. Krieg und Frieden im globalen Dorf. Düsseldorf-Wien: Econ 1971)

1969 The Interior Landscape: The Literary Criticism of Marshall McLuhan 1943-1962. Ed. by Eugene McNamara. New York-Toronto: McGraw-Hill (dt. Die innere Landschaft. Literarische Essays. Ausgewählt und hg. v. Eugene McNamara. Düsseldorf: Claassen 1974)

1969 Counter Blast. Designed by Harley Parker. New York: Harcourt, Brace & Wald

1970 Culture is Our Business. New York: McGraw-Hill

1970 M.M. /Watson, Wilfred: From Cliché to Archetype. New York: Viking Press

1972 M.M./Nevitt, Barrington: Take Today; The Executive as Dropout. New York: Harcourt Brace Jovanovich

1977 City as Classroom: Understanding Language and Media. With Kathryn Hutchon, Eric McLuhan. Agincourt, Ont.: Book Society of Canada

1978 The Possum and the Midwife. Moscow: Univ. of Idaho

1978 Wohin steuert die Welt? Massenmedien und Gesellschaftsstruktur. Wien-München-Zürich: Europaverlag

1980 Media, Messages & Language: The World as Your Classroom. With Kathryn Hutchon, Eric McLuhan. Pref. and introd. by David A. Sohn. Skokie, Il.: National Textbook

1987 Letters. Selected and edited by Matie Molinaro, Corinne McLuhan, William Toye. Toronto-Oxford-New York: Oxford Univ. Press

1988 M.M. / McLuhan, Eric: Laws of Media: The New Science. Toronto: Univ. Press.

1989 M.M. / Powers, Bruce R.: The Global Village: Transformations in World Life & Media in the 21st Century. Oxford Univ. Press (dt. The Global Village. Der Weg der Mediengesellschaft in das 21. Jahrhundert. Paderborn: Junfermann 1995)

1996 Essential McLuhan. Edited by Eric McLuhan and Frank Zingrone. Concord, Ontario: Anansi Press

Der Flusser-Reader

Die Auswahl der wichtigsten Texte Vilém
Flussers zu Kommunikation, Medien und
Design – ein Vademecum für Kommunika-
tionsprofis, eine Propädeutik für angehende
Medienkritiker, eine animierende Droge
für Designer, ein Relaxans gleichermaßen für
Medieneuphoriker und Medienapokalyptiker,
ein unterhaltsames Brevier für uns alle, die
große Zahl der Konsumindividualisten im
Medienzeitalter.

Die Revolution der Bilder
Der Flusser-Reader
zu Kommunikation,
Medien und Design
240 Seiten, kt.
DM 24,80/ÖS 181,–/SFr 23,80
ISBN 3-927901-67-9

»Die elektronischen Denkmaschinen, das war Flussers These,
durchlöchern jene Grenze, welche das Reale vom Fiktiven, das
Erlebte vom Gedachten trennt. Und genau auf jener Grenze
betrieb er seine fröhliche Wissenschaft, deren Reichtum mit dem
Wort ›Kommunikationstheorie‹ nur sehr ungenau beschrieben
ist.« DER SPIEGEL

**Bollmann Kommunikation
& Neue Medien**

Verlagsanschrift: G 7, 24 · D-68159 Mannheim
Umschlag- und Reihengestaltung: Lisa Neuhalfen, Berlin
Satz: Ulrike Böge, Bollmann Verlag
Belichtung, Druck und Bindung: Clausen & Bosse, Leck
Printed in Germany
ISBN 3-927 901-83-0